JN418518

현금흐름표 분석과 작성

Analyzing & Preparing
the Statement of Cash Flows

윤주석 저

도서출판 두남

머리말

IMF 관리체제 이후 현금흐름경영이란 새로운 경영패러다임이 자리잡게 되었다. 이는 은행도 잘못 경영하면 망하는 새로운 기업환경 속에서 과거처럼 금융기관으로부터 쉽게 차입할 수 없게 됨에 따라 기업들은 현금흐름관리에 각별히 신경을 쓰지 않으면 안 되는 상황이 되었기 때문에 필연적으로 생겨나게 된 현상이다. 한편 외부회계정보이용자들도 과거의 기업규모나 발생주의에 따른 재무상태표와 손익계산서 중심의 평가방법에서 탈피해서 실제 사실 정보인 투명성 높은 현금흐름정보에 각별한 관심을 갖기 시작하였다.

본서는 이러한 환경변화에 부응해서 회계정보이용자가 현금흐름정보를 제공하는 재무제표인 현금흐름표를 알기 쉽게 이해하고 분석하여 실무에 적용하고, 또한 정보이용자의 경제적 의사결정에 활용할 수 있게 하고자 하는 의도를 가지고 집필된 것이다.

본서는 현금흐름표의 이해와 분석 그리고 작성의 3부로 나누어져 있다.

제1부에서는 현금흐름표의 기본적인 내용을 풍부한 예제를 통해 익혀서 현금흐름표 내용을 쉽게 이해할 수 있게 하였다.

제2부에서는 현금흐름표의 분석방법을 설명하였으며, 특히 실제 기업의 현금흐름표를 가지고 만든 예제를 포함시켜 현실감을 높이고자 하였다. 또한 다양한 현금흐름비율을 자세히 소개하였고, 이를 바탕으로 한 실제 기업에 적용한 사례도 수록하여 독자들의 실무 응용력을 제고시키고자 하였다. 또한 제1부와 제2부에서 다룬 내용을 다시 한 번 다양한 연습문제를 통해서 철저하게 현금흐름표를 이해하고 분석할 수 있도록 30개의 문제와

모범답안을 수록하였다. 이 문제들은 미국의 회계 및 재무제표분석 교과서에 수록된 것으로 현금흐름표의 이해와 분석에 관련된 문제만을 특별히 엄선한 것임을 밝힌다. 그리고 현금흐름표를 완전하게 이해하고 분석할 수 있기 위해서는 작성방법에 대한 이해는 반드시 필요하다.

제3부에서는 현금흐름표의 기본적인 작성방법을 소개하여, 현금흐름표 작성방법의 기본원리를 터득할 수 있게 하였다. 현금흐름표 작성은 일반기업회계기준과 국제회계기준에 의한 작성방법을 모두 설명하였다.

또한 추정현금흐름표의 작성방법도 소개하여 기업내부에서 현금흐름 관리를 하는 데 또는 창업시 소요자금을 예측하는 데 매우 유용한 도구가 될 수 있음을 설명하였다.

본서가 회계정보이용자의 현금흐름표에 대한 체계적인 학습에 도움이 되고, 실제의 업무와 경제적 의사결정에 활용될 수 있기를 기대하며 본서의 내용이 아직도 부족한 점이 많아 앞으로 독자들의 지적을 받아가면서 더 좋은 책이 되도록 수정과 보완할 것을 약속드리는 바이다.

끝으로 이 책을 출판해주신 도서출판 두남의 전두표 사장님과 편집부 여러분께 감사를 드린다.

2014년 8월

윤 주 석 씀

차례

Part 1 현금흐름표 이해

Part 2 현금흐름표 분석방법과 사례

Part 3 현금흐름표 작성

Part 1

현금흐름표 이해

Chapter 1_ 현금흐름표의 기본 익히기

Chapter 2_ 현금흐름표의 심화 내용 알아보기

Chapter 01

현금흐름표의 기본 익히기

1. 현금흐름표란 무엇인가?

회계는 정보이용자의 경제적 의사결정에 유용한 정보를 제공하는 것을 그 목적으로 하고 있다. 회계목적을 달성하기 위해서는 정보이용자의 정보욕구를 충족시킬 수 있는 회계정보가 작성·공시되어야 한다. 일반적으로 정보이용자들의 공통된 관심사는 특정 기업의 미래현금창출능력이다. 이러한 정보욕구를 충족시키기 위해서 회계는 정보이용자들이 특정 기업에 유입되리라 예상되는 미래의 순현금흐름의 금액과 시기 및 불확실성(amounts, timing and uncertainties)을 평가하는데 유용한 정보를 제공하여야 한다. 미래의 순현금흐름을 예측하기 위해서는 여러 정보를 이용할 수 있다.

예를 들면 기업의 단기지급능력을 나타내는 유동성에 관한 정보라든가, 기업의 경영성과 또는 배당성향 등을 들 수 있다. 기업의 유동성에 관한 정보는 재무상태표에서, 경영성과는 손익계산서에서 그리고 배당성향은 이익잉여금처분계산서에서 얻을 수 있다. 그러나 이러한 정보는 현금을 어떻게 조달하여 어디에 사용하였는지에 대한 명확한 정보를 제공하지 못하므로 미래의 현금흐름을 예측하는 데는 한계를 지닐 수밖에 없다. 그리하여 일정기간 동안 현금의 조달과 그 사용에 관한 정보를 제공하기 위하여 작성되는 재무보고서가 바로 현금흐름표(statement of cash flows)이다.

현금흐름표는 기업의 현금흐름을 나타내는 표로서, 현금의 변동내용을 명확하게 보고하기 위하여 당해 회계기간에 속하는 현금의 수입과 지급내용을 영업활동·투자활동 및 재무활동별로 구분하여 표시한 재무보고서를 말한다. 현금흐름표는 일정기간의 각 경영활동별 현금흐름에 관한 정보와 이로 인한 현금의 증감액에 대한 정보를 제공할 뿐만 아니라 아울러 기초의 재무상태에서 기말의 재무상태로 변동된 원인을 설명한다.

2. 현금흐름표는 다른 재무제표와 어떤 점이 다른가?

재무회계는 정보이용자의 경제적 의사결정에 유용한 정보를 제공하기 위하여, 당해 기업의 경제적 자원과 경제적 자원에 대한 청구권 및 이들 양자의 변동을 초래하는 거래 또는 사건 등을 재무제표에 반영·보고한다. 당해 기업의 경제적 자원(자산)과 경제적 자원에 대한 청구권(부채와 자본)은 재무상태표작성일 현재의 재무상태(financial position)를 의미하는 것으로, 이를 보고하기 위해 재무상태표(예전 명칭은 대차대조표이며, 현재 중소기업회계기준에서는 사용되고 있음)가 작성된다. 거래가 발생하면 기업의 재무상태는 변동하므로 일정기간 재무상태의 변동내용을 설명하기 위한 재무보고서가 필요하다.

손익계산서와 자본변동표에서는 재무상태의 변동내용 중 이익잉여금의 증감원인만을 설명하므로 이외의 변동내용은 설명이 되지 않는다. 재무상태표와 손익계산서 및 자본변동표를 통하여 설명되지 않는 재무상태의 변

동내용을 설명하는 재무보고서가 바로 현금흐름표다.

기업의 거래는 궁극적으로 현금흐름을 발생시키게 하므로 뒤에서 설명하지만 현금흐름을 발생시키는 거래가 대부분 재무상태의 변동원인이 된다. 그러므로 기초의 재무상태에서 기말의 재무상태로 변동된 원인의 대부분이 현금흐름표에서 설명된다.

3. 기업활동은 어떤 재무제표에 반영되는가?

1) 기업이 달성해야 할 두 가지 목표와 세 가지 활동

기업은 투자자에게 이익을 분배하기 위하여 재화(goods)나 용역(services)을 고객에게 판매하고 이를 통하여 이익을 창출하는 것을 목적으로 설립·운영된다.

기업들은 판매하는 주된 재화나 용역이 상이함에도 불구하고 수익성(이익창출능력)과 유동성(지급능력)의 확보라는 동일한 목표를 가지고 있으며 이러한 목표를 달성하기 위하여 재무활동·투자활동 및 영업활동을 계속해서 반복적으로 수행한다.

기업의 목표와 이를 위한 세 가지 활동간의 관계를 도표로 정리하면 다음 <표 1-1>과 같다.

각 기업들은 고객으로부터 충분한 돈을 벌어들여서 기업 자체의 경비를 지출할 수 있어야 하며, 또한 투자자에게 적정한 배당을 하여 지속적인 투자가 이루어질 수 있도록 충분한 이익을 창출하여야 한다.

새로운 투자자를 유치하고 기존 투자자의 지속적인 투자를 유지하기 위해서는 충분한 이익을 창출하여야 하므로 이러한 필요성에서 수익성이란 목표가 생겨났다. 또한 기업을 운영하는데 필요한 경비를 충당하고 투자자에게 배당을 하며, 만기가 도래한 부채를 상환하기 위해서는 충분한 자금을 보유하고 있어야 하는데 이러한 필요성에서 유동성이란 목표가 생겨났다.

예를 들어, 현대자동차가 이익을 남길 수 있는 가격으로 많은 자동차를 판매한 경우 수익성이란 목표는 달성할 수 있으나, 만약 차를 구입한 고객이 제때에 구입대금을 갚지 않는다면 현대자동차는 거래처와 종업원에게 지급할 수 있는 자금이 부족하여 유동성이라는 목표는 달성할 수 없게 된다.

〈표 1-1〉 **기업의 목표와 활동**

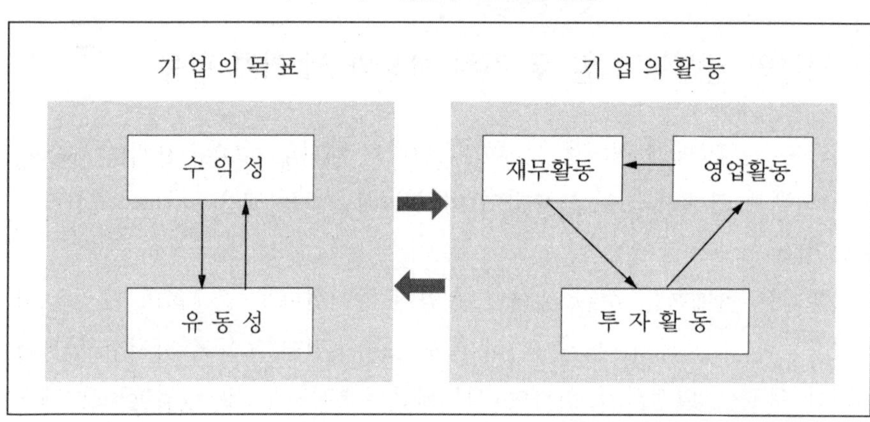

수익성 목표를 달성하고 있지 못하나 유동성 목표를 달성하고 있으면 지급능력은 유지되고 있기 때문에 단기적으로는 생존이 가능하다. 그러나 일정 기간 후에도 수익성 목표를 달성하지 못하면 도산의 길로 들어설 수밖에 없다. 수익성 목표를 달성하고 있으나 유동성 목표를 달성하지 못하면 지급능력이 상실되어 곧바로 도산기업으로 전락하게 된다. 이렇게 도산하는 기업을 흑자도산기업이라고 한다.

예제 1-1 현대자동차의 유동성과 수익성

현 금 흐 름 표

현대자동차 (단위 : 십억원)

	46 기	45 기	44 기
영업활동 현금흐름	6,395	7,141	6,471
1. 영업으로부터 창출된 현금흐름	5,407	6,809	6,558
(1) 당기순이익	5,182	5,280	4,751
(2) 조정	1,259	1,630	2,953
(3) 영업활동관련 자산·부채의 변동	(1,034)	(100)	(1,146)
2. 이자의 수취	509	387	339
3. 이자의 지급	(13)	(76)	(146)
4. 배당금의 수취	1,568	1,367	793
5. 법인세의 지급	(1,076)	(1,346)	(1,074)

위의 표는 현대자동차의 현금흐름표 중에서 영업활동에 대한 부분이다. 이 부분에서 영업활동 현금흐름은 유동성 지표라고 보면 되는데, 현대자동차의 영업활동 현금흐름은 흑자이면서 당기순이익보다 더 많은 금액을 표시하고 있기 때문에 유동성이 매우 양호한 상태에 있다고 말할 수 있다.

또한 당기순이익은 수익성의 지표인데, 역시 당기순이익이 흑자상태로서 그 금액도 많은 금액을 나타내고 있기 때문에 수익성도 양호한 상황이라고 볼 수 있다.

이와 같이 영업활동 현금흐름과 당기순이익이 모두 흑자이면서 비슷한 금액을 나타내면 유동성과 수익성 모두 양호한 상태라고 평가할 수 있다.

만약 수익성 지표인 당기순이익은 흑자이나 유동성 지표인 영업활동 현금흐름이 적자이면서 적자상태가 여러 해 지속되면 도산의 가능성이 높아지며, 현금흐름 적자에서 벗어나지 못하고 도산에 이를 경우 이를 흑자도산이라고 한다.

결국 收益性(profitability)과 流動性(liquidity)은 수레의 두 바퀴와 같은 것으로서 기업이 생존하고 성장하기 위해서는 반드시 함께 달성하여야 할 목표이다. 모든 기업들은 이 목표를 달성하기 위하여 3가지 기업활동, 즉 재무활동·투자활동·영업활동을 지속적으로 수행한다.

2) 기업이 수행하는 세 가지 활동이란?

기업을 설립하거나, 새로운 프로젝트를 수행하기 위해서 제일 먼저 착수해야 할 활동은 재무활동이다. 이러한 財務活動(financing activities)은 기업을 설립·운영하는데 필요한 자금을 조달하는 행위와 관련된 것으로, 주식을 발행하여 소유주와 투자자로부터 자금을 조달하거나 이익을 소유주 또는 투자자에게 분배하는 행위 및 채권자로부터 자금을 차입하거나 차입된 자금을 상환하는 행위 등을 말한다.

재무활동을 통해서 자금이 조달되면 그 다음에 수행하는 활동이 바로 이 자금을 가지고 본격적인 영업활동을 준비하는 투자활동이다. 구체적으로 投資活動(investing activities)은 기업이 재화나 용역을 생산·판매하는 과정에서 필요한 각종 자산을 취득하거나 처분하는 것과 관련된 활동을 말한다.

투자활동이 수행되면서 본격적으로 기업의 본업인 영업활동이 이루어지기 시작한다. 다시 말하면, 營業活動(operating activities)이란 기업의 목적사업과 관련된 활동으로, 원재료나 상품의 구입, 제품의 생산, 상품이나 제품 또는 용역의 판매 및 대금의 회수, 종업원의 급여 등 판매비와 관리비의 지급, 정부에 대한 세금납부 등이 포함된다. 세 가지 기업활동을 요약하면 다음 <표 1-2>와 같다.

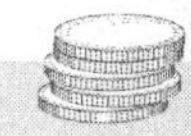

〈표 1-2〉 기업의 세 가지 활동

재무활동 : 자금의 조달과 상환

↓ 조달된 자금의 이용

투자활동 : 생산 및 판매활동에 필요한 자산의 취득 및 처분

↓ 취득한 자산의 활용

영업활동 : 상품이나 제품의 구입 · 생산 · 판매

3) 어떤 기업활동이 어떤 재무제표에 반영되는가?

기업의 세 가지 활동은 회계정보시스템의 측정과정을 거쳐 재무제표(Financial Statements ; F/S)에 반영된다.

재무상태표(statement of financial position) 또는 대차대조표(balance sheet)는 특정 시점의 재무상태 즉, 기업의 자산과 부채 및 자본을 표시하는 재무제표이다. 재무상태표상 자산은 재화나 용역을 생산·판매하는데 필요한 경제적 자원으로, 이는 투자활동의 결과를 표시하며, 부채와 자본은 기업이 소유하고 있는 자산을 취득하는데 필요한 자금을 조달하기 위하여 채권자나 소유주 또는 투자자로부터 각각 조달한 자금의 크기를 표시하는 것으로, 이는 재무활동의 결과를 표시한다. 이때 자본은 소유주 또는 투자자가 출자한 부분과 기업이 창출한 이익중 재투자를 위하여 유보된 이익잉여금으로 구분된다. 결국 재무상태표는 재무활동과 투자활동이 반영된 재무제표인 것이다.

손익계산서(profit and loss statement)는 회계기간 동안의 경영성과를 보고하는 재무제표이다. 따라서 손익계산서는 기업의 본업 즉, 재화나 용역을 생산·판매하는 활동인 영업활동의 결과가 반영되어 기업의 경영성과인 이익이 어떻게 얼마나 창출되었는지를 설명하게 된다.

현금흐름표(statement of cash flows)는 회계기간 동안의 현금흐름내용을 보고하는 재무제표이다. 따라서 현금흐름표는 기업을 운영하는데 있어서 영업활동과 투자활동 및 재무활동을 통하여 기업 안으로 유입되고 기업 밖으로 유출된 모든 현금흐름을 반영하게 된다. 결국 현금흐름표는 재무활동과 투자활동이 반영된 재무상태표와 영업활동이 반영된 손익계산서를 합친 재무제표인 것인데, 다른 점은 현금이 수반된 재무활동과 투자활동 및 영업활동만을 따로 모아서 작성된 것이란 점이다. 이에 따라 재무상태표와 손익계산서는 발생주의에 따른 재무제표, 현금흐름표는 현금주의에 따른 재무제표라고 한다. 세 가지 기업활동과 재무제표간의 관계를 요약하면 다음과 같다.

〈표 1-3〉 **세 가지 기업활동과 재무제표**

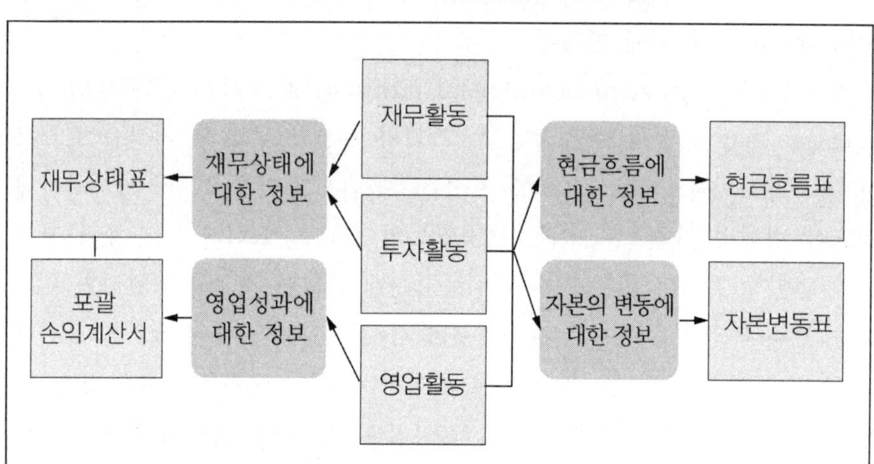

4. 현금주의와 발생주의의 비교

회계상 이익을 측정하기 위해서는 먼저 수익과 비용을 언제 인식할 것인가 라는 인식문제부터 해결되어야 한다. 수익과 비용의 인식기준에는 현금주의와 발생주의가 있다.

1) 현금주의

現金主義(cash basis)는 수익은 현금을 수취한 시점에 인식하고, 이러한 수익을 창출하기 위하여 발생한 비용은 현금이 지급된 시점에 인식하는 방법이다.

현금주의는 적용이 간편하고 추정 등이 개입되지 않는 장점을 지니고 있으나, 인식된 수익과 수익을 창출하기 위하여 발생한 비용이 같은 시점 또는 같은 회계기간에 귀속되지 않아 수익과 비용이 적절히 대응(matching)되지 않기 때문에 경영성과가 왜곡된다는 문제점을 지닌다. 이를 좀 극단적인 예를 들어 설명하면 [예제 1-2]와 같다.

이와 같이 현금주의는 수익과 관련된 비용이 인식되는 기간이 달라 손익계산서에 보고되는 당기순이익이 당기의 적정한 경영성과를 반영하지 못한다.

한편 현금주의에 따라 측정된 순이익은 영업활동을 통해서 벌어드린 현금을 의미한다. 다시 말해 영업활동이 반영되는 손익계산서를 현금주의로 다시 작성해서 산출된 당기순이익은 현금흐름표상의 영업활동 현금흐름과 일치되게 된다. 따라서 현금흐름표상의 영업활동부분은 현금주의에 따른 손익계산서로 보면 된다.

예제 1-2 현금주의

20×5년에 원가 ₩10,000의 상품을 현금매입한 후 ₩20,000에 외상으로 판매하였으며, 그 대금을 20×6년에 회수하였다고 하자. 이 경우 현금주의로 수익과 비용을 인식하여 이익을 측정하면 수익과 비용이 동일한 회계연도에 인식되지 않는 결과가 초래된다. 즉, 수익은 현금이 회수된 20×6년에, 비용은 현금이 지급된 20×5년에 각각 인식된다. 현금주의의 결과를 요약하면 다음과 같다.

	20×5년	20×6년	합 계
수익	₩ 0	₩20,000	₩20,000
비용	10,000	0	10,000
이익(손실)	(10,000)	20,000	10,000

2) 발생주의

發生主義(accrual basis)는 수익과 비용을 현금의 수취나 지급과는 관계없이, 기업의 거래나 사건이 실제로 발생한 시점 또는 그 시점이 속하는 회계기간에 인식하는 방법이다.

발생주의하에서 수익은 수익의 창출과정 중 결정적인 사건이 발생하였을 때 인식하는 실현주의가 적용되고, 비용은 관련된 수익이 인식되는 시점이나 그 시점이 속한 회계기간에 인식한다는 대응의 원칙이 적용된다. 여기서 수익의 창출과정 중 결정적인 사건(critical event)이란 기업의 정상적인 영업활동의 전 과정(예를 들어 상품의 매입, 보관, 판매 및 대금의 회수활동) 중 가장 중요한 활동을 지칭하는 것으로, 이는 곧 수익의 획득과정이 완료되었거나 거의 완료된 상태를 의미한다. 정상적인 영업활동과정

중에서 결정적인 사건이란 일반적으로 판매활동을 의미하므로, 수익의 인식시점은 바로 판매시점이 된다.

현금주의에서 설명한 예를 그대로 사용하여 발생주의에 의한 수익과 비용을 인식하여 이익을 산출하면 그 결과는 다음과 같다.

예제 1-3 발생주의

20×5년에 원가 ₩10,000의 상품을 현금매입한 후 20×5년에 ₩20,000에 외상으로 판매하여 그 대금을 20×6년에 회수하였다고 하자. 이를 발생주의로 수익과 비용을 인식하면, 수익과 비용이 동일 연도에 계상되면서 이익이 측정되기 때문에 경영성과가 정확히 측정되는 장점을 지니게 된다. 즉, 20×5년도에 상품이 판매되었으므로 수익은 현금수수와 관계없이 20×5년도에 인식하며 비용 역시 관련된 수익이 인식된 20×5년도에 인식하게 된다. 발생주의의 결과를 요약하면 다음과 같다.

	20×5년	20×6년	합 계
수익	₩20,000	₩ 0	₩20,000
비용	10,000	0	10,000
이익(손실)	10,000	0	10,000

이와 같이 발생주의는 실현된 수익과 관련된 비용을 적절하게 대응시켜 순이익을 산출하므로 현금주의에 비해 보다 적정한 경영성과를 반영·보고하며, 경영성과를 기초로 한 당해 기업의 미래이익창출능력 즉, 미래현금흐름의 창출 능력을 평가하는 데 보다 유용한 정보를 제공한다.

따라서 거래의 대부분이 신용거래로 이루어지고 있는 오늘날의 현실에 따라 일반적으로 인정된 회계원칙(GAAP)에서는 보다 적정한 경영성과를 반영하는 발생주의가 수익과 비용의 인식기준으로 사용되게 된 것이다.

3) 발생주의의 문제점을 보완하는 현금흐름표

그러나 발생주의를 적용하는 경우 수익과 비용에 영향을 미치는 거래나 사건이 실제로 어느 시점에 발생하였는지에 대한 판단문제(인식시기의 결정문제)와 수익과 비용의 인식시점과 현금의 수취나 지급이 동시에 이루어지지 않은 경우 수익과 비용을 얼마로 계상할 것인가의 판단문제(측정기준 결정문제)가 발생하게 된다. 이에 대하여 앞에서 언급한 것처럼 수익은 결정적인 사건이 발생한 시점에 수익을 인식한다는 수익의 실현주의(realization basis)가 적용되고, 비용은 관련된 수익이 인식되는 기간에 관련된 비용을 인식하는 수익·비용대응의 원칙(matching principle)이 적용되지만 회계담당자의 주관적인 판단에 영향을 받을 수밖에 없다.

발생주의의 적용시 또 하나의 문제는 손익계산서에 계상·보고된 당기순이익이 이용가능한 현금을 나타내는 것이 아니라는 것이다. 흔히 일상생활에서 이익이 남았다 하는 것은 현금투자액보다 현금회수액이 많은 것으로 이해하고 있어 손익계산서상 당기순이익도 이와 같이 해석하는 경우가 있을 수 있다. 그러나 손익계산서는 앞에서 설명한 것처럼 현금수수와는 관계없이 발생주의를 근거로 수익과 비용이 인식되므로 손익계산서의 당기순이익은 당기의 현금흐름과는 일치하지 않는다. 따라서 당기순이익을 많이 보고한 기업이라 하더라도 현금의 부족으로 현금배당을 할 수 없거나 자금의 부족이 심한 경우 흑자 도산이 이루어질 수도 있다.

발생주의의 이러한 문제점을 보완하고자 실제의 현금의 유입과 유출에 관한 객관적인 정보를 현금흐름표를 통하여 제공하고 있다.

5. 회계거래와 재무제표

회계상 거래는 재무제표를 작성하기 위하여 장부에 기록되는 경제적 행위이므로, 재무제표는 일정 기간 동안 발생한 거래의 결과가 반영된다. [예제 1-4]의 거래내용이 재무제표에 반영된 결과를 설명하면 다음과 같다.

예제 1-4 재무제표의 작성과정

4월 1일에 창업한 (주)늘봄의 1개월간 거래는 다음과 같다고 하자.

4월 1일	주식 20주(액면단가 ₩5,000)를 주당 ₩5,000에 발행하고 대금은 현금으로 납입받다.
3일	차량 ₩50,000을 현금구입하다.
5일	상품 ₩60,000을 현금매입하다.
10일	원가 ₩40,000의 상품을 ₩70,000에 현금매출하다.
13일	상품 ₩80,000을 외상매입하다.
15일	광고비 ₩2,000을 현금으로 지급하다.
25일	원가 ₩50,000의 상품을 ₩80,000에 외상매출하다.
27일	외상매입금 ₩30,000을 현금으로 갚다.
30일	급여 ₩20,000을 현금으로 지급하다.

이상의 거래를 먼저 회계등식표에 기입하면 다음과 같다.

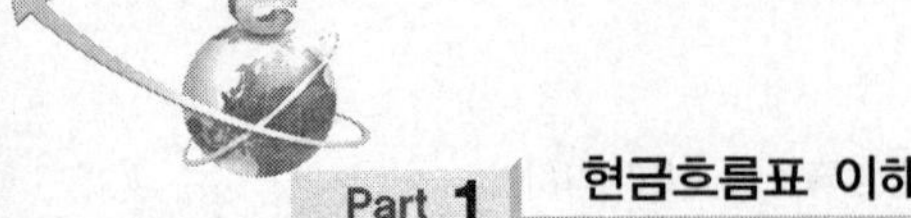

일자	자산				부채	자본		
	현 금	외상매출금	상 품	차량운반구	외상매입금	자 본 금	이익잉여금	
4/ 1	100,000					100,000		
4/ 3	(50,000)			50,000				
4/ 5	(60,000)		60,000					
4/10	70,000						70,000	매출수익
			(40,000)				(40,000)	매출원가
4/13			80,000		80,000			
4/15	(2,000)						(2,000)	광 고 비
4/25		80,000					80,000	매출수익
			(50,000)				(50,000)	매출원가
4/27	(30,000)				(30,000)			
4/30	(20,000)						(20,000)	급 여
잔액	8,000	80,000	50,000	50,000	50,000	100,000	38,000	

회계등식에 기입된 모든 거래는 재무제표에 반영되게 된다. 자산・부채・자본의 잔액은 재무상태표에 반영되며, 수익과 비용의 총액은 손익계산서에 나타난다. 그리고 손익계산서에서 계산된 당기순이익과 이익잉여금의 처분항목인 배당금은 자본변동표의 이익잉여금 항목란 반영되며, 마지막으로 현금흐름표는 회계등식상의 현금란에 기입된 모든 현금거래의 증감분을 가지고 기업의 3가지 활동, 즉 영업활동・투자활동・재무활동으로 나누어서 작성되게 된다.

회계등식에 기입된 내용을 총계정원장에 기입하면 다음과 같다.

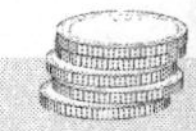

자 산 +

현 금

4/ 1	100,000	4/ 3	50,000
10	70,000	5	60,000
		15	2,000
		27	30,000
		30	20,000

상 품

4/ 5	60,000	4/10	40,000
13	80,000	25	50,000

외상매출금

4/25	80,000		

차량운반구

4/ 3	50,000		

부 채 +

외상매입금

4/25	30,000	4/13	80,000

자 본 금 +

자 본 금

		4/ 1	100,000

이익잉여금

매 출

		4/10	70,000
		4/25	80,000

매 출 원 가

4/10	40,000		
4/25	50,000		

광고선전비

4/15	2,000		

급 여

4/30	20,000		

회계등식에 기입된 내용과 총계정원장에 기입된 내용이 똑같음을 알 수 있다. 그러나 회계등식표에 기입된 것보다 총계정원장에 기입된 것이 훨씬 복잡하지 않고 체계적임을 한 눈에 알아볼 수 있다.

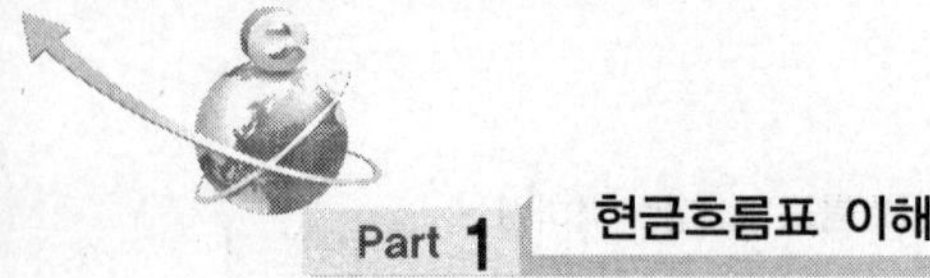

총계정원장에 기입된 내용을 토대로 재무제표를 작성하면 다음과 같다.

재무상태표

(주)늘봄	4월 30일 현재		(단위 : 원)
현 금	8,000	외상매입금	50,000
외상매출금	80,000	자 본 금	100,000
상 품	50,000	이익잉여금	38,000
차량운반구	50,000		
	188,000		188,000

손익계산서

(주)늘봄	4/1~4/30		(단위 : 원)
매 출 원 가	90,000	매 출	150,000
급 여	20,000		
광고선전비	2,000		
당기순이익	38,000		
	150,000		150,000

자본변동표(이익잉여금항목)

(주)늘봄 4/1~4/30	(단위 : 원)
이익잉여금기초잔액	0
가산 : 당기순이익	38,000
미처분이익잉여금	38,000
차감 : 배 당 액	(0)
이익잉여금기말잔액	38,000

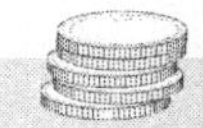

현금흐름표

(주)늘봄	4/1~4/30	(단위 : 원)
Ⅰ. 영업활동 현금흐름		(42,000)
가. 매출 등 수익활동으로부터의 유입액	70,000	
나. 매입 및 종업원에 대한 유출액	(110,000)	
다. 영업비용의 유출액	(2,000)	
Ⅱ. 투자활동 현금흐름		(50,000)
1. 차 량 구 입	(50,000)	
Ⅲ. 재무활동 현금흐름		100,000
1. 주 식 발 행	100,000	
Ⅳ. 현금의 증가(Ⅰ+Ⅱ+Ⅲ)		8,000
Ⅴ. 기초의 현금		0
Ⅵ. 기말의 현금		8,000

현금흐름표상 영업활동 현금흐름 중 매입 및 종업원에 대한 유출액은 상품의 현금매입액 ₩60,000, 외상매입금 지급액 ₩30,000 및 급료 지급액 ₩20,000이 포함된 것이며, 영업비용의 유출액은 광고비 지급액 ₩2,000을 기입한 것이다.

영업활동 현금흐름은 손익계산서를 현금주의로 작성할 경우의 순이익에 해당한다. 따라서 현금흐름표상의 영업활동 부분은 현금주의에 따른 손익계산서라고 보면 된다. 위의 현금흐름표에 나타난 영업활동 현금흐름 즉 현금주의 순이익은 －₩42,000으로 적자를 나타내고 있다. 그러나 손익계산서에서 계산된 당기순이익은 ₩38,000으로 영업활동 현금흐름과 정반대의 흑자를 나타내고 있다. 이는 현금흐름이 수반되지 않은 수익과 비용 항목이 반영되는 발생주의와 현금흐름이 수반되는 수익과 비용 항목만 반영되는 현금주의 간의 차이에 기인하는 것임을 기억할 필요가 있다.

6. 현금흐름표의 기본내용 살펴보기

1) 건강진단서 역할을 하는 현금흐름표

사람 몸 속의 혈액이 힘차게 온 몸을 잘 돌면, 몸이 따뜻해지면서 건강을 유지할 수 있게 된다. 또한 비만과 성인병을 촉발시키는 육식과 인스턴트 식품의 과잉섭취로 몸이 비대해지고, 동맥경화증 같은 성인병이 생겼는데도 운동과 섭생을 게을리하게 되면, 언젠가는 혈관이 막혀서 갑자기 심장마비로 이 세상을 하직하는 불행한 사태가 발생하게 된다.

사람 몸 속의 혈액은 기업의 경우 바로 현금에 해당된다. 따라서 사람과 마찬가지로 기업도 기업을 운영하는데 있어 현금이 원활하게 순환되면, 건강한 기업이 된다. 그러나 기업이 달성해야 해야 할 2 가지 목표, 즉 수익성과 유동성을 계속 유지하는 것에 신경쓰지 않고, 주제넘게 몸집 불리기 위주의 방만한 확장경영을 무리하게 시도하다가, 갑자기 돈줄이 막혀서 부도를 내고 도산으로 쓰러지는 경우가 있다.

따라서 기업이 건강한 상태를 유지하고 있는 지를 정확히 진단하기 위해서는 반드시 현금흐름의 내용을 잘 파악할 필요가 있다. 이러한 현금흐름을 기업의 세 가지 활동별로 나누어서 각각의 현금유입과 유출내용에 관한 정보를 상세하게 제공하여 기업의 건강 정도를 정확하게 파악할 수 있게 해주는 재무제표가 현금흐름표이다.

2) 현금의 증감원인을 설명하는 현금흐름표

현금흐름표(statement of cash flows)란 일정기간동안 기업의 영업활동과 투자활동 및 재무활동으로 인한 각각의 현금의 유입액과 유출액을 보고

하면서, 이를 통해 기초의 현금잔액이 기말의 현금잔액으로 변동한 원인을 명백하게 설명해준다.

예제 1-5 현금의 증감원인을 설명하는 현금흐름표

현금흐름표

영업활동 현금흐름	8,000
투자활동 현금흐름	2,000
재무활동 현금흐름	10,000
현금의 증가	20,000
기초의 현금	30,000
기말의 현금	50,000

재무상태표 (기초시점)

차변	금액	대변	금액
현 금	30,000	차 입 금	40,000
상 품	50,000	자 본 금	50,000
비 품	20,000	이익잉여금	10,000
	100,000		100,000

재무상태표 (기말시점)

차변	금액	대변	금액
현 금	50,000	차 입 금	50,000
상 품	60,000	자 본 금	50,000
비 품	18,000	이익잉여금	28,000
	128,000		128,000

손익계산서 (현금거래)

차변	금액	대변	금액
매입액	40,000	매출액	50,000
통 신 비	2,000		
당기순이익	8,000		
	50,000		50,000

기초재무상태표와 기말재무상태표를 보면, 현금은 ₩30,000에서 ₩50,000으로 변동되어 ₩20,000이 증가하였는데 그 원인이 현금흐름표상 세 가지 활동별로 구분・표시되고 있다. 즉, 영업활동 현금흐름 ₩8,000은 매출대금 ₩50,000에서 거래처에 대한 상품 매입대금 지급액 ₩40,000과 통신비 지급액 ₩2,000을 합한 ₩42,000을 차감시킨 차액으로 바로 영업을 통해 벌어들인 돈이다. 투자활동 현금흐름 ₩2,000은 기초와 기말의 비품간의 변동액으로 비품매각대금이다. 재무활동 현금흐름 ₩10,000은 기초와 기말의 차입금간의 변동액으로 당기 중에 차입한 현금이다.

세 가지 기업활동으로부터 들어온 현금을 모두 합하면 바로 ₩20,000이 된다. 결국 현금흐름표는 손익계산서 항목과 재무상태표 항목 중 현금과 관련된 항목을 세 가지 경영활동별로 모아놓은 재무제표임을 알 수 있다. 이상의 현금흐름표 작성과 관련된 설명내용은 아직 이해하기 힘들 것이다. 지금으로서는 현금의 순증감액에 대한 원인을 경영활동별로 자세히 설명해주는 재무제표라는 정도만 알아두면 될 것이다. 이와 관련된 내용은 뒤에서 자세하게 설명된다.

3) 세 가지 기업 활동별 현금의 유입과 유출의 주요 내용

기업의 세 가지 활동별 현금의 유입과 유출의 주요 내용을 살펴보면 위의 <표 1-4>와 같다.

〈표 1-4〉 세 가지 활동별 현금흐름

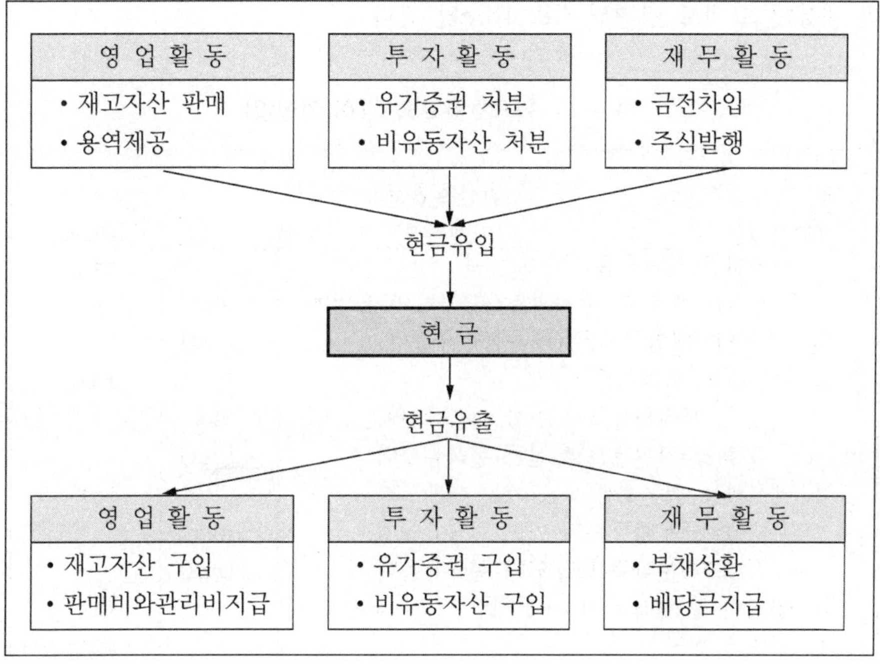

4) 세 가지 활동별 현금유입과 유출은 어떻게 표시되나?

기업의 세 가지 활동별 현금의 유입내용과 유출내용을 반영한 현금흐름표의 양식은 두 가지가 있다. 영업활동에서의 현금흐름을 어떤 방식으로 나타내느냐에 따라, 직접법에 의한 양식과 간접법에 의한 양식 두 가지로 분류된다. 직접법은 글자 그대로 영업활동에서의 현금유입내용과 유출내용을 직접 나타내는 방식으로 정보이용자 입장에서 이해하기가 쉽다. 간접법은 재무상태표와 손익계산서를 이용해서 영업활동에서의 현금흐름을 간접적으로 계산해서 나타내는 방식인데, 회계원리에 대한 지식이 없으면, 이해하기가 쉽지 않다. 그런데 실무에서는 거의 전적으로 이 방법에 따라 작성되고 있다. 간접법은 뒤에서 설명하기로 한다. 직접법에 의한 양식은 기

업의 세 가지 활동별 현금의 유입과 유출의 주요 내용이 설명된 <표 1-4>의 내용이 그대로 반영된 <표 1-5>와 같다.

〈표 1–5〉 현금흐름표의 양식(직접법)

현금흐름표

(회사명) (회계기간) (단위:원)

Ⅰ. 영업활동 현금흐름		xxx
가. 매출 등 수익활동으로부터의 유입액	xxx	
나. 매입 등 비용에 대한 유출액	(xxx)	
Ⅱ. 투자활동 현금흐름		xxx
1. 투자활동으로 인한 현금유입액	xxx	
2. 투자활동으로 인한 현금유출액	(xxx)	
Ⅲ. 재무활동 현금흐름		xxx
1. 재무활동으로 인한 현금유입액	xxx	
2. 재무활동으로 인한 현금유출액	(xxx)	
Ⅳ. 현금의 증가(감소) (Ⅰ+Ⅱ+Ⅲ)		xxx
Ⅴ. 기초의 현금		xxx
Ⅵ. 기말의 현금		xxx

5) 현금흐름표는 유동성 파악에 가장 적합한 재무제표인가?

기업활동의 목표인 유동성과 수익성은 단기적으로는 서로 비례관계를 갖기보다는 독립적인 관계를 보인다. 따라서 수익성이 있는 기업이라 하더라도 유동성(또는 현금)이 부족해서 지급불능에 처해지는 경우도 종종 있으며, 반면에 수익성이 없는 기업인데도 충분한 현금을 보유하고 있어 지급능력을 유지하기 때문에 단기적으로 계속 존속하는 데 문제가 되지 않는 경우도 많이 있다. 따라서 정보이용자 입장에서 기업의 미래를 평가하기 위해서는 유동성과 수익성 모두 중요하지만, 단기적으로는 유동성에 먼저

관심을 갖고 재무제표를 분석하여야 한다.

전통적으로 수익성에 관한 정보는 손익계산서를 통하여 얻을 수 있으며 유동성에 관한 정보는 재무상태표를 이용하여 얻을 수 있는 것으로 알려져 있다. 그러나 재무상태표만을 이용하여 유동성을 평가하는 경우에는 일정 시점(결산시점)의 유동성만을 나타낼 뿐만 아니라, 기업에서 악의적으로 일부 유동자산(특히 매출채권과 재고자산 등)을 부풀려서 유동성을 양호한 것처럼 허위로 눈속임할 수 있는 여지가 많이 있기 때문에 그 기업의 진정한 유동성을 나타내는 데는 한계가 있다.

따라서 기업의 진정한 유동성을 파악하기 위해서는 일정기간 동안의 기업활동별 모든 현금흐름이 반영되는 현금흐름표를 이용해야 한다. 특히 투명한 회계보고 의식이 낮은 기업풍토가 만연된 환경에서는 분식의 여지가 상대적으로 좁은 현금흐름표를 이용하는 것이 현명하다. 현금흐름표는 실제의 현금흐름이 반영되기 때문에 그렇다.

일단 영업활동을 통하여 많은 현금흐름을 창출할수록 유동성이 양호한 기업으로 보면 틀림없다.

유동비율을 전적으로 믿지 말라

전통적으로 기업의 유동성을 평가하는데는 재무상태표를 이용해서 유동비율을 가지고 한다. 그러나 유동비율이 높다고 해서 기업의 유동성 즉, 단기지급능력이 양호하다고 속단해서는 안 된다.

기말에 유동부채에 비해 유동자산이 많으면 유동비율이 높게 나타난다. 보통 유동자산 중 매출채권과 재고자산의 비중이 높기 마련인데 이 때 불량채권이나 진부화된 재고자산이 많이 포함되었거나 순이익을 과대계상할 목적으로 이들 자산을 과대계상하였다면 실제의 유동성은 결코 양호한 것이 아니다. 따라서 조작가능의 여지가 많은 유동비율에 전적으로 의존해서 유동성을 평가할 경우 그릇된 평가가 될 가능성이 있기 때문에 반드시 다른 방법으로 보완해서 판단을 내려야 한다.

유동비율의 문제점을 보완하는 방법 중의 하나는 당좌비율을 이용하는 것이다. 당좌비율은 당좌자산을 유동부채로 나눈 비율로서 당좌자산에는 유동자산에서 재고자산이 제외되었기 때문에 단기지급능력의 엄격한 측정치가 되고 있다. 이와 함께 고려해야 할 것은 매출채권에 있어서 불량채권의 비중이 어느 정도인지, 기업의 단기차입능력을 평가할 수 있는 담보자산을 어느 정도 보유하고 있는지, 경영규모가 어느 정도인지, 최근 매출액 성장세는 어느 정도인지 등에 대한 정보이다.

또 하나의 보완하는 방법은 현금흐름표상의 현금흐름정보, 특히 영업활동 현금흐름정보를 분석하는 것이다. 영업활동 현금흐름이 계속적으로 +를 나타내고 있는지, 설비투자액의 어느 정도를 충당할 수 있는지 등을 파악해야 한다. 영업활동 현금흐름이 계속적으로 +를 나타내고 있고, 설비투자액의 상당부분을 충당할 수 있으면 유동성에는 문제가 없는 것으로 본다.

다음은 영진약품의 요약재무상태표와 현금흐름표이다.

<u>요약재무상태표</u>

영진약품 (단위 : 억원)

	93.12	94.12	95.12	96.12
유 동 자 산	1,048.4	1,302.1	1,483.8	1,748.9
고 정 자 산	583.5	617.0	679.9	678.4
자 산 총 계	1,631.9	1,919.1	2,163.7	2,427.3
유 동 부 채	543.7	756.9	756.3	837.2
고 정 부 채	647.0	596.1	702.5	885.1
부 채 총 액	1,190,7	1,353.1	1,458.9	1,722.3
자 본 금	190.7	266.4	350.0	350.0
자본잉여금	89.9	140.3	195.5	195.5
이익잉여금	154.0	152.7	152.7	159.4
자 본 총 계	441.1	565.9	704.7	704.9

현 금 흐 름 표

영진약품 (단위 : 백만원)

	1992	1993	1994	1995	1996
Ⅰ. 영업활동 현금흐름	-11,596	-8,293	-9,326	-16,623	-15,598
Ⅱ. 투자활동 현금흐름	-8,835	-5,572	-4,801	-9,173	365
Ⅲ. 재무활동 현금흐름	17,558	11,275	22,263	24,231	20,614
Ⅳ. 현금의 증가	-2,873	-2,590	8,136	-1,566	5,381
Ⅴ. 기초의 현금	11,264	8,391	5,801	13,937	12,371
Ⅵ. 기말의 현금	8,391	5,801	13,937	12,371	17,752

영진약품의 유동비율을 계산해보면 93년에는 192.8%, 94년에는 172.8%, 95년에는 196.1% 그리고 96년에는 208.9%로 나타나고 있다. 유동비율만 가지고 평가한다면 유동비율이 높은 편이기 때문에 영진약품의 유동성은 별 문제가 없는 것처럼 보인다. 그러나 현금흐름표를 보면 영업활동 현금흐름이 5년 동안 계속해서 −를 기록하고 있어 영업활동을 통한 내부창출현금이 부족하다는 사실을 알 수 있다. 이에 따라 만성적인 자금난을 겪고 있는 이 기업은 부족자금을 외부에서 조달하여 일부 설비투자와 부채상환에 사용하고 있다. 이 기업의 현금흐름표에 나타난 현금흐름패턴을 통해서 이 기업의 유동성에는 심각한 문제가 있다고 결론지을 수 있다.

영진약품은 만성적인 자금난에 시달리다가 결국 자금시장이 극도로 경색되었던 1997년에 부도를 내고 말았다.

이 사례는 유동성 평가시 유동비율만 단순하게 볼 경우 흑자도산이란 함정에 걸려들 수 있다는 사실을 잘 보여주고 있다. 이런 함정에 빠지지 않기 위해서는 현금흐름정보를 포함한 여러 가지 사항을 종합적으로 고려해서 최종판단을 내려야 한다.

6) 현금흐름표를 통한 유동성 평가해보기

간단한 현금흐름표를 가지고 유동성 평가를 한 번 해보자.

예제 1-6 현금흐름표에 의한 유동성 평가

다음의 3회사는 동일 업종에 속한 회사로 수년간 영업을 지속해오고 있다.

현 금 흐 름 표

	A회사	B회사	C회사
영업활동 현금흐름	90,000	40,000	(24,000)
투자활동 현금흐름			
유형자산의 처분			26,000
유형자산의 취득	(48,000)	(25,000)	
재무활동 현금흐름			
차입금의 차입			13,000
차입금의 상환	(27,000)		
현금의 증가	15,000	15,000	15,000

이들 3회사의 현금흐름 증가액은 모두 ₩15,000으로 동일하다. 그러나 이들 회사의 현금흐름에 대한 원천과 운용은 아주 상이하다. A회사는 영업활동 현금흐름 ₩90,000을 창출하여 이를 가지고 유형자산을 ₩48,000에 취득하고 차입금 ₩27,000을 상환하고 있다. B회사는 영업활동 현금흐름 ₩40,000을 창출하여 이를 가지고 유형자산을 ₩25,000에 취득하는 데만 사용하고 있다. C회사는 영업활동 현금흐름을 창출하지 못하고 오히려 영업활동에서 ₩24,000을 사용하고 있다. 이에 따라 이 회사는 부족자금을 보충하기 위해서 보유하고 있는 유형자산을 ₩26,000

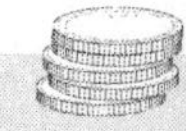

에 처분하고 차입금 ₩13,000을 차입하여 결과적으로 현금의 증가 ₩15,000을 보고하고 있다.

이러한 현금흐름분석을 통해서 A회사가 B회사나 C회사보다 미래의 의무를 이행할 수 있는 현금창출능력이 뛰어나다는 것을 알 수 있다. 즉 유동성이 제일 양호한 회사라고 말할 수 있다. 또한 A회사의 영업활동을 통한 현금창출능력의 우수성은 미래의 성과에 대한 양호한 징조가 되고 있다. 반면에 C회사 영업활동을 통한 현금창출능력의 부실은 유동성의 위기로 이어질 가능성을 갖고 있기 때문에 미래의 성과에 대한 불길한 징조가 되고 있다. 물론 이러한 평가는 잠정적인 것으로서 대차대조표와 손익계산서가 제공하는 정보를 포함한 다른 정보에 의해서 뒷받침이 되어야 한다.

7) 현금흐름 우량기업과 불량기업의 실제 사례

일단 영업활동을 통하여 창출한 현금흐름으로 투자활동을 수행하고, 그러고도 남는 현금이 있어 그 현금으로 재무활동에서 현금유출이 발생되도록 하는 기업을 현금흐름이 우량한 기업으로 보면 틀림없다. 이에 비해 영업활동을 통하여 현금흐름이 창출되지 못하는 상황에서 영업활동과 투자활동에 소요되는 현금을 전적으로 재무활동에 의존하는 기업을 현금흐름이 불량한 기업으로 보면 틀림없다.

예제 1-7 현금흐름 우량기업과 불량기업의 실제 사례

<현금흐름 우량기업의 요약 현금흐름표>

현 금 흐 름 표

한국화인케미칼(주) (단위 : 백만원)

	1992	1993	1994	1995	1996
Ⅰ. 영업활동 현금흐름	5,545	8,448	5,834	5,500	15,099
Ⅱ. 투자활동 현금흐름	-5,326	-6,891	-4,345	-19,193	-5,124
Ⅲ. 재무활동 현금흐름	-236	-1,091	2,117	18,658	-3,275
Ⅳ. 현금의 증가	-17	466	3,607	4,964	6,700
Ⅴ. 기초의 현금	3,430	3,413	3,879	7,485	12,450
Ⅵ. 기말의 현금	3,413	3,879	7,485	12,450	19,150

<현금흐름 불량기업의 요약 현금흐름표>

현 금 흐 름 표

태일정밀(주) (단위 : 백만원)

	1992	1993	1994	1995	1996
Ⅰ. 영업활동 현금흐름	-24,111	-5,579	-11,839	-9,167	-33,473
Ⅱ. 투자활동 현금흐름	-4,229	-29,815	-26,610	-36,443	-113,850
Ⅲ. 재무활동 현금흐름	30,611	55,573	45,021	89,906	109,372
Ⅳ. 현금의 증가	2,271	20,179	6,572	44,297	-37,951
Ⅴ. 기초의 현금	3,167	5,438	25,617	32,189	76,486
Ⅵ. 기말의 현금	5,438	25,617	32,189	76,486	38,535

Chapter 02

현금흐름표의 심화 내용 알아보기

1. 현금흐름표는 투명성이 가장 높은 재무제표

현금흐름표는 재무제표 중에서 투명성이 가장 높은 재무제표로 알려져 있다. 현금흐름표가 제공하는 현금흐름정보가 재무상태표와 손익계산서가 제공하는 발생주의 회계정보에 비해 투명성이 높을 수밖에 없는 이유와 그 밖에 색다른 특징들을 정리해보면 다음과 같다.

1) 추정이 개입되지 않는 객관적 정보

현금흐름표가 제공하는 현금흐름정보에는 재무상태표와 손익계산서에서 제공되는 발생주의 회계정보와는 달리 추정 또는 예측(예를 들어 매출채권의 회수가능성, 재고자산의 진부화 정도, 상각자산의 내용연수와 잔존가액, 우발채무의 계상 여부 등)과 같은 회계담당자의 주관적 판단이 개입되지 않는다. 따라서 회계담당자의 주관적 판단이 개입될 수밖에 없는 재무상태표와 손익계산서에서 제공되는 발생주의 회계정보는 객관적인 정보가 될 수 없다. 뿐만 아니라 이를 악용해서 경영자의 의도대로 조작할 가능성

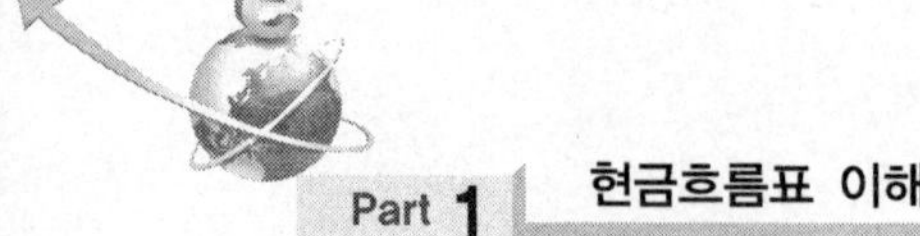

이 많기 때문에 기업의 실상과는 거리가 먼 왜곡된 정보일 수도 있다. 이에 반해 현금흐름표가 제공하는 현금흐름정보는 회계담당자의 주관적 판단의 산물이 아니고 실제 사실을 반영한 객관적 정보이기 때문에 더욱 신뢰할 수 있을 뿐만 아니라 목적적합한 정보가 되고 있다.

2) 대체적 회계처리방법에 영향 받지 않는 실제 정보

재무상태표와 손익계산서를 작성할 때에는 여러 가지 대체적인 회계처리방법(예를 들어 재고자산평가의 경우 선입선출법과 후입선출법, 감가상각의 경우 정액법과 정율법 등)이 허용되고 있으며, 이에 따라 재무상태표와 손익계산서에서 제공되는 발생주의 회계정보는 경제적 사건이 달라서가 아니라 단지 사용하는 회계처리방법이 다르기 때문에 차이나는 회계정보가 제공되게 되어 비교가능성을 해치게 된다. 그러나 현금흐름표는 대체적인 회계처리방법으로 인한 영향을 전혀 받지 않고 기업의 실제현금흐름을 사실대로 나타낸다. 따라서 현금흐름정보는 대체적 회계처리방법에 의해서 모호해지는 기업간의 진정한 차이를 식별할 수 있게 해주는 비교가능성이 높은 정보인 것이다.

예제 2-1 대체적 회계처리방법에 영향 받지 않는 현금흐름표

A기업과 B기업이 있는데 두 기업의 영업내용은 실제로 똑같고, 모두 금년에 영업을 개시하였다. 금년 중 두 기업은 다음과 같이 상품을 매입하였다.

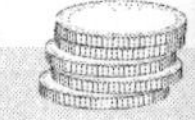

월 일	수 량	단 가	금 액
1/4	10,000단위	@ ₩40	₩400,000
4/6	5,000단위	50	250,000
8/9	7,000단위	60	420,000
11/27	10,000단위	70	700,000
	32,000단위		₩1,770,000

금년 매입분 중 대금을 지급하지 않은 금액은 ₩700,000이다. 금년도에 두 기업은 22,000단위를 판매하였으며, 판매대금은 모두 회수되었다. 1월초에 두 기업은 10년의 내용년수와 잔존가치가 없는 기계설비를 ₩1,000,000에 구입하였다.

A기업은 재고자산의 평가방법으로 FIFO(선입선출법)를 사용하기로 했고, 감가상각방법은 정액법을 사용하기로 하였다. 이에 따라 매출원가는 ₩1,070,000, 감가상각비는 ₩100,000이 계상되었다. 반면에 B기업은 재고자산의 평가방법으로는 LIFO, 감가상각방법으로는 정률법(상각률 20%)을 사용하기로 하였다. 이에 따라 매출원가는 ₩1,370,000, 감가상각비는 ₩200,000이 계상되었다. 두 기업의 12월 31일 현재의 시산표에는 다음 항목이 포함되어 있다.

매출액 ································ ₩2,200,000
판매비와 관리비 ······················ 500,000(전액 현금지급)

이상의 자료를 가지고 먼저 손익계산서를 작성해보면 영업내용이 같음에도 불구하고 사용하는 회계처리 방법이 다름에 따라 다음과 같이 경영성과가 다르게 나타나 있다.

손익계산서 (A기업 1/1~12/31, 단위:원)

A기업	
매 출 액	2,200,000
매 출 원 가	1,700,000
매출총이익	1,130,000
판매・관리비	500,000
감가상각비	100,000
당기순이익	530,000

손익계산서 (B기업 1/1~12/31, 단위:원)

B기업	
매 출 액	2,200,000
매 출 원 가	1,370,000
매출총이익	830,000
판매・관리비	500,000
감가상각비	200,000
당기순이익	130,000

두 기업의 현금흐름표상의 영업활동 현금흐름을 계산해보면 다음과 같다.

	A기업	B기업
Ⅰ. 영업활동 현금흐름		
1. 당기순이익	530,000	130,000
2. 현금의 유출이 없는 비용 등의 가산		
감가상각비	100,000	200,000
3. 영업활동으로 인한 자산・부채의 변동		
매입채무의 증가	700,000	700,000
재고자산의 증가	(700,000)	(400,000)
	630,000	630,000

위의 계산결과를 보면 영업내용이 똑같은 두 기업의 영업활동 현금흐름이 똑같게 나타나고 있다. 두 기업이 사용하고 있는 대체적 회계처리방법이 당기순이익을 계산하는 데 상이한 영향을 미친 것과는 달리 영업활동 현금흐름에는 전혀 영향을 미치지 않은 사실을 확인할 수 있다.

따라서 현금흐름표는 대체적 회계처리방법의 영향을 받고 있지 않기 때문에 재무상태표나 손익계산서가 제공하는 정보보다 더 신뢰성・목적적합성・비교가능성이 높은 정보를 제공하는 투명성 높은 재무제표라고 말할 수 있다.

3) 흑자기업도산의 원인과 가능성을 밝혀주는 정보

현금흐름정보는 흑자도산기업의 원인을 밝히거나 예측하는데 도움을 준다. 흑자도산기업의 경우 대개 매출채권이나 재고자산에 대한 과대투자로 인해 자금회수가 지연되거나 또는 과잉설비투자로 인해 자금이 묶여서 극심한 자금난을 겪다가 지급불능사태에 이르러 결국 도산이란 최악의 사태를 맞게 된다. 이러한 도산의 원인들은 현금흐름표에 잘 나타나 있기 때문에 여러 연도의 현금흐름정보에 대한 세심한 분석을 통해서 흑자도산의 가능성(예를 들어 여러 연도를 통해 계속되는 −의 영업활동 현금흐름은 도산위험 신호임)을 쉽게 예측할 수 있다.

예제 2-2 흑자도산기업의 손익계산서와 현금흐름표

손익계산서

태일정밀(주) (단위 : 백만원)

	1992	1993	1994	1995	1996
Ⅰ. 매 출 액	123,594	163,977	197,652	264,144	390,539
Ⅱ. 매 출 원 가	108,039	145,804	175,609	232,358	349,328
Ⅲ. 매 출 총 이 익	15,555	18,173	22,043	31,785	41,212
Ⅳ. 영 업 이 익	11,100	12,702	14,933	18,322	19,019
Ⅴ. 경 상 이 익	3,257	4,683	5,481	7,616	11,660
Ⅵ. 당 기 순 이 익	2,257	3,738	4,138	4,485	7,935

현금흐름표

태일정밀 (단위 : 백만원)

	1992	1993	1994	1995	1996
Ⅰ. 영업활동 현금흐름	−24,111	−5,579	−11,839	−9,167	−33,473
Ⅱ. 투자활동 현금흐름	−4,229	−29,815	−26,610	−36,443	−113,850

Ⅲ. 재무활동 현금흐름	30,611	55,573	45,021	89,906	109,372
Ⅳ. 현금의 증가	2,271	20,179	6,572	44,297	−37,951
Ⅴ. 기초의 현금	3,167	5,438	25,617	32,189	76,486
Ⅵ. 기말의 현금	5,438	25,617	32,189	76,486	38,535

이 회사는 매년 당기순이익을 계상하여 수익성이 양호한 것처럼 보이지만 현금흐름표를 보면 심각한 자금난을 겪고 있음을 알 수 있다. 즉, 이 회사는 영업활동에서 현금을 창출시키지 못하고 있기 때문에 필요한 자금을 외부자금으로 조달해서 회사를 꾸려나가고 있다. 결국 이 회사는 영업활동으로부터의 현금창출능력이 개선되지 못한 상황에서 채권자의 자금회수사태에 직면하면서 97년 10월에 부도를 내고 흑자도산의 비운을 맛보게 되었다.

결국 흑자도산의 가능성은 여러 기간의 현금흐름표 분석을 통해서 알 수 있다.

4) 분식결산 가능성을 밝혀주는 정보

대개 분식결산을 통해서 사실상은 적자이거나 소폭의 흑자인데 이를 마치 실제보다 큰 폭의 흑자가 난 것처럼 발생주의 회계원칙을 최대한 악용하거나 회계장부를 조작하여 손익계산서에 가공의 당기순이익을 보고하는 부도덕한 기업을 종종 발견하는 경우가 있다. 이런 기업의 경우 현금흐름표상의 영업활동 현금흐름을 보면 그 금액이 큰 폭의 −로 감소되어 있는 경우가 대부분인 것으로 알려져 있다. 따라서 현금흐름표는 흑자분식결산의 가능성을 발견하는데 효과적인 도구가 될 수 있다.

예제 2-3 분식기업의 순이익과 영업활동 현금흐름

증권관리위원회는 1991년 부도상장기업(不渡上場企業)의 90사업년도 결산보고서에 대한 특별감리의 실시를 통해 분식결산사실을 적발해 내었다.

이들 기업들은 모두 분식결산을 통해 적자규모를 적게 줄이거나, 사실상 적자인데도 흑자를 낸 것처럼 회계장부를 조작하였음이 밝혀졌다. 이들 기업 중 4개사의 당기순이익(NI)과 영업활동 현금흐름(CFO)을 다음과 같이 <표>로 나타내 보았는데, 이들 기업들의 당기순이익은 거의 흑자로 표시되고 있는데 반해 영업활동 현금흐름은 −로 나타나고 있어 90사업년도의 분식에 대한 징후가 명확히 드러나고 있으며, 그 이전 연도의 경우도 분식가능성이 있을 것으로 예상해 볼 수 있다.

분식기업의 당기순이익(NI)과 영업활동 현금흐름(CFO)

(단위 : 백만원)

기업명	흥 양			기온물산		
항목 \ 연도	88	89	90	88	89	90
NI	418	452	545	100	305	663
CFO	-5,965	-2,732	-11,565	-1,726	-1,472	-4,713

기업명	금하방직			아남정밀		
항목 \ 연도	88	89	90	88	89	90
NI	1,133	134	-37,395	622	1,728	463
CFO	-3,533	-7,122	-21,507	-6,200	-32,421	-4,440

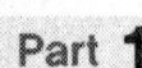

5) 분식결산에 영향받지 않는 정보

순이익을 과대계상하기 위해서는 감가상각비와 같은 비용을 과소계상하고, 매출채권이나 재고자산과 같은 영업활동과 관련 있는 유동자산을 과대계상하여야 하며, 매입채무와 같은 영업활동과 관련 있는 유동부채를 과소계상해야 하는 데, 이렇게 분식 회계 처리할 경우 이들 항목들은 순이익을 그 만큼 증가시키기는 하지만 영업활동 현금흐름에는 아무런 영향을 끼치지 않는다. 이와 같이 현금흐름정보는 이러한 유형의 분식결산의 효과가 배제되기 때문에 그 만큼 신뢰할 수 있는 정보가 된다. 따라서 분식을 통해서라도 경영성과를 양호하게 나타내야 할 가능성이 많은 기업, 예를 들어 주식상장 예정기업, 합병 대상 기업, 증자나 차입에 의한 자금조달 추진기업, 적자에서 흑자로 전환된 기업 등에 대한 재무제표 분석시에는 현금흐름표가 제공하는 현금흐름정보로 반드시 보완할 필요가 있다.

예제 2-4 분식결산에 영향을 받지 않는 현금흐름표

먼저 발생주의에 입각한 손익계산서를 다음의 회계자료를 이용해서 작성해보자.

회계자료:

매출액 ₩700,000 (외상매출액 중 미회수액 ₩500,000이 포함되어 있음)

매입액 ₩600,000 (외상매입액 중 미지급액 ₩400,000이 포함되어 있음)

기말재고액 ₩200,000 감가상각비 ₩100,000

판매관리비 ₩100,000

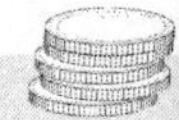

손익계산서

(발생주의)

매 출 원 가	400,000	매 출	700,000
감가상각비	100,000		
판매관리비	100,000		
당기순이익	100,000		
	700,000		700,000

※ 매출원가: 매 입 600,000원 − 기말재고액 200,000원 = 400,000원

다음에 현금흐름표상의 영업활동 현금흐름을 계산하면 다음과 같다.

현금흐름표

영업활동 현금흐름		(100,000)
매출대금회수액	200,000	
매입대금지급액	(200,000)	
판매관리비 지급액	(100,000)	

발생주의하의 경영성과가 ₩100,000(당기순이익)이 계상되어 있다. 경영자는 이 금액이 경쟁기업의 경영성과에 비해 낮기 때문에 경쟁기업의 경영성과보다 높은 ₩300,000이 계상되도록 분식을 지시하였다고 해보자. 이에 따라 회계담당자는 경영자의 지시를 이행하기 위해 다음과 같이 분식하기로 결정하였다.

분식내용

① 가공매출계상 : 외상매출액을 ₩100,000 추가계상시킴

② 기말재고액과대계상 : 기말재고액을 ₩200,000에서 ₩300,000으로 ₩100,000 가공계상시킴

위의 분식내용을 반영해서 발생주의에 의한 손익계산서를 작성하면 다음과 같다.

분식후 손익계산서

(발생주의)

매 출 원 가	300,000	매 출	800,000
감가상각비	100,000		
판매관리비	100,000		
당기순이익	300,000		
	800,000		800,000

※ 매출원가: 매 입 600,000원 − 기말재고액 300,000 = 300,000원

이러한 분식은 현금에 영향을 끼치지 않기 때문에 현금흐름표는 전혀 영향을 받지 않게 된다. 따라서 분식 전후의 현금흐름표는 동일하게 된다.

6) 특수상황에 처한 기업의 현실을 정확히 전달하는 정보

이밖에도 당기순이익이 기업의 경영성과를 정확하게 반영하지 못하고 있는 특수한 상황에 처해 있는 기업, 예를 들면 비현금지출비용이 거액 계상되는 기업이나 초고속 성장하는 기업의 경우 현금흐름정보는 그 기업의 현실을 정확하게 반영하고 있기 때문에 현금흐름분석은 대단히 중요하다.

감가상각비와 대손상각비 같은 비현금지출비용을 거액 계상하는 기업의 순이익은 실제 상황보다 비관적으로 보고될 수 있다. 사실 이런 기업은 영업활동 현금흐름이 +로 나타난 기간에 순손실이 보고되는 경우가 있다. 이런 경우에는 영업활동 현금흐름이 단기적으로 채권자, 거래처, 종업원 그리고 투자자들에게 계속해서 의무를 이행할 수 있는지 여부를 판단할 수 있는 더 나은 지표가 된다. 물론 현금흐름이 +라고 해서 보고된 순손실을 걱정하지 않아도 된다는 말은 결코 아니다. 다시 말해 +의 현금흐름은 얼마동안 기업이 영업을 계속할 수 있다는 것을 의미하는 것이며, 순손실의

보고는 기업의 미래기간에 심각한 문제가 발생할 수 있음을 암시하는 것으로 받아들여야 한다.

예제 2-5 비현금지출비용이 많은 기업의 현금흐름표

현 금 흐 름 표

삼성테크원 (단위 : 백만원)

	1999	2000	2001
Ⅰ. 영업활동 현금흐름	632	2,561	2,419
(현금유출이 없는 비용)	(4,118)	(2,010)	(2,854)
(당기순이익)	(−1,726)	(215)	(−849)
Ⅱ. 투자활동 현금흐름	-1,644	-1,295	-577
Ⅲ. 재무활동 현금흐름	1,101	−1,361	−1,887
Ⅳ. 현금의 증가	89	−95	−44

삼성테크원은 감가상각비와 같은 현금이 유출되지 않는 비용이 많은 회사이다. 따라서 99년도와 01년도에 적자가 발생했어도 영업활동으로 인한 현금흐름은 큰 폭의 +를 기록하고 있어 지급능력에 큰 문제가 생기지 않았음을 알 수 있다.

제품 생산의 확충을 위해 거액의 자금이 소요되는 초고속 성장기업을 평가하는데 있어서도 현금흐름분석은 귀중한 도구가 된다. 이런 기업의 경우 보고되는 순이익은 흑자이지만 영업활동을 통해서 현금을 창출하기 보다는 오히려 소비를 하는 경우가 많다. 따라서 초고속 성장하는 기업이 보고한 흑자의 순이익은 결코 현재의 지급의무를 이행하는데 충분한 현금흐름이 있다는 것을 보증하는 것이 아니라는 것을 명심하고 이에 현혹되지 말아야 할 것이다.

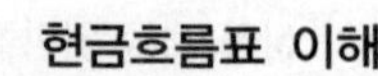

예제 2-6 고속성장하는 기업의 현금흐름표

현 금 흐 름 표

모디아 (단위 : 억원)

	1999	2000	2001
Ⅰ. 영업활동 현금흐름	-13	-49	−119
(당기순이익)	(18.2)	(34.4)	(102.6)
Ⅱ. 투자활동 현금흐름	-19	-12	-299
Ⅲ. 재무활동 현금흐름	42	73	432
Ⅳ. 현금의 증가	11	12	15

98년에 설립된 모바일 시스템 통합업체인 모디아는 시장 선두업체의 위치를 차지하면서 급성장을 보이고 있다. 01년의 급격한 이익증가가 이를 단적으로 말해주고 있다. 이처럼 설립 후 계속 흑자를 시현하고 있으나, 이와 비례해서 영업활동 현금흐름의 −가 큰 폭으로 확대되고 있다. 따라서 영업활동에서 현금이 창출되지 못하는 상황에서 영업활동에 필요한 현금과 투자에 필요한 현금을 재무활동 즉, 외부자금에 의존해서 현금을 조달하고 있다.

2. 현금흐름표의 유용성 알아보기

현금흐름표는 현금이 어떻게 조달되어 사용되었는가 또한 일정기간 동안 현금이 얼마만큼의 증감이 이루어졌는가에 대한 설명과 재무상태의 변동에 대한 설명을 통하여 다음과 같은 유용한 정보를 제공한다.

1) 기업의 미래현금흐름 창출능력에 관한 정보제공

재무보고의 기본목적은 정보이용자의 경제적 의사결정에 유용한 정보를 제공하기 위하여 당해 기업의 미래의 현금흐름을 예측할 수 있는 정보를 제공하는 것이라 하였다. 현금흐름표는 경영활동별 현금흐름을 반영・보고함으로써 재무제표를 이용한 미래 현금흐름에 대한 예측능력을 향상시키게 된다.

2) 이익의 질에 관한 정보제공

뒤에서 설명되지만 현금흐름표상 영업활동으로 인한 현금흐름은 영업활동에서 발생한 현금수입액에서 현금지출액을 차감한 것으로, 이의 산출시에는 추정 및 임의적인 원가배분 등이 개입되지 않는 실제 금액이나 손익계산서상의 순이익은 발생주의가 적용됨으로써 회계담당자의 추정이나 임의적인 원가배분에 의한 결과로 산출된 추정치이다. 그러므로 현금흐름표가 보다 신뢰성이 높은 정보를 제공한다고 말할 수 있다.

신뢰성이 높은 현금흐름표상의 영업활동으로 인한 현금흐름과 발생주의에 따른 손익계산서상의 순이익을 비교함으로써 그 차이 및 차이에 대한 발생원인을 설명할 수 있게 된다. 따라서 현금흐름표상 영업활동 현금흐름과 손익계산서상 순이익을 비교하여 이익의 질(Quality of Income)을 평가할 수 있게 된다.

3) 투자활동에 관한 정보제공

현금흐름표는 투자활동으로 인한 현금흐름을 반영・보고함으로써 미래에 대비하기 위한 신규투자는 얼마나 이루어졌는가 또는 어떤 자산을 취득하고 처분하였는가, 투자에 필요한 자금조달은 어떻게 이루어졌는가 등에 대한 정보가 제공한다.

4) 재무활동에 관한 정보제공

현금흐름표는 재무활동으로 인한 현금흐름을 반영·보고함으로써 자금이 외부차입에 의존하고 있는지 아니면 주식발행을 통하여 이루어지는지에 대한 정보와 부채는 어느 정도 상환되고 있는지에 대한 정보를 제공한다.

5) 기업의 배당금 지급능력·부채의 상환능력 및 외부자금 조달의 필요성에 관한 정보제공

기업이 건전한 재무구조를 갖기 위해서는 영업활동에서 발생한 현금으로 현금배당을 실시하고 부채를 상환하여야 한다. 그러나 영업활동에서 수입된 현금보다 지출된 금액이 많은 경우에는 부족한 영업자금을 보충하기 위하여 보유하고 있는 자산을 처분한다든가 아니면 외부에서 자금을 조달하여야만 할 것이다. 만약에 영업활동에서 발생한 부족자금이 계속해서 누적되는 경우 심한 자금 압박으로 인한 도산의 가능성도 고려할 수 있을 것이다.

이와 같이 현금흐름표에 영업활동 현금흐름을 반영·보고함으로써 기업의 배당금 지급능력·부채의 상환능력 및 외부자금조달의 필요성에 관한 정보를 제공하게 된다.

3. 현금흐름표상 현금은 무엇을 의미할까?

회계기준상 현금흐름표에서 現金이라 함은 현금 및 현금성 자산을 말한다. 여기서 현금과 예금은 재무상태표상 현금과 예금으로 통화 및 통화대용증권과 당좌예금·보통예금·정기예금·정기적금 등으로서 1년 내에 도래하는 예금을 말하며, 현금성 자산이란 현금의 단기적 운용을 목적으로 한 유동성이 높은 유가증권으로서, 첫째 큰 거래비용 없이 현금으로 전환이 용이하고, 둘째 이자율변동에 따른 가치변동의 위험이 중요하지 않을 것 등의 조건을 충족하는 것(다만, 상환조건이 없는 주식 등은 제외한다.)을 말한다. 현금성자산의 예를 들면 다음과 같다.

① 취득 당시 만기가 3개월 이내에 도래하는 채권
② 취득 당시 상환일까지의 기간이 3개월 이내인 상환우선주
③ 환매채(3개월 이내의 환매조건)

4. 기업활동별 현금흐름 자세히 살펴보기

현금흐름표는 기중에 발생한 거래 중 현금흐름에 영향을 미치는 거래를 기업활동별로 구분하여 보고한다고 하였다. 일반기업회계기준에 따라 설명하면 다음과 같다. 국제회계기준과 관련된 내용은 뒤에서 다루어지는 현금흐름표 작성에서 자세히 설명된 것이다.

1) 영업활동

營業活動이란 일반적으로 제품의 생산과 상품 및 용역의 구매·판매활동을 말하며, 투자활동과 재무활동에 속하지 아니하는 거래를 모두 포함한다. 영업활동으로 인한 현금유입에는 제품 등의 판매에 따른 현금유입(매출채권의 회수 포함), 이자수익과 배당금수익에서 발생된 현금유입이 포함된다. 영업활동으로 인한 현금 유출에는 원재료, 상품 등의 구입에 따른 현금유출(매입채무의 결제 포함), 기타 상품과 용역의 공급자와 종업원에 대한 현금지출, 법인세비용(유형자산의 처분에 따른 특별부가세 제외)의 지급, 이자비용에서 발생된 현금유출이 포함된다.

2) 투자활동

投資活動이란 현금의 대여와 회수활동, 단기투자자산·투자자산과 유형자산 및 기타자산의 취득과 처분활동 등을 말한다. 투자활동으로 인한 현금의 유입에는 대여금의 회수, 단기투자자산의 처분, 투자자산과 유형자산 및 무형자산의 처분 등이 포함된다. 투자활동으로 인한 현금의 유출에는 현금의 대여, 단기투자자산의 취득, 투자자산과 유형자산 및 무형자산의 취득에 따른 현금유출로서 취득 직전 또는 직후의 지급액(자본화되는 이자비용 포함) 등이 포함된다.

3) 재무활동

財務活動이란 현금의 차입과 상환활동, 신주발행이나 배당금의 지급활동 등과 같이 부채 및 자본계정에 영향을 미치는 거래를 말한다. 재무활동으로 인한 현금의 유입에는 장·단기차입금의 차입, 어음·사채의 발행, 주식의 발행 등이 포함된다. 재무활동으로 인한 현금의 유출에는 배당금의

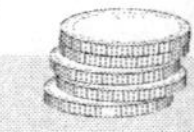

지급, 유상감자, 자기주식의 취득, 차입금의 상환, 자산의 취득에 따른 부채의 지급 등이 포함된다.

이상에서 설명한 경영활동을 구분하여 각 활동별 세부적인 거래를 기업회계기준에 따라 정리하면 <표 2-1>과 같다.

〈표 2-1〉 경영활동별 거래내용

활동별	현금유입	현금유출
영업 활동	① 재고자산(용역) 판매, 매출채권회수 ② 이자수입* ③ 배당금수입*	① 재고자산 구입, 매입채무 결제 ② 판매비와 관리비 지급 ③ 이자비용 지급* ④ 법인세비용 지급
투자 활동	① 대여금 회수 ② 단기투자자산 처분 ③ 투자 · 유형 · 무형자산 처분 ④ 미수금 회수	① 금전대여 ② 단기투자자산 취득 ③ 투자 · 유형 · 무형자산의 취득에 따른 직전 또는 직후의 지급액(자본적 지출포함)
재무 활동	① 금전차입, 사채발행 ② 유상증자(자기주식 처분)	① 차입금 상환, 미지급금 지급 ② 유상감자(자기주식 취득) ③ 배당금 지급
	*국제회계기준에서는 이자지급액은 영업활동과 재무활동 중에서 선택표시하도록 하고 있고, 이자수입과 배당금 수입은 영업활동과 투자활동 중에서 선택해서 표시하도록 하고 있음.	

4) 외화환산으로 인한 환율변동

외국 기업과 무역거래가 이루어지고 있는 기업은 외화를 보유하게 된다. 이에 따라 현금 및 현금성자산에는 원화로 환산한 외화가 포함되게 된다. 이와 같이 외화를 보유하는 경우 실제로 현금 및 현금성자산의 유출입이 없다 하더라도 환율의 변동에 의해서 현금 및 현금성자산이 증가 또는 감소된 것처럼 재무상태표에 표시되게 된다.

따라서 환율변동으로 인한 현금 및 현금성자산의 증가나 감소를 현금흐름표상에 반영하지 않으면 영업활동이나 재무활동에서 현금흐름이 발생한 것처럼 보이게 된다. 이런 상태를 바로 잡기 위해서 환율변동으로 인한 외화환산액의 현금 변동액을 현금흐름표 마지막 부분에 가서 반영하게 된다.

예제 2-7 외화 환율변동 효과의 조정

MW상사의 기초와 기말의 원화와 외화보유현황 및 환율이 다음과 같다고 하자.

기 초	
원화현금	₩100,000
외화 원화환산금액($100, 환율 1$ = ₩1,100)	₩110,000
합 계	₩210,000

기 말	
원화현금	₩150,000
외화 원화환산금액($100, 환율 1$ = ₩1,000)	₩100,000
합 계	₩250,000

이 회사는 다른 거래는 없고 오직 기초의 보유현금 ₩100,000으로 상품을 매입하고 기말에 판매하여 ₩150,000의 현금을 수취하였다고 하자. 이 경우 상품판매를 통해 이익₩50,000이 발생하고, 영업활동에서 ₩50,000의 현금흐름이 창출되게 된다. 그런데 현금 및 현금성자산은 기초의 ₩210,000에서 기말의 ₩250,000으로 ₩40,000의 증가로 표시되어 기간 동안의 현금 및 현금성자산의 증가와 차이가 발생하게 된다. 이는 환율변동에 따른 보유외화의 환산금액 때문에 그렇게 된 것이다. 따라서 이 차이를 현금 및 현금성자산의 증감을 계산하기 전에 현금흐름표에 반영해주어서 현금 및 현금성자산의 기초와 기말잔액간의 차이와 일치되도록 해주어야 한다.

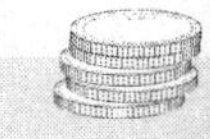

이 회사는 현금흐름표상에는 법인세차감전순이익으로 상품판매이익 ₩50,000에서 외환환산손실 ₩10,000을 차감한 ₩40,000이 표시되며, 이 법인세차감전순이익에다 현금유출이 없는 비용인 외화환산손실 ₩10,000을 가산해서 영업활동현금흐름이 계산된다. 외화환산손실은 다시 한 번 외화환산으로 인한 환율변동 부분에서 조정해주어야 현금및현금성자산의 증감이 정확하게 표시되게 된다. 지금까지 설명한 내용을 반영해서 현금흐름표를 작성하면 다음과 같다.

현금흐름표

Ⅰ. 영업활동 현금흐름		₩50,000
법인세차감전순이익	₩40,000	
현금유출이 없는 비용가산		
외화환손실	10,000	
Ⅱ. 투자활동현금흐름		–
Ⅲ. 재무활동현금흐름		–
Ⅳ. 외화환산으로 인한 환율변동		(10,000)
Ⅴ. 현금및현금성자산의 증가		40,000
Ⅵ. 기초의 현금및현금성자산		210,000
Ⅶ.기말의 현금및현금성자산		₩250,000

5. 현금흐름표의 양식

현금흐름표는 영업활동 현금흐름의 표시방법에 따라 직접법과 간접법으로 나누어진다.

직접법은 영업활동에서 현금을 수반하여 발생한 수익 또는 비용항목을 총액으로 표시하는 방법을 말하며, 간접법은 당기순이익(손실)에 현금의 유출이 없는 비용 등을 가산하고 현금의 유입이 없는 수익 등을 차감하며, 영업활동으로 인한 자산·부채의 증감액을 가감하여 표시하는 방법을 말한다.

직접법과 간접법에 의한 현금흐름의 표시방법 간의 차이를 명확하게 이해할 수 있도록 표로 나타내면 <표 2-3>, <표 2-4>와 같다.

〈표 2-3〉 **직접법에 의한 현금흐름**

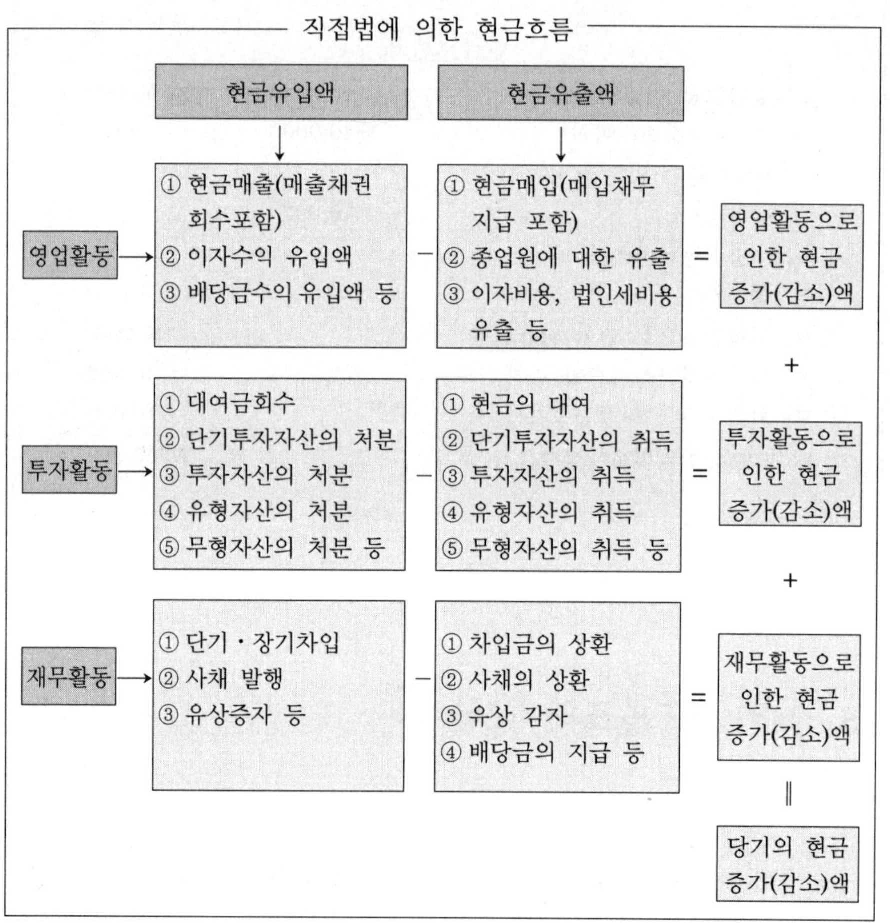

〈표 2-4〉 간접법에 의한 현금흐름

간접법에 의한 현금흐름

영업활동 →	당기 순이익 (또는 순손실)	+ 현금의 유출이 없는 비용 등 − 현금의 유입이 없는 수익 등	±	영업활동으로 인한 자산·부채의 증감액	=	영업활동으로 인한 현금 증가(감소)액
						+
	현금유입액			현금유출액		
투자활동 →	① 대여금의 회수 ② 단기투자자산의 처분 ③ 투자자산의 처분 ④ 유형자산의 처분 ⑤ 무형자산의 처분	−		① 현금의 대여 ② 단기투자자산의 취득 ③ 투자자산의 취득 ④ 유형자산의 취득 ⑤ 무형자산의 취득 등	=	투자활동으로 인한 현금 증가(감소)액
						+
재무활동 →	① 단기·장기 차입금 ② 사채 발행 ③ 유상증자	−		① 차입금의 상환 ② 사채의 상환 ③ 유상 감자 ④ 배당금의 지급 등	=	재무활동으로 인한 현금 증가(감소)액
						‖
						당기의 현금 증가(감소)액

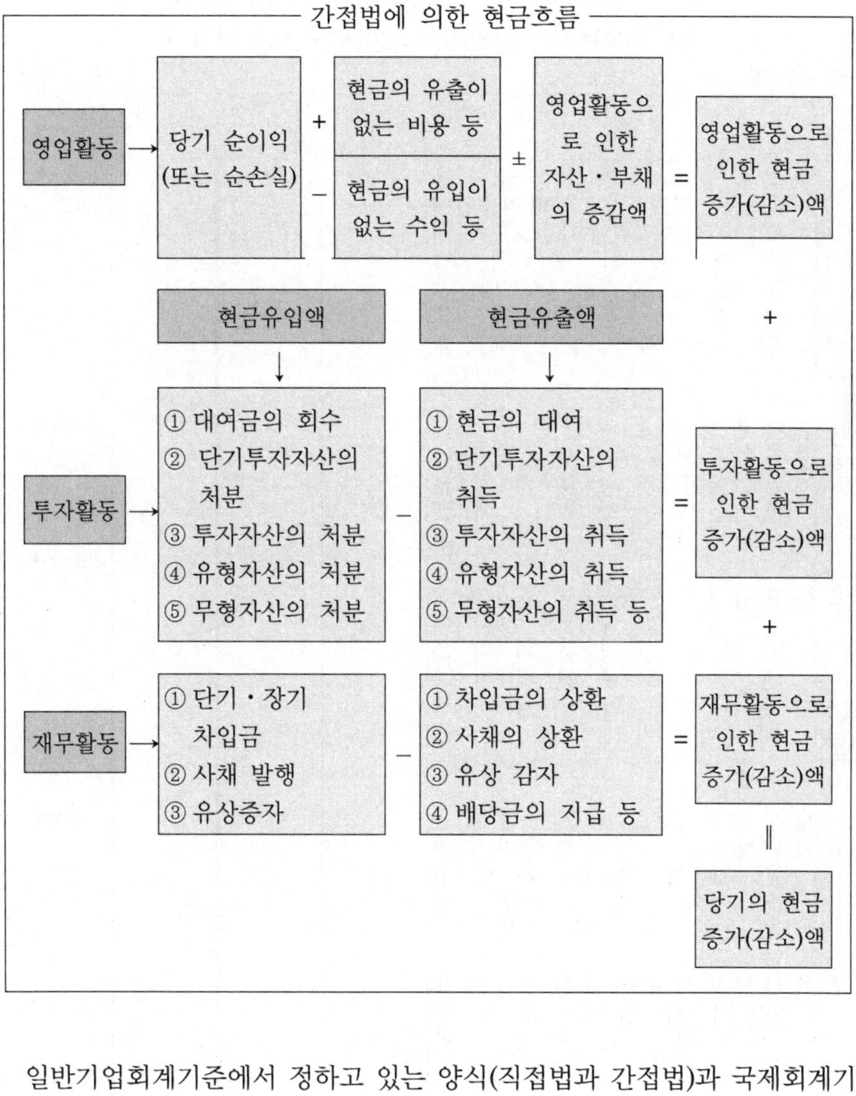

일반기업회계기준에서 정하고 있는 양식(직접법과 간접법)과 국제회계기준에 따른 양식(간접법)은 다음과 같다.

국제회계기준에 따른 간접법 양식에서는 이자지급액, 이자수입, 배당금수입은 모두 영업활동으로 분류하였다는 점을 유념하기 바란다.

현금흐름표(직접법)

제×기 20××년×월×일부터 20××년×월×일까지
제×기 20××년×월×일부터 20××년×월×일까지

회 사 명 (단위 : 원)

과 목	제×(당)기		제×(전)기	
	금 액		금 액	
Ⅰ. 영업활동으로인한현금흐름		×××		×××
가. 매출등수익활동으로부터의유입액				
나. 공급자 및 종업원에 대한 유출액				
다. 이자수익유입액				
라. 배당금수익유입액				
마. 이자비용유출액				
바. 법인세의지급				
사. ―――				
Ⅱ. 투자활동으로인한현금흐름		×××		×××
1. 투자활동으로인한현금유입액				
가. 단기금융상품의처분				
나. 매도가능증권의처분				
다. 토지의처분				
라. ―――				
2. 투자활동으로인한현금유출액				
가. 현금의단기대여				
나. 단기금융상품의취득				
다. 매도가능증권의취득				
라. 토지의취득				
마. 개발비의지급				
바. ―――				
Ⅲ. 재무활동으로인한현금흐름		×××		×××
1. 재무활동으로인한현금유입액				
가. 단기차입금의차입				
나. 사채의발행				
다. 보통주의발행				
라. ―――				
2. 재무활동으로인한현금유출액				
가. 단기차입금의상환				
나. 사채의상환				
다. 유상감자				
라. ―――				
Ⅳ. 현금의증가(감소)(Ⅰ+Ⅱ+Ⅲ)		×××		×××
Ⅴ. 기초의현금		×××		×××
Ⅵ. 기말의현금		×××		×××

현금흐름표(간접법: 일반기업회계기준)

제×기 20××년×월×일부터 20××년×월×일까지
제×기 20××년×월×일부터 20××년×월×일까지

회 사 명 (단위 : 원)

과 목	제×(당)기		제×(전)기	
	금 액		금 액	
Ⅰ. 영업활동으로 인한 현금흐름		×××		×××
1. 당기순이익(손실)				
2. 현금의 유출이 없는 비용 등의 가산				
가. 감가상각비				
나. 퇴직급여				
다. ______				
3. 현금의 유입이 없는 수익 등의 차감				
가. 사채상환이익				
나. ______				
4. 영업활동으로 인한 자산·부채의 변동				
가. 재고자산의 감소(증가)				
나. 매출채권의 감소(증가)				
다. 이연법인세차의 감소(증가)				
라. 매입채무의 증가(감소)				
마. 미지급법인세의 증가(감소)				
바. 이연법인세대의 증가(감소)				
사. ______				
Ⅱ. 투자활동으로 인한 현금흐름		×××		×××
1. 투자활동으로 인한 현금유입액				
가. 단기금융상품의 처분				
나. 매도가능증권의 처분				
다. 토지의 처분				
라. ______				
2. 투자활동으로 인한 현금유출액				
가. 현금의 단기대여				
나. 단기금융상품의 취득				
다. 매도가능증권의 취득				
라. 토지의 취득				
마. 개발비의 지급				
바. ______				
Ⅲ. 재무활동으로 인한 현금흐름		×××		×××
1. 재무활동으로 인한 현금유입액				
가. 단기차입금의 차입				
나. 사채의 발행				
다. 보통주의 발행				
라. ______				
2. 재무활동으로 인한 현금유출액				
가. 단기차입금의 상환				
나. 사채의 상환				
다. 유상감자				
라. ______				
Ⅳ. 현금의 증가(감소)(Ⅰ+Ⅱ+Ⅲ)		×××		×××
Ⅴ. 기초의 현금		×××		×××
Ⅵ. 기말의 현흠금		×××		×××

현금흐름표(간접법: 국제회계기준)

제×기 20××년×월×일부터 20××년×월×일까지
제×기 20××년×월×일부터 20××년×월×일까지

회사명 (단위 : 원)

과목	제×(당)기 금액		제×(전)기 금액	
Ⅰ. 영업활동현금흐름		×××		×××
1. 법인세차감전순이익(손실)				
2. 현금유출이없는비용등의가산				
가. 감가상각비				
나. 퇴직급여				
다. 이자비용				
라.				
3. 현금유입이없는 수익등의차감				
가. 사채상환이익				
나.				
4. 영업활동으로 인한 자산부채의변동				
가. 재고자산의감소(증가)				
나. 매출채권의감소(증가)				
다. 선급비용의감소(증가)				
라. 매입채무의증가(감소)				
마. 미지급비용의증가(감소)				
바.				
영업에서창출된현금흐름				
가. 이자수익유입액				
나. 배당금수익유입액				
다. 이자비용유출액				
라. 법인세의지급				
Ⅱ. 투자활동현금흐름		×××		×××
1. 투자활동으로인한현금유입액				
가. 단기금융상품의처분				
나. 매도가능금융자산의처분				
다. 유형자산의처분				
라.				
2. 투자활동으로인한현금유출액				
가. 단기대여금회수				
나. 단기금융상품의취득				
다. 매도가능금융자산의취득				
라. 유형자산의취득				
마. 무형자산의취득				
바.				
Ⅲ. 재무활동현금흐름		×××		×××
1. 재무활동으로인한현금유입액				
가. 단기차입금의차입				
나. 사채의발행				
다. 보통주의발행				
라.				
2. 재무활동으로인한현금유출액				
가. 단기차입금의상환				
나. 사채의상환				
다. 배당금지급				
라.				
Ⅳ. 외화환산으로인한현금의변동		×××		×××
Ⅴ. 현금의증가(감소)(Ⅰ+Ⅱ+Ⅲ)		×××		×××
Ⅵ. 기초의현금		×××		×××
Ⅶ. 기말의현금		×××		×××

6. 현금흐름표의 정보내용 해석해보기

현금흐름표의 해석과 관련해서 영업활동과 투자활동 및 재무활동으로 인한 현금흐름과 최근에 주목을 받고 있는 잉여현금흐름에 대해서 살펴보면 다음과 같다.

1) 영업활동 현금흐름

현금흐름표 분석시 제일 중요한 부분이 바로 영업활동 현금흐름 부분이다. 발생주의하에서 작성된 당기순손익은 기업을 운영하는데 필요한 현금의 실질적인 증감액을 나타내는 지표가 아니다. 영업활동에서 실질적인 현금의 증감액을 나타내는 것은 바로 영업활동 현금흐름이다.

따라서 정상적인 기업인 경우 영업활동에서 충분하게 창출된 현금을 이용하여 주주에게 배당하거나 부채를 상환하고, 또한 노후화 된 유형자산을 대체하거나 추가 투자함으로써 미래의 수요에 대비한 성장의 토대를 마련할 수 있게 된다.

그러나 영업활동에서의 현금유입액보다 현금유출액이 커서 영업자금이 부족한 기업은 외부자금에 의존해서 부족분을 보충하면서 영업을 계속하게 되는데 이런 현상이 개선되지 않고 지속되는 경우 심각한 재무적 위험에 직면할 수 있다.

만약에 영업자금의 부족한 상태가 일시적이 아니고 지속되는 경우 기업은 부족한 자금을 조달하기 위하여 재무활동을 통해 자금을 차입하거나 신주를 발행하게 되는데 이와 같은 자금의 조달방법도 영업활동을 통한 현금창출능력에 개선이 없으면 얼마 안 있어 한계에 봉착하게 된다. 자금사정에 심각한 문제가 있는 기업은 자금의 차입이나 증자도 사실상 쉽지가 않기 때문이다. 이러한 경우 부족한 자금은 유형자산 등의 처분을 통하여 조달하게 되는데, 이는 결국 기업의 규모를 축소시킬 뿐만 아니라 제품 등의 생산에도 영향을 미치게 되어 기업의 계속적인 존속도 어렵게 할 수 있다.

따라서 영업활동을 통해서 충분한 현금흐름을 여러 연도 계속해서 창출하고 있지 못한 기업, 특히 여러 연도 －의 현금흐름을 보이고 있는 기업은 만성적인 자금난에 처해 있는 상태이기 때문에 각별한 주의가 필요하다.

재무제표 이용자는 현금흐름표상 영업활동 현금흐름을 이용하여 기업의 배당금 지급능력·부채 지급능력·기업의 신규투자능력 및 계속기업으로서의 존속능력 등을 평가하는데 필요한 결정적인 정보를 제공받을 수 있기 때문에 현금흐름표 분석시 이 부분에 제일 먼저 초점을 맞추어야 한다.

예제 2-8 영업활동 현금흐름 우량기업과 불량기업의 예

<현금흐름 우량기업의 요약 현금흐름표>

현금흐름표

삼성전자 (단위 : 십억원)

	2013	2012	2011	2010
Ⅰ. 영업활동 현금흐름	28,443	23,066	17,267	18,145
Ⅱ. 투자활동 현금흐름	－27,326	－21,206	－15,561	－17,525
Ⅲ. 재무활동 현금흐름	－1,356	－2,309	－813	－936
Ⅳ. 현금의 증가	－239	－449	892	－316

이 회사는 영업활동에서 창출한 현금 범위내에서 투자를 하고 있으며, 잉여현금흐름과 보유현금이 충분하기 때문에 재무활동에서 현금의 유출이 이루어지고 있다. 따라서 현금흐름이 매우 우량한 편에 속하는 것으로 평가할 수 있다.

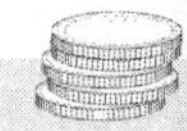

<현금흐름 불량기업의 요약 현금흐름표>

현금흐름표

코리아데이타시스템스(주) (단위 : 억원)

	2000	1999	1998	1997	1996
Ⅰ. 영업활동 현금흐름	−867.5	−166.6	−40.2	248.7	39.6
Ⅱ. 투자활동 현금흐름	−1,121.3	−2,319.6	−18.1	−276.1	−459.0
Ⅲ. 재무활동 현금흐름	1,358.0	2,845.9	21.6	170.5	519.0
Ⅳ. 현금의 증가	−630.5	359.6	−36.7	143.0	99.6

이 회사는 98년 이후부터 영업활동에서의 현금창출능력이 매우 취약해지고 있다. 이러한 상황에서 투자활동에 과도하게 자금을 투자하고 있다. 이 경우 영업활동에서의 부족현금과 투자활동에 소요되는 현금을 거의 재무활동에 의존하고 있기 때문에 영업활동에서의 현금창출능력이 빠른 시일 내에 대폭 개선되지 않는 한, 지급불능의 위험에서 헤어나기 힘들어지게 된다. 결국 이 회사는 영업활동에서의 현금창출능력이 정상화되지 못하고 극심한 재무적 곤경에서 벗어나지 못해 2001년에 도산의 비운을 맛보는 신세가 되었다.

현금흐름표

STX (단위 : 백만원)

	2013	2012	2011	2010
Ⅰ. 영업활동 현금흐름	85,353	159,192	−108,220	61,499
Ⅱ. 투자활동 현금흐름	256,801	−170,200	−311,014	−300,380
Ⅲ. 재무활동 현금흐름	−316,469	−58,448	312,651	168,846
Ⅳ. 현금의 증가	25,685	−69,956	−106,583	−70,035

이 회사는 2011년까지 영업활동 현금흐름의 창출 수준이 낮은 편이

며, 영업활동에서 창출한 현금 범위를 벗어나서 과도한 수준의 투자를 하고 있는 상황이다. 이에 따라 재무활동 의존도가 심화되고 있어 향후 자금 난을 겪을 가능성이 높아지고 있을 것으로 예상된다.

2012년에 영업활동 현금흐름이 호전되는 모습을 보였지만 2013년에 와서 영업활동 현금흐름이 부족한 상황에서 부채상환과 이자지급에 어려움을 겪으면서 결국 유동성 위기에 봉착하게 되었으며, 이러한 자금 마련을 위해 투자자산의 처분까지 하는 상황(큰 폭의 투자활동 현금흐름의 + 상황)으로 내몰린 심상치 않는 불길한 현금흐름 징후가 드러나고 있는 것으로 추정된다.

예제 2-9 영업활동 현금흐름 표시(일반기업회계기준)

오뚜기라면(주)는 일반기업회계기준에 따라 현금흐름표를 작성하고 있으며, 영업활동 현금흐름을 계산하는데 표시된 주된 항목을 제시하면 다음과 같다.

<u>오뚜기라면주식회사 현금흐름표</u>

(단위: 백만원)

	제27(당)기	제26(전)기
Ⅰ.영업활동으로 인한 현금흐름	31,150	21,758
1. 당기순이익	9,719	9,682
2. 현금의 유출이 없는 비용등의 가산	11,476	8,145
감가상각비	8,803	6,150
퇴직급여	2,296	1,929
대손상각비	51	66
제품평가손실	129	-

유형자산처분손실	178	1
외화환산손실	19	-
3. 현금의 유입이 없는 수익등의 차감	(136)	(1,089)
외화환산이익	119	1,086
유형자산처분이익	17	3
4. 영업활동으로 인한 자산부채의 변동	10,091	5,021
매출채권의 감소(증가)	(4,815)	(6,550)
재고자산의 감소(증가)	551	6,465
매입채무의 증가(감소)	7,705	2,454
미지급금의 증가(감소)	8,755	1,286
미지급법인세의 증가(감소)	(116)	1,247
이연법인세부채의 증가(감소)	(174)	161

일반기업회계기준에서는 이자비용, 이자수익, 배당금 수익을 모두 영업활동으로 분류하도록 하고 있다.

예제 2-10 영업활동 현금흐름 표시(국제회계기준)

일반기업회계기준과는 달리 국제회계기준에서는 이자지급액을 영업활동이나 재무활동 중 어느 한 쪽으로 그리고 이자수익, 배당금 수익은 영업활동이나 투자활동으로 선택해서 분류하는 것을 허용하고 있다.

다음 사례회사는 동일 업종의 회사인데, 이자지급액, 이자수익, 배당금 수익에 대한 분류방식이 다르게 되어 있다.

<이자지급액, 이자수익, 배당금 수익을 영업활동으로 분류한 현금흐름표>

농심 현금흐름표

(단위: 백만원)

	제50기	제49기	제48기
영업활동으로 인한 현금흐름	151,175	27,987	112,394
당기순이익	92,612	207	86,174
비현금항목의 조정	99,732	104,740	124,350
운전자본의 조정	(24,685)	(75,933)	(74,151)
이자의 수취	16,518	20,239	20,806
이자의 지급	(2,017)	(2,524)	(2,413)
배당금의 수취	190	380	475
법인세의 납부	(31,174)	(19,122)	(42,847)

<이자지급액을 재무활동, 이자수취액, 배당금 수입을 투자활동으로 분류한 현금흐름표>

삼양식품 현금흐름표

(단위: 백만원)

	제53기	제52기	제51기
영업활동 현금흐름	13,641	2,297	22,602
영업에서 창출된 현금흐름	14,771	4,525	24,713
법인세의 지급	(1,131)	(2,228)	(2,111)
투자활동 현금흐름	8,308	(5,248)	(27,084)
이자의 수취	551	1,289	1,808
배당금 수입	73	123	1
재무활동 현금흐름	(1,777)	(22,811)	7,275
이자의 지급	(1,907)	(2,639)	(3,019)
배당금의 지급	0	(1,130)	(659)

예제 2-11 영업활동 현금흐름의 비교시 주의할 점

기업간의 영업활동 현금흐름의 창출능력을 비교할 때에는 이자지급액, 이자수익, 배당금 수익의 분류방식에 주의할 필요가 있다. 과거의 기업회계기준과 현재의 일반기업회계기준 그리고 미국의 회계기준에서는 이자지급액, 이자수익, 배당금 수익을 영업활동으로 분류하도록 하고 있다. 그러나 국제회계기준에서는 이자지급액을 영업활동이나 재무활동 중 어느 한 쪽으로 그리고 이자수익, 배당금 수익은 영업활동이나 투자활동으로 선택해서 분류하는 것을 허용하고 있다.

이에 따라 국제회계기준에 적용받는 기업들은 회사의 회계정책에 따라 분류방식을 정해서 현금흐름표를 작성하고 있는 실정이다.

따라서 이자지급액, 이자수익, 배당금 수익의 분류방식이 다른 기업을 비교할 때 분류방식이 동일하지 않을 경우에는 어느 한 쪽으로 통일하여 비교해야 정확한 비교가 가능해질 것이다.

다음 사례회사는 이자지급액을 영업활동으로 분류하지 않고 재무활동으로 분류한 회사이다. 이 회사는 현재 유동성 위기에 직면한 회사이다. 영업활동으로 다시 분류하였을 때의 영업활동 현금흐름이 어떻게 변하는지 살펴보자.

<이자지급액을 재무활동으로 분류한 원래의 요약 현금흐름표>

현금흐름표

동부제철 (단위 : 백만원)

	2013	2012	2011
Ⅰ. 영업활동 현금흐름	132,092	407,812	202,036
Ⅱ. 투자활동 현금흐름	−28,350	−86,200	−94,923
Ⅲ. 재무활동 현금흐름	−118,960	−310,634	−120,463
이자지급액	(−189,686)	(−195,925)	(−202,633)
Ⅳ. 현금의 증가	−15,218	10,978	−13,350

이자지급액을 재무활동으로 분류한 이 회사는 영업활동의 현금창출 능력이 양호한 것으로 보여진다.

<이자지급액을 영업활동으로 재분류한 요약 현금흐름표>

현금흐름표

동부제철 (단위 : 백만원)

	2013	2012	2011
Ⅰ. 영업활동 현금흐름	−57,594	221,887	−597
Ⅱ. 투자활동 현금흐름	−28,350	−86,200	−94,923
Ⅲ. 재무활동 현금흐름	70,726	−114,709	82,170
Ⅳ. 현금의 증가	−15,218	10,978	−13,350

이자지급액을 영업활동으로 분류할 경우 이 회사의 영업활동 현금흐름은 이자지급액만큼 차감 표시되면서 대폭 축소된 모습으로 변경되었다. 특히 13년과 11년은 −로 변경되어서 현금창출능력이 불량한 것으로 표시된다. 물론 이론적으로는 이자지급액을 재무활동으로 분류하는 것이 더 타당한 것은 사실이다.

그러나 영업활동 현금흐름을 현금주의 순이익으로 보는 관점에서는 이자비용이 손익계산서 항목이기 때문에 이자지급액을 영업활동으로 분류하고 있다는 점도 참고하기 바란다.

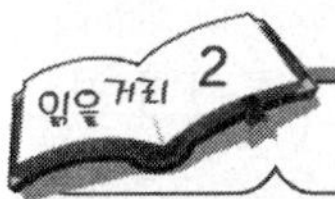

KDS, 차입경영으로 '일장춘몽'

e머신즈 돌풍 · 나스닥 상장 승승장구 ⇒ 법정관리불가피

23일 오후 3시, 서울 을지로 외환은행 본점 13층 회의실. 45개 금융기관 대표들이 모여 코리아데이타시스템(KDS)에 대한 자금 지원 여부를 표결에 부쳤다.

"이번만 지원을 해주면 유동성 위기를 벗어날 수 있다"는 경영진의 설득에도 불구하고, KDS는 신규 지원에 필요한 '75%' 동의를 끌어내지 못했다. 결국 KDS는 '부실징후기업'으로 낙인 찍혔고, 파산을 피하기 위해 현재 법정관리 신청을 준비 중이다.

한때 국내 IT(정보기술) 스타기업 중 하나였던 KDS의 급격한 부침은 한 편의 드라마와 같다는 평가다. 작년까지만 해도 KDS는 미국과 일본의 자회사를 미국 나스닥과 나스닥재팬에 각각 상장시키며 승승장구했던 기업. 하지만 작년 말 이후 세계 PC경기가 급속한 침체에 들어서고, 무분별한 차입 경영에 따른 후유증까지 터지며 최악의 상황으로 내몰렸다.

불과 1년 6개월이라는 짧은 기간에 마치 롤러코스터를 타듯이 '천당'에서 '지옥'으로 급전직하한 셈이다.

일반인들에게는 낯설지만 KDS는 IT업계에서는 상당히 유명한 회사다. 지난해 167만대의 모니터를 생산(시장점유율 13%), 삼성전자 · LG전자에 이어 국내 모니터 생산부문에서 3위에 올랐다. 또 아이인프라 · 두고C&C · 코리아아이멕스 · 이사이트랩 등 국내외에 15개 자회사를 거느리고 있는 「미니재벌」이다. 특히 KDS는 지난해 적극적인 해외투자가 성공한 데 힘입어 유명세를 탔다. 지난 99년 KDS는 삼보컴퓨터와 공동으로 미국에 저가 PC업체인 e머신즈를 설립했다. 이 회사는 500달러짜리 초저가 PC를 미국 시장에 출하하며 PC업계에 가격파괴 돌풍을 일으켰다.

e머신즈는 미국 최대 온라인 기업인 AOL의 투자까지 받으며 작년 3월 미국 나스닥시장에 입성했다. e머신즈의 나스닥 상장 재료를 타고 KDS 주가는 주당 3만원을 호가했고, KDS는 우량 IT기업으로 꼽혔다. 여기에 KDS가

지분을 출자한 소텍사도 지난해 하반기 일본 나스닥재팬 시장에 등록하며 화제를 모았다.

그러나 불과 1년 후 KDS는 순식간에 부실기업으로 전락했다. 무엇보다 '빚'에 의존해 신규 사업을 확장하는 바람에 재무구조가 극히 나빠졌다. 대우증권 김태웅 연구원은 "원래 모니터 제조업체였으나, 99년부터 일체형 PC·노트북 PC·데스크톱 PC로 사업을 확장했다"며 "결국 차입금이 많이 늘어나 회사가 위기에 빠졌다"고 말했다.

특히 KDS는 작년 인터넷 붐을 타고 이사이트랩·코리아이멕스·코리아스틸닷컴과 같은 닷컴 기업에 집중 투자하는 바람에 재무구조가 더 나빠졌다. 현재 KDS는 부채 규모가 7111억 원에 달하고, 부채비율도 300%를 넘는다.

설상가상격으로 세계 PC시장이 사상 최악의 불황에 빠지며, 주력 제품인 모니터의 판매도 급감, 실적이 크게 나빠졌다. KDS는 지난해는 106억원의 순이익을 기록했으나 올 상반기에 274억의 당기순손실을 기록하는 등 손익구조까지 급속히 나빠졌다. 결국 올해 5월 대주주인 고정 회장이 동생인 고대수 회장을 대신해 회사를 다시 경영하기 시작했지만, 무위에 그쳤다.

일단 신규 지원안이 부결됨에 따라 KDS는 법정관리를 선택할 전망이다. 김대선 홍보팀장은 "조만간 이사회를 열어 법정관리를 신청할 예정"이라며 "해외 바이어 채널이 살아있기 때문에 회생할 수 있을 것"이라고 말했다. 증권거래소는 투자자보호를 위해 24일 하루 동안 KDS 주권 거래를 정지했다.

- 조선일보 2001년 10월 25일 -

자금난 STX그룹 신용등급 '투기'로 떨어져

유동성 위기에 처한 STX그룹 주요 계열사의 신용등급이 일제히 투자등급에서 투기등급으로 떨어졌다. 투기등급은 투자에 따른 위험이 커 투자를 하기에 부적격하다는 의미다.

한국신용평가(한신평)는 3일 STX, STX조선해양, STX엔진, 포스텍의 회사채 및 기업어음 신용등급을 하향 조정했다고 밝혔다. 이들 기업의 기업어음 신용등급은 기존 'A3-'에서 'B+'로 한 단계 낮아졌고, 포스텍을 제외한 3개 기업의 회사채 신용등급도 'BBB-'에서 'BB+'로 한 단계 떨어졌다.

정민수 한신평 기업금융평가본부 실장은 "기업어음은 'A3-' 이상, 회사채는 'BBB-' 이상부터 투자등급으로 분류된다"며 "STX 그룹 계열사들이 잇따른 유동성 경색으로 재무적 불확실성이 커졌기 때문에 신용등급 하향검토 목록에 등록했다"고 말했다.

STX그룹은 과감한 인수・합병으로 몸집을 불렸으나 장기 불황에 처한 해운・조선 관련 업종 비중이 커 2008년 글로벌 금융위기 이후 직격타를 맞았다. STX조선해양은 현재 채권단 자율협약(채권금융기관 공동관리)을 체결했고 STX건설은 지난달 말 법정관리(기업회생절차)를 신청했다. 정 실장은 "향후에도 STX 그룹 계열사의 유동성 대응 상황을 면밀하게 점검해 신용등급에 반영할 계획"이라고 말했다

-조선일보 2013년 5월 3일-

참고 **STX의 현금흐름표**

	제38기	제37기	제36기
영업활동 현금흐름	85,353	159,192	(108,220)
영업에서 창출(사용)된 현금	59,987	121,994	(141,374)
이자의 수취	15,421	6,552	13,952
배당금의 수취	10,127	29,121	20,228
법인세의 납부	(182)	1,525	(1,026)
투자활동 현금흐름	256,801	(170,700)	(311,014)
단기금융자산의 감소	677,846	298,505	68,632
장기금융자산의 감소	95,915	30,672	304
관계기업투자주식의 처분	288,999	1,325	

유형자산의 처분	3,369	14	1,140
무형자산의 처분	1,749	382	95
단기금융자산의 증가	(857,774)	(320,453)	(51,888)
장기금융자산의 증가	(4,009)	(5,784)	(39,122)
기타채권의 증가	(4,425)	(101,297)	(16,684)
종속기업투자주식의 취득	(593)	(1,136)	(43,381)
관계기업투자주식의 취득	(6,711)	(78,169)	(166,838)
유형자산의 취득	(5)	(516)	(61,531)
무형자산의 취득	(11)	(673)	(3,792)
합병으로 인한 현금및현금성자산의 증가		1,880	
물적분할로 인한 현금및현금성자산의 감소			(9,500)
재무활동 현금흐름	(316,469)	(58,448)	312,651
단기차입금의 차입	301,113	116,659	219,780
장기차입금의 차입		1,734	64,704
유상증자			169,093
사채의 발행		282,123	29,970
단기차입금의 상환	(233,293)		
유동성장기부채의 상환	(300,651)	(335,021)	(60,028)
사채의 상환		(15,304)	
장기차입금의 상환	(912)		(3,306)
자기주식의 취득		(7,025)	(9,926)
이자의 지급	(75,426)	(86,944)	(85,275)
현금및현금성자산의 감소	25,685	(69,956)	(106,583)
기초현금및현금성자산	17,643	88,385	194,906
외화표시 현금및현금성자산의 환율변동효과	(189)	(786)	62
당기말현금및현금성자산	43,139	17,643	88,385

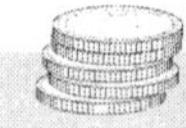

2) 투자활동 현금흐름

영업활동을 통해서 충분한 현금흐름을 창출하는 것은 대단히 중요하다는 점을 앞에서 설명하였다. 그러나 창출한 현금흐름을 기업의 미래를 위해 어떻게 사용하느냐도 마찬가지로 대단히 중요한 문제이다. 미국에서는 단순히 현금흐름이 풍부하기만 한 기업은 M&A의 표적이 되는 것으로 알려져 있다.

기업의 목표는 수익창출이라고 말할 수 있으며, 기업이 유지·성장 발전하기 위해서는 수익창출의 지속적인 증가가 뒷받침되어야 한다. 이러한 수익창출의 증가를 위해서는 장기간에 걸쳐서 수익을 가져다 줄 것으로 기대되는 비유동자산과 일부 유동자산항목에 대한 투자가 계속해서 이루어져야 한다. 투자와 관련하여서 발생하는 현금흐름인 투자활동 현금흐름은 미래의 이익과 현금흐름을 창출시키거나 미래의 자금 운용을 위한 기업의 성장전략을 알 수 있게 해주는 중요한 정보인 것이다.

투자활동에 사용된 현금흐름은 영업활동에서 창출된 현금흐름과 비교하여 평가하여야 한다. 영업활동에서 창출된 현금흐름이 투자활동에 사용된 현금흐름을 초과하고 있으면 성장에 필요한 현금흐름을 영업활동에서 충분히 창출하고 있는 것으로 평가할 수 있다. 반대로 그렇지 못한 경우 부족자금을 재무활동을 통해서 조달한 자금으로 또는 여기에 이전의 이월 보유현금을 합쳐서 사용하게 된다. 그렇다고 이 점을 무조건 부정적으로 평가해서는 안 된다. 왜냐하면 특정 연도에 대규모 투자가 이루어지는 경우 이런 현상이 발생하기 때문이다. 그러나 몇 년이고 계속해서 이런 식으로 투자를 하고 있는 기업은 심각한 재무적 위험에 직면할 가능성이 높기 때문에 조심을 할 필요가 있다.

한편 투자활동의 세부내역을 통해서 기업의 성장전략도 알 수 있다. 어떤 회사는 직접 설비투자하는 경우 외에도 타 회사를 인수하거나 타 회사의 주식을 취득하는 방식으로 생산시설의 확충을 기하면서 회사를 성장 발

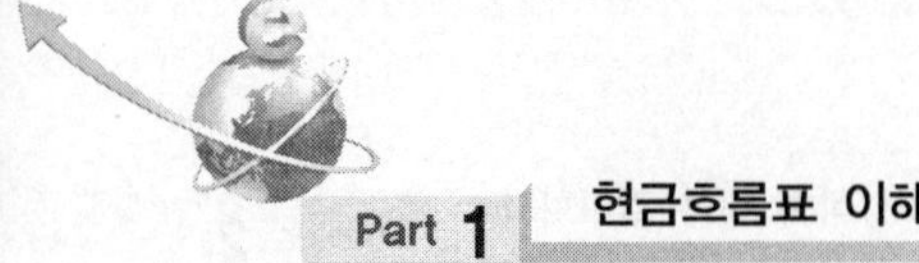

전시키는 전략을 구사하기도 한다. 또한 보유하고 있는 비유동자산을 매각 처분해서 현금흐름을 확보하는 회사도 있다. 이 경우 매각의 이유와 결과에 대한 세밀한 분석은 대단히 중요하다.

예제 2-12 과도한 투자활동은 유동성 위기 초래

현금흐름표

STX조선해양 (단위 : 억원)

	47기	46기	45기	44기
Ⅰ. 영업활동 현금흐름	−1,181	−149	25	−312
Ⅱ. 투자활동 현금흐름	167	−131	−95	16
Ⅲ. 재무활동 현금흐름	974	196	−11	110
Ⅳ. 현금의 증가	−40	−85	−80	−186

STX조선해양은 영업활동에서 창출한 현금흐름에 비추어 과도한 투자를 하고 있다. 이에 따라 부족자금을 재무활동에 의존해서 조달하고 있다. 그러나 2008년 글로벌 금융위기의 여파로 조선업 경기가 불황에 빠져들면서 수익성이 악화됨에 따라 투자액의 회수가 어려워지게 되었다. 이에 따라 회사의 자금난이 심화되는 가운데 결국 이 회사는 유동성 위기가 초래되어 기업존속이 불투명해지는 상황으로 치닫게 되었고 마침내 2013년에 상장 폐지되는 운명에 처하게 되었다. 47기의 투자활동 현금흐름과 재무활동 현금흐름이 큰 폭의 +를 나타내고 있는 것은 회사 정상화를 위한 자산매각조치와 채권단의 자금지원에 기인하는 것이다.

3) 재무활동 현금흐름

재무활동 현금흐름은 영업활동과 투자활동에서 여유자금을 창출시킨 기업의 경우 이 여유자금을 어떻게 활용하고 있는지 또는 영업활동과 투자활동에 부족자금이 발생한 기업의 경우 이 부족자금을 어떻게 조달해서 보충하고 있는지를 알 수 있게 해준다.

영업활동과 투자활동에서 여유자금을 창출시킨 기업의 경우는 이 여유자금을 차입금 상환을 통해 재무내용을 개선하고 배당금 지급이나 자사주 구입을 통해 주주에 대한 환원을 함으로써 기업가치를 증대시킬 수 있다. 반대로 영업활동과 투자활동에서 부족자금이 발생한 기업의 경우 이 부족자금을 차입이나 증자방식으로 조달해서 보충하게 되는데, 이 경우 조달된 자금이 영업활동에 사용되고 있다면 어떤 원인에 의해서든 현재 사업에 문제가 있다는 신호로 받아들여야 한다. 투자활동의 부족자금에 사용되고 있다면 그것이 현재 사업을 유지하기 위한 것인지, 장래를 위한 투자인지에 주위를 할 필요가 있다. 물론 기업의 성장기에는 외부자금에 의존해서 설비투자자금을 조달할 수밖에 없지만 투자를 계속 재무현금흐름에만 의존하는 것은 심각한 재무적 위험을 초래할 수 있다. 차입금에 의존할 경우 기업의 재무구조가 악화되어 기업의 안정성이 흔들릴 것이며, 증자에 의한 자금조달의 경우는 안정성에는 문제가 없겠지만 주주에 대한 자기자본이익률의 저하나 기업 통제면에서 문제(주식소유비율의 저하로 인한 경영권 약화)가 발생할 가능성이 있다.

한편 배당금의 경우 투자활동에 사용된 현금흐름을 초과하는 영업활동에서 창출한 현금흐름의 금액 범위 내에서 즉, 잉여현금흐름 범위 내에서 지급하는 것이 바람직한 것으로 알려져 있다. 따라서 이러한 관점에서 배당금지급의 적절성을 살펴볼 필요도 있다.

이와 같이 재무활동 현금흐름은 영업활동의 유지 및 투자활동의 유지에 필요한 현금흐름의 정도를 나타내주는 정보로서 기업의 재무상황과 성장잠재력 및 주주에 대한 정책 등을 알 수 있게 해준다.

예제 2-13 외부자금 의존도가 낮은 성숙기업

현금흐름표

코웨이 (단위 : 억원)

	25기	24기	23기	22기
Ⅰ. 영업활동 현금흐름	5,176	4,291	3,176	3,313
Ⅱ. 투자활동 현금흐름	−583	−3,009	−3,442	−2,999
Ⅲ. 재무활동 현금흐름	−3,768	−736	356	−382
Ⅳ. 현금의 증가	824	546	90	−68

코웨이는 영업활동에서 창출한 현금흐름이 충분하고, 영업활동 현금흐름 범위 내에서 투자활동을 수행하고 있기 때문에 잉여현금흐름이 발생하고 있다. 이에 따라 잉여현금흐름을 부채상환과 배당금 지급에 사용하고 있다.

예제 2-14 외부자금 의존도가 높은 신생 또는 성장기업

현금흐름표

더존디지털웨어 (단위 : 억원)

	4기	5기	6기	7기
Ⅰ. 영업활동 현금흐름	3	12	40	8
Ⅱ. 투자활동 현금흐름	−6	−18	−153	−190
Ⅲ. 재무활동 현금흐름	4	11	118	197
Ⅳ. 현금의 증가	1	5	5	15

더존디지털웨어는 국내중소기업용 세무/회계 소프트웨어를 개발해서 판매하는 회사인데, 이 분야에서의 시장점유율이 1위로서 영업실적이 급성장하고 있으며, 앞으로도 고성장이 기대되는 유망회사이다. 그러나

신생(또는 성장)기업으로서 초기에 영업활동에서 창출한 현금흐름으로 투자를 한다는 것은 거의 불가능하다. 이에 따라 부족자금을 재무활동(외부자금)에 의존할 수밖에 없게 된다. 따라서 투자가 마무리될 때까지는 재무활동으로 인한 현금흐름이 대개 큰 폭의 +를 보이게 된다. 이러한 것은 회사의 성장잠재력을 높게 평가하고 투자 또는 자금을 제공해주는 투자자와 채권자가 있기 때문에 가능해진다.

4) 잉여현금흐름(Free Cash Flow)

현금흐름표상에는 나타나고 있지 않지만 실무에서 많이 사용되고 있는 현금흐름정보인 잉여현금흐름을 이용하면 현금흐름표 분석을 쉽게 할 수 있다.

잉여현금흐름이란 기업이 영업활동에서 창출한 현금흐름 가운데서 자유롭게(free) 사용할 수 있는 현금흐름으로 자유재량 현금흐름(discretionary cash flow) 또는 여유현금흐름이라고 부르기도 한다. 현재 서구에서는 M&A나 신규투자 등을 할 때 기업이 창출하는 매년의 현금흐름에 비추어 매수가격 등 기업가치를 산정하는 것이 일반적인 것으로 알려져 있다. 이 때 잉여현금흐름을 매우 중시하며 잉여현금흐름을 기업가치의 원천으로 보는 경우가 대부분이다.

잉여현금흐름은 이론적으로 영업활동 현금흐름에서 현재 사업을 유지하기 위한 현금흐름을 차감한 잔액으로서 기업이 자유롭게 사용할 수 있는 현금흐름이라고 정의된다. 그러나 현재 사업을 유지하기 위한 현금흐름의 범위를 어디까지 포함시켜서 측정하느냐에 따라서 잉여현금흐름의 내용과 금액이 달라지게 된다. 지금까지 제시되고 있는 현재 사업을 유지하기 위한 현금흐름의 범위에는 다음과 같은 것이 있다.

① 투자활동으로 인한 현금흐름

② 자본적 지출액(설비투자액) 전액

③ 배당금 지급액
④ 생산유지에 필요한 자본적 지출액(설비투자액)
⑤ 생산유지에 필요한 자본적 지출액(설비투자액) 및 안정적 배당분의 지급액
⑥ 자본적 지출액(설비투자액) 전액(또는 순액) 및 배당금의 지급액
⑦ 필요한 유가증권 투자 및 생산유지에 필요한 자본적 지출액(설비투자액)
⑧ 필요한 유가증권 투자와 생산유지에 필요한 자본적 지출액(설비투자액) 및 안정적 배당분의 지급액

이상의 8가지 가운데서 ⑧안이 현재 사업을 유지하기 위해서는 주식의 보유가 필요하고, 생산설비의 대체와 유지가 필수불가결하며, 또한 주주에 대한 안정적 배당의 확보가 전제라는 이유를 들어 가장 이상적인 잉여현금흐름 측정치인 것으로 보여 진다.

그러나 실무에서는 관련 자료 입수상의 현실적인 제약을 고려해서 ② 또는 ④와 ⑥안이 많이 사용되고 있다.

이 경우 ⑥안 즉, 영업활동 현금흐름에서 유형자산 취득액(설비투자액 전액 또는 순액)과 배당금 지급액 전부를 차감한 잔액을 처분가능현금흐름이란 이름으로 사용하고, 잉여현금흐름과는 구별하는 신용평가기관도 있다.

한편 유형자산 취득액에 생산의 현상유지를 위한 기존 유형자산에 대한 대체투자액 뿐만 아니라, 기업확장을 위한 신규자산 취득액도 포함되어 있을 경우 잉여현금흐름이 과소계산되는 문제가 있음을 주의해야 한다.

이에 따라 기존 유형자산을 대체하는데 소요된 현금지출액의 추산치로서 감가상각비를 대신 사용하기도 한다. 그러나 이 경우 감가상각비가 역사적원가에 입각해서 계산된 것이기 때문에 기존 유형자산의 대체자금을 과소계상시켜 잉여현금흐름을 과대계산하는 문제점을 지니게 된다.

잉여현금흐름을 창출한 기업은 다음과 같은 일을 할 수 있다.

① 신규사업, M&A, 구조조정 등 미래를 위한 투자

② 부채상환을 통한 재무체질의 개선
③ 배당, 자사주 매입 등을 통한 주주에 대한 환원

따라서 잉여현금흐름의 안정적인 창출은 기업의 장기적 발전과 기업가치의 극대화에 결정적 요인임을 인식할 필요가 있다.

예제 2-15 잉여현금흐름계산

(1) 다음의 자료로 ABC회사의 잉여현금흐름을 계산하여 보자.

영업활동 현금흐름	₩1,400,000
현재의 생산력 유지를 위한 투자액	450,000
생산능력 확장을 위한 투자액	300,000
배당금 지급액	100,000
계산 :	
영업활동 현금흐름	₩1,400,000
현재의 생산력 유지를 위한 투자액	(450,000)
배당금 지급액	(100,000)
잉여현금흐름	850,000

(2) 다음의 자료로 XYZ회사의 잉여현금흐름을 계산하여 보자.

영업활동 현금흐름	₩1,400,000
감가상각비	400,000
유형자산 투자액	800,000
배당금 지급액	100,000
계산 :	
영업활동 현금흐름	₩1,400,000
감가상각비	(400,000)
배당금 지급액	(100,000)
잉여현금흐름	900,000

현재의 생산력을 유지하기 위한 대체투자액에 대한 정보가 제공되지 않고 있다. 이에 따라 기존 유형자산을 대체하는데 소요된 현금지출액

의 추산치로서 감가상각비를 대신 사용하기도 한다. 그러나 이 경우 감가상각비가 역사적원가에 입각해서 계산된 것이기 때문에 기존 유형자산의 대체자금을 과소계상시켜 잉여현금흐름을 과대계산하는 문제점을 지니게 된다.

참고 한국기업평가가 사용하는 현금흐름측정치의 종류와 계산방식

삼성전자의 현금흐름측정치

	2008년	2009년	2010년	2011년
총영업활동현금흐름(OCF)	13,066,615	14,029,978	22,551,760	18,143,331
EBITDA	11,753,254	13,946,608	20,345,636	18,987,465
이자/법인세 등	0	0	-897,843	1,237,879
비현금항목 조정	1,313,361	83,370	1,308,281	393,745
운전자본투자	1,032,471	1,467,756	4,406,296	876,418
매출채권 등의 증감	269,780	3,610,566	3,774,258	1,435,177
재고자산의 증감	986,198	64,503	1,614,334	1,304,770
매입채무 등의 증감	706,228	5,607,010	2,958,393	1,297,854
기타	482,721	3,399,697	1,976,097	-565,675
순영업활동현금흐름(NCF)	12,034,144	12,562,222	18,145,464	17,266,913
자본적지출	9,651,750	5,387,593	16,038,663	13,628,604
배당금지급	1,171,509	808,948	1,858,870	824,561
잉여현금흐름(FCF)	1,210,885	6,365,681	247,931	2,813,748
영업자산의처분	256,027	100,173	1,102,676	363,424
투자자산의처분(net)	110,912	-7,172,235	-2,392,778	-3,276,941
기타(net)	-4,881	54,233	-196,611	980,684
내부순현금흐름(ICF)	1,572,943	-652,148	-1,238,782	880,915
자본조달(자사주포함,net)	165,994	330,738	184,291	160,827
기타 차입외조달(net)	0	0	0	0
재무적가용현금흐름(ACF)	1,738,937	-321,410	-1,054,491	1,041,742

잉여현금흐름이 충분한 기업이 초우량 기업이다

요즈음 기업의 재무적 건강도를 측정하는 지표 중의 하나로 주목을 받고 있는 것이 잉여현금흐름 또는 여유현금흐름(Free Cash Flow)이란 것이다.

잉여현금흐름은 최근에 작성되기 시작한 현금흐름표에서 제공하는 정보를 가지고 계산된다. 잉여현금흐름은 영업활동 현금흐름에서 자본적 지출과 배당금을 차감시켜서 산출된 금액이다.

기업이 정상적으로 운영되기 위해서는 원재료나 상품의 매입, 판매활동과 관리활동에서 나타나는 비용, 채권자에 대한 이자비용, 주주에 대한 배당금, 국가에 대한 법인세비용 및 기업의 장래계획으로 인한 자본적 지출액이 차질 없이 순조롭게 현금으로 지급되어야 한다. 이러한 기업경영상 필수적 지출항목을 매출 등 수익활동으로부터의 현금유입액에서 차감시킨 것이 바로 잉여현금흐름인 것이다. 따라서 잉여현금흐름은 현금흐름표상의 영업활동 현금흐름에서 투자활동에서의 자본적 지출액 또는 순자본적지출액(유형자산증가분에서 유형자산감소분 차감액을 말함)과 재무활동에서의 배당금을 차감시켜서 산출된 금액과 똑같음을 알 수 있다. 직접법에 의한 현금흐름표 양식의 영업활동 현금흐름 란을 참고하면 그 이유를 알 수 있을 것이다.

잉여현금흐름이 +라는 것은 기업경영에 필수적인 지출항목에 대한 현금지출이 순조롭게 이루어지고 있기 때문에 부채를 감소시키거나 기업을 더 확장시킬 수 있는 현금의 여유가 있다는 것을 의미한다. 반대로 잉여현금흐름이 −인 것은 기업경영에 필수적인 지출항목에 대한 현금지출이 순조롭게 이루어지지 못하고 있기 때문에 고정자산의 매각, 차입이나 사채발행, 주식발행 등의 방법으로 자금조달을 해서 부족자금을 보충해야 함을 의미하는 것이다.

잉여현금흐름의 -가 여러 해 계속되게 되면 고정자산의 매각, 차입이나 사채발행, 주식발행 등의 방법을 통한 자금조달의 길도 막히게 되어 기업은 곤경에 빠지게 될 것이다. 결국 경영자는 경영의 기본 목표인 주주 부의 극대화를 달성하기 위해서는 잉여현금흐름을 증대시키는 데 관심을 가져야 한다. 따라서 잉여현금흐름이 많은 기업이 바로 초우량기업으로 장래가 장미 빛인 기업인 것이다.

우리나라의 초우량기업이라고 자타가 인정하고 있는 삼성전자의 최근 3년간 잉여현금흐름을 살펴보자.

(단위 : 십억원)

	2013	2012	2011
영업활동 현금흐름	28,443	23,066	17,267
차감 : 유형자산 순투자액	-10,059	-13,950	-12,636
배 당 금	-1,207	-828	-825
잉여현금흐름	17,177	8,288	3,806

계산결과 삼성전자는 잉여현금흐름이 3년 계속해서 +를 보이고 있으며, 2013년의 경우는 이전 연도에 비해 큰 폭의 잉여현금흐름수준을 보이고 있어 현재 및 미래의 현금창출능력에 이상이 없는 매우 건강한 초우량기업임을 보여주고 있다. 물론 여기서 사용된 유형자산투자액은 현상유지를 위한 기존설비 대체분과 기업확장을 위한 신규투자분이 모두 포함된 금액이기 때문에 이로 인해 계산된 잉여현금흐름은 과소계상된 금액임을 알아야 할 것이다.

예제 2-16 현금흐름표의 해석

(주)지는해의 현금흐름표를 보고 이 회사가 안고 있는 문제점을 발견해보자.

현금흐름표

(주) 지는해 20×6. 1. 1~12. 31 (단위 : 천원)

Ⅰ. 영업활동 현금흐름			52,000
당기순이익		35,000	
당기순이익가감항목			
감가상각비	14,000		
유동자산의 증가(현금제외)	(5,000)		
유동부채의 증가	8,000	17,000	
Ⅱ. 투자활동 현금흐름			91,000
유형자산의 매각		91,000	
Ⅲ. 재무활동 현금흐름			(130,000)
사채의 발행		72,000	
장기차입금의 상환		(170,000)	
자기주식의 구입		(9,000)	
배당금의 지급		(23,000)	
Ⅳ. 현금의 증가			13,000

이 회사의 현금흐름표에 나타난 문제점을 살펴보면 다음과 같다.

첫째, 대부분의 우량기업은 영업활동 현금흐름의 비중이 제일 높은 것으로 알려지고 있다. 그런데 이 회사의 영업활동 현금흐름은 충분치 못하다.

둘째, 이 회사는 영업활동 현금흐름이 충분치 못하기 때문에 유형자산의 매각을 통해서 부족한 자금의 많은 부분을 보충하고 있는 것도 문제지만, 매각한 유형자산을 대체할 설비투자가 전혀 이루어지고 있지 않다는 것도 심각한 문제가 될 수 있다. 왜냐하면 미래의 회사의 제품을 제조하는 데 반드시 필요한 설비투자 없이 미래의 이익창출을 기대한다는 것은 불가능하기 때문이다.

셋째, 이 회사는 부채의 의존도가 높은 문제점을 가지고 있다. 이 회사는 사채발행을 통한 차입규모가 7천 2백만원이나 된다. 어떠한 회사도 차입자금을 가지고 장기간 생존해 나갈 수는 없다. 왜냐하면 차입자금은 결국 상환해야 할 자금으로서 자금압박의 큰 원인이 될 수 있기 때문이다. 이 회사가 이번에 1억 7천만원이나 되는 차입금을 상환하고 있는 것에서 이런 사실을 잘 알 수 있다.

마지막으로 이 회사는 자금사정이 넉넉하지 못한 가운데서도 당기순이익에 버금가는 액수를 배당금으로 과대하게 지급하고 있는 것도 자금난을 가중시키는 원인이 되고 있다고 말할 수 있다.

5) 기업의 수명주기와 현금흐름유형

현금흐름유형(cash flow patterns)과 기업의 수명주기(life cycle)와는 대체로 관련성이 있으며, 이를 통해 대략적인 현금흐름표의 해석이 가능해진다.

모든 제품 또는 기업은 수명주기를 거치게 된다. 수명주기는 보통 도입기, 성장기, 성숙기 및 쇠퇴기 등 4단계로 구분한다. 도입기는 기업이 고정자산을 취득하고 제품을 생산·판매하기 시작할 때를 말하며, 성장기는 기업이 생산과 판매를 큰 폭으로 확장시키는 시기를 말한다. 성숙기는 생산과 매출수준이 정체를 나타내는 시기를 뜻하며, 쇠퇴기는 제품의 판매가 소비자의 수요감퇴로 인해 감소되는 시기를 말한다.

예를 들어 기업이 한 제품만을 생산하고 그 제품이 판매수명의 말기에

처해 있을 경우 그 기업은 쇠퇴기에 접어들었다라고 말할 수 있다. 그러나 기업은 대개 한 제품 이상을 생산하며, 그 기업의 제품 모두가 제품수명주기의 똑같은 단계에 처해 있는 경우는 거의 없다. 그렇지만 우리는 기업 제품의 대다수가 특정 수명주기단계에 처해 있는 것을 알 수 있기 때문에 기업이 수명주기상의 어떤 단계에 있는지를 대략적으로 판단하는 것은 가능하다.

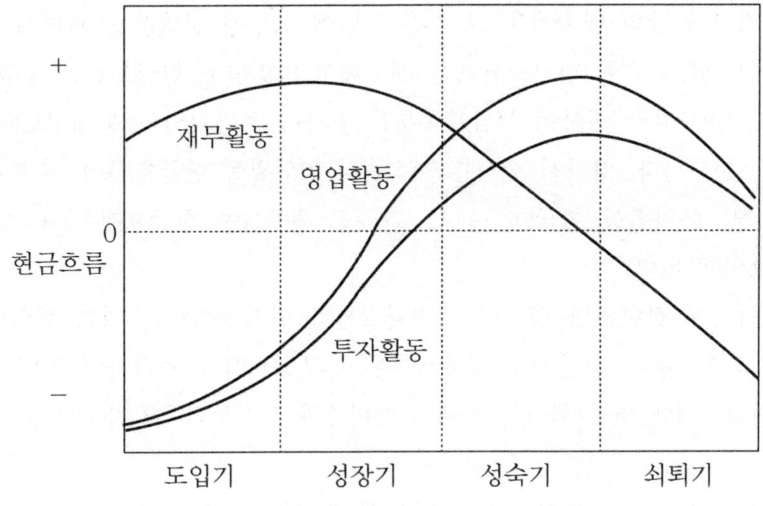

〈그림 2—1〉 **수명주기단계별 현금흐름**

<그림 2—1>은 수명주기단계별로 현금흐름에 미치는 영향을 보여주고 있다. 도입기에서는 생산시설을 갖추기 위해 많은 현금이 사용되는 반면에, 영업활동을 통해서 현금흐름을 창출시키기는 어려운 경우가 대부분이다. 결국 생산시설을 갖추는데 필요한 현금자금은 주식을 발행하거나 차입을 통해서 조달할 수밖에 없다. 따라서 도입기의 현금흐름을 보면, 영업활동 현금흐름과 투자활동 현금흐름은 −, 재무활동 현금흐름은 +의 행태를 보이게 된다.

성장기에서는 기업이 영업활동 현금흐름을 어느 정도 창출시키기 시작

하게 된다. 그러나 영업활동 현금흐름은 계속해서 당기순이익보다 적은 금액이 창출되게 된다. 왜냐하면 미래의 매출증가에 대비해 재고자산에 대한 투자(지출)규모가 늘어나기 때문이다. 이에 따라 재고자산에 대한 지출액보다 적은 금액이 발생주의 하의 비용(매출원가)으로 계상되게 되어 당기순이익이 영업활동 현금흐름보다 많게 계상되는 결과가 나타난다.

또한 매출속도보다 매출채권에 대한 회수속도가 느리게 나타나고, 그리고 매출액 신장이 큰 폭으로 이루어지기 때문에 발생주의에 따라 계상되는 회계기간 동안의 매출액은 그 기간 동안에 회수된 금액을 초과하게 된다. 자산취득에 필요한 현금소요액은 계속해서 영업활동 현금흐름을 초과하게 되고, 이에 따라 회사는 현금부족분을 증자나 추가차입을 통해 보충할 수 밖에 없게 된다. 따라서 회사는 계속해서 영업활동 현금흐름이 − 또는 소액의 +, 투자활동 현금흐름은 − 그리고 재무활동 현금흐름은 +의 행태를 보이게 된다.

성숙기에 접어들면 영업활동 현금흐름과 당기순이익은 거의 동일한 금액이 되게 된다. 영업활동 현금흐름은 투자소요액을 초과하게 된다. 따라서 성숙단계에 처한 회사는 부채 상환비중과 자기주식구입비중이 높아지게 된다.

마지막으로 쇠퇴기 단계에 접어들면 영업활동 현금흐름이 감소하게 된다. 투자활동으로 인한 현금흐름은 회사가 과잉시설을 처분함에 따라 +로 변화하고 재무활동으로 인한 현금흐름은 회사가 부채를 상환하고 자기주식을 구입함에 따라서 −의 행태를 보이게 된다.

기업의 수명주기에 따른 신생기업, 성장기업 및 성숙기업의 현금흐름유형을 표로 정리하면 <표 2-5>와 같다.

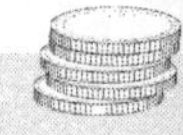

〈표 2-5〉 기업 수명주기에 따른 현금흐름유형

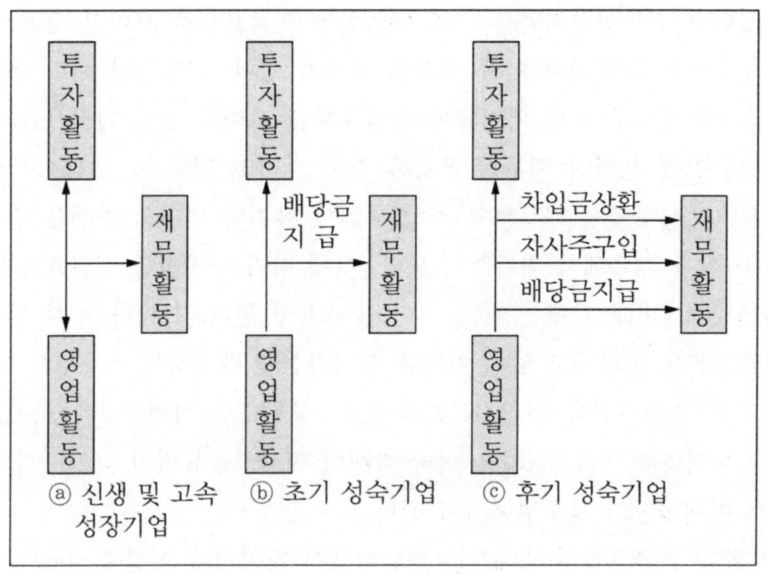

이와 같이 현금흐름유형(cash flow patterns)은 기업의 수명주기(life cycle)와는 대체로 관련성이 있기 때문에 현금흐름표를 분석할 때 기업의 수명주기를 고려하여야 한다.

한편 현금흐름표상에 보고되는 경영활동별 현금흐름을 건전한 유형과 비건전한 유형으로 구분해볼 수 있다.

현금흐름	건전 유형	비건전 유형
영업활동 현금흐름	+	−
투자활동 현금흐름	−	− 또는 +
재무활동 현금흐름	− 또는 +	+ 또는 −

우량한 기업이라면 당연히 +의 영업활동 현금흐름을 창출시켜야 한다. 그러나 우량한 기업도 일시적으로 −의 영업활동 현금흐름을 창출시킬 수

도 있다. 특히 앞에서 설명하였듯이 도입기에 들어선 신생기업이나, 성장기에 들어선 고도성장기업은 −의 영업활동 현금흐름을 보이고 있는 경우가 대부분이므로 해석시 이를 고려할 필요가 있다. 그렇지만 여러 연도에 걸쳐서 지속적으로 −의 영업활동 현금흐름을 보이고 있는 기업은 잘못된 경영으로 인해 분명히 재무적 곤경을 겪고 있다고 말할 수 있다.

정상적인 상황에서 대부분의 기업은 현상 유지와 미래의 발전을 위해서 비유동자산을 계속해서 취득하게 된다. 이에 따라 투자활동 현금흐름은 −로 나타나며, 미래의 현금창출능력이 높아지게 된다. 그러나 +의 투자활동 현금흐름을 나타내고 있는 기업은 설비자산을 대체하는 속도보다 더 빠르게 보유 설비자산을 매각처분하고 있는 상황으로 기업규모가 축소되고 있음을 보여준다. 이런 기업은 결국 미래의 현금창출능력이 낮아지게 되기 때문에 미래전망이 불투명해지게 된다.

재무활동 현금흐름에 대해서는 일반화해서 말하기가 어렵다. 우량기업에서도 + 또는 −로 나타나는 것을 흔히 볼 수 있다. 예를 들어 +의 재무활동 현금흐름은 영업활동을 통해서 창출한 현금흐름을 가지고 급격히 확대되고 있는 투자소요액을 충당할 수 없을 정도로 고속 성장하는 신생기업에서 많이 볼 수 있다. 바로 부족자금이 재무활동에서 조달되기 때문에 재무활동 현금흐름이 +로 나타나는 것이다. 따라서 수익성이 양호하고 미래의 현금창출능력이 높은 기업이라면 +의 재무활동 현금흐름은 문제가 되지 않으며, 오히려 지속적인 성장을 위해서 바람직하다고 볼 수 있다.

−의 재무활동 현금흐름은 안정상태에 도달한 성숙단계의 기업에서 찾아볼 수 있다. 성숙기의 기업은 영업활동을 통해서 충분한 현금흐름을 창출하기 때문에 이 현금흐름으로 차입금을 상환하거나 배당금 지급에 사용할 수 있기 때문에 재무활동 현금흐름이 −를 보이게 된다.

비건전유형인 −, −, +의 현금흐름은 신생기업(또는 벤처기업)과 고속성장기업에서 흔히 찾아볼 수 있는 유형으로 빠른 시일내에 수익성 확보가 확실시 되어 건전유형으로 전환될 가능성이 높을 때는 문제가 되지 않음을

명심해야 한다.

한편 현금흐름유형이 기업의 모든 것을 충분히 밝혀주는 것은 아니기 때문에 추가적인 분석이 반드시 실시되어야 한다. 현재까지의 현금흐름유형의 추세, 미래의 예상유형, 현금흐름과 관련된 기업의 전략 등과 연결시켜서 분석이 이루어져야 한다는 사실을 기억해야 한다.

예제 2-17 실제기업의 수명주기와 현금흐름

<신생기업의 요약 현금흐름표>

현금흐름표

다음커뮤니케이션 (단위 : 억원)

	2000(6기)	1999(5기)	1998(4기)	1997(3기)
Ⅰ. 영업활동 현금흐름	−60.5	21.2	6.6	0.4
(당기순이익)	113.2	89.4	−0.6	0.1
Ⅱ. 투자활동 현금흐름	5.8	−180.1	−8.6	−6.6
Ⅲ. 재무활동 현금흐름	135.8	193.4	0.9	7.4
Ⅳ. 현금의 증가	81.1	34.6	−1.1	1.2

<성장기업의 요약 현금흐름표>

현금흐름표

락앤락 (단위 : 백만원)

	7기	6기	5기	4기
Ⅰ. 영업활동 현금흐름	31,787	6,319	15,757	10,846
(당기순이익)	14,391	69,400	47,677	25,660
Ⅱ. 투자활동 현금흐름	−218,81	−115,289	−25,235	−13,736
Ⅲ. 재무활동 현금흐름	189,521	114,265	−8,008	25,283
Ⅳ. 현금의 증가	2,493	5,295	−17,485	22,392

<성숙기업의 요약 현금흐름표>

현금흐름표

롯데제과 (단위 : 백만원)

	47기	46기	45기	44기
Ⅰ. 영업활동 현금흐름	136,873	78,794	120,548	164,347
(당기순이익)	73,147	102,925	127,203	122,683
Ⅱ. 투자활동 현금흐름	−318,890	−29,357	−92,167	− 40,895
Ⅲ. 재무활동 현금흐름	176,810	−74,639	−42,335	−23,636
Ⅳ. 현금의 증가	−5,206	−25,201	−12,678	99,816

예제 2-18 현금흐름패턴과 기업수명주기

기업의 3가지 활동으로부터의 현금흐름패턴은 기업 또는 제품의 수명주기와 관련이 있다. 다음 4가지 상황에 나타나 있는 현금흐름패턴을 기업의 수명주기를 관련시켜서 살펴보자.

	A	B	C	D
영업활동 현금흐름	(300)	700	1,500	800
투자활동 현금흐름	(1,500)	(1,200)	(800)	(200)
재무활동 현금흐름	1,800	500	(700)	(300)
현금의 증가	0	0	0	300

A상황은 신생기업이나 성장속도가 급속히 이루어지고 있는 고속성장기업의 전형적인 현금흐름패턴이다. 이러한 기업들은 영업활동을 통한 이익이 아직 적자에서 벗어나지 못하고 있거나 또는 적자에서 흑자로

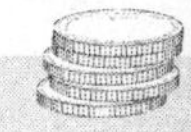

전환되기 시작하면서 그 증가속도가 높아지게 되며, 매출채권과 재고자산의 증가가 나타나게 된다. 이에 따라 이러한 기업들의 영업활동 현금흐름은 −로 나타나게 된다. 이러한 기업은 고속성장을 유지하기 위해서 설비투자를 확대하지 않으면 안 된다. 따라서 이 단계에 속해 있는 기업들은 영업활동과 투자활동에 필요한 현금흐름을 외부원천 즉 재무활동에 전적으로 의존하여 조달하지 않을 수 없다.

B상황은 A상황보다는 어느 정도 성장단계 후기 또는 성숙단계 초기에 접어들기 시작한 기업의 현금흐름패턴을 보여주고 있다. 이러한 기업은 영업활동을 통해 이익을 실현하고 있으나, 성장속도는 완만한 단계로 접어들었으며 영업활동 현금흐름은 +로 전환되게 된다. 그러나 이러한 영업활동 현금흐름은 설비투자자금을 전부 충당할 정도로 충분하게 창출되지는 않고 있다. 이에 따라 일부 부족 자금을 여전히 외부자금에 의존해서 조달하게 된다.

C상황은 완전히 성숙단계에 들어선 기업의 전형적인 현금흐름패턴이라고 볼 수 있다. 이런 기업은 설비투자자금을 충당하고도 남을 정도로 영업활동 현금흐름을 충분하게 창출하고 있기 때문에 남는 현금흐름초과액을 재무활동, 즉 부채상환, 자사주 구입, 배당금 지급에 사용할 수 있게 된다.

D상황은 쇠퇴기 초기단계에 처한 기업의 전형적인 현금흐름패턴을 나타낸다. 이러한 기업의 영업활동 현금흐름은 감소되기 시작하지만 매출채권과 재고자산의 감소로 인해 여전히 +의 모습을 보이고 있다. 이러한 기업들은 사양산업에 속해 있기 때문에 설비투자를 큰 폭으로 축소하게 된다. 이에 따라 발생하는 초과현금흐름의 일부를 부채상환과 배당금 지급에 사용하고 나머지 현금흐름은 신제품 개발이나 다른 유망산업에 대한 투자자금으로 사용하게 된다.

현금흐름패턴

현금흐름표의 3가지 현금흐름에 나타나는 패턴을 관찰하므로써 기업에 대한 많은 것을 알아낼 수 있다. 다음에 제시되는 도표는 발생가능한 8가지 현금흐름패턴을 보여주고 있으며, 이를 통해 각각의 현금흐름패턴이 의미하는 내용을 알 수 있게 된다.

+의 영업활동 현금흐름(패턴 1~4)은 기업이 장기적으로 존속하기 위해서 반드시 필요하다. 가장 흔한 현금흐름패턴은 2번째 패턴이다. 기업은 영업활동 현금흐름을 가지고 비유동자산을 구입하거나 부채를 상환하게 된다. 성장회사는 현금흐름패턴 6번을 따르게 되는 경우가 많다. 이런 회사는 영업활동에서의 부족한 현금과 비유동자산의 구입에 필요한 현금을 차입을 통해서 보충하게 된다. 미국의 대부분의 상장회사들(약 80%)은 패턴 2, 4 및 6번을 나타내고 있다.

〈도표 1〉 **현금흐름패턴에 의한 현금흐름표 분석**

	영업활동	투자활동	재무활동	일반적 설명
#1	+	+	+	영업활동에서 창출한 현금, 자산매각대금 및 재무활동에서 조달한 현금을 비축해서 타회사를 인수·합병하거나 신사업분야에 진출을 모색하고 있는 유동성이 매우 풍부한 회사임
#2	+	-	-	영업활동에서 창출한 현금으로 비유동자산을 구입하고 있으며, 또한 부채를 상환하거나 배당금을 지급하고 있는 회사임
#3	+	+	-	영업활동에서 창출한 현금과 자산매각대금으로 부채를 상환하거나 소유주에게 배당금을 지급하고 있는 회사임
#4	+	-	+	영업활동에서 창출한 현금과 차입금 또는 주주의 출자대금으로 회사확장에 필요한 투자를 하고 있는 회사임.

#5	-	+	+	영업활동에서 현금을 창출하지 못하는 문제점을 비유동자산의 매각과 차입 또는 주주의 추가출자에 의해서 해결하고 있는 회사임
#6	-	-	+	급격히 성장하는 회사로 영업활동에서의 부족현금과 비유동자산 구입에 필요한 현금을 장기차입금이나 신규 출자액으로 보충하고 있음.
#7	-	+	-	영업활동에서의 부족현금과 채권자에 대한 차입금 상환액이나 주주에게 지급할 배당금을 비유동자산의 매각을 통해서 해결하고 있는 회사임
#8	-	-	-	영업활동에서의 부족현금과 채권자에 대한 채무상환액 또는 주주에게 지급할 배당금을 현금비축액으로 해결하는 회사임

Source : Michael T. Dugan, Benton E. Gup, and William D. Samson, "Teaching the Statement of Cash Flows," Journal of Accounting Education, Vol. 9, 1991, p.36.

6) 영업활동 현금흐름과 당기순이익간의 관계

우량기업을 보면 발생주의에 따른 당기순이익과 영업활동 현금흐름이 모두 +의 값을 나타낸다. 그런데 발생주의에 따른 당기순이익과 영업활동 현금흐름의 논리적인 결합관계는 다음과 같이 4가지 유형으로 정리할 수 있다.

	제1유형	제2유형	제3유형	제4유형
영업활동 현금흐름	+	+	−	−
당기순이익	+	−	+	−

4가지 유형에 대한 의미를 살펴보면 다음과 같다.

제1유형과 제4유형의 경우 그 유형이 여러 기간에 걸쳐서 나타날 경우 그 의미에 대한 해석은 간단하다. 제1유형은 영업활동 현금흐름과 당기순이익이 모두 +의 값을 나타내는 경우로 수익성이 양호한 기업에서 찾아볼 수 있다. 그러나 제4유형은 영업활동 현금흐름과 당기순이익이 모두 −의 값을 나타내는 경우로 이런 유형의 기업은 수익성이 불량하다고 말할 수 있다. 결국 영업활동 현금흐름은 수익성을 확인하는 지표가 되고 있다.

제2유형은 거액의 감가상각비가 계상되는 고도의 자본집약적 산업이나 자본집약적 산업에서의 급격하게 성장하는 기업에서 쉽게 발견할 수 있는 유형이다. 체감상각법을 사용해서 거액의 감가상각비를 계상할 경우 영업활동 현금흐름이 + 일지라도 당기순손실이 계상될 수도 있다.

제3유형은 부실경영의 신호인 경우도 있지만 급격히 성장하는 기업에서도 종종 나타난다. 영업활동 현금흐름과 당기순이익간의 차이는 앞에서 살펴본 것처럼 대체로 감가상각비, 영업활동과 관련된 유동자산과 유동부채의 증감액에 의해 설명된다. 매우 급격하게 성장하는 기업은 판매신장속도에 맞춰서 재고자산 투자를 확대하게 되며, 신용매출액도 증가하게 되어 결국 유동자산이 매우 빠른 속도로 증가하게 된다. 이에 따라 모든 매출액이 현재 시점에서 회수되지 않는 상태에서 추가적으로 현금이 재고자산에 투자되게 되어 영업활동 현금흐름은 −가 되지만 당기순이익이 +로 계상되게 된다. 그러나 이러한 상황이 머지않아 제1유형으로 바뀔 가능성이 높은 한 문제가 될게 없다.

그러나 제2유형은 매출액은 빠르게 신장되지 않는데, 재고자산과 매출채권이 빠르게 증가되는 기업의 경우에서도 발견된다. 이 경우는 제1유형으로 바뀔 가능성이 매우 낮기 때문에 심각한 자금난이 발생되는 상황이다. 이러한 상황에 처한 기업은 부실경영, 회전속도가 늦은 상품의 취급, 그리고 신용관리의 실패 등에서 그 원인을 찾아볼 수 있다. 이러한 유형은 종종 기업도산의 전조징후일 수 있기 때문에 매우 경계해야 할 기업으로 보아야 한다.

발생주의에 의한 당기순이익은 결코 기업의 모든 상황을 말해주지 않는다는 사실을 반드시 기억해야 한다.

예제 2-19 현금흐름표 해석

다음은 (주)비전의 현금흐름표이다.

현금흐름표

㈜비전 20×6. 1. 1~12. 31 (단위 : 천원)

Ⅰ. 영업활동 현금흐름		23,700
당기순이익	40,700	
감가상각비	36,000	
매출채권의 증가	(23,000)	
재고자산의 증가	(37,000)	
매입채무의 증가	23,000	
선급비용의 증가	(12,000)	
기타채무의 감소	(4,000)	
Ⅱ. 투자활동 현금흐름		86,500
유형자산의 처분	86,500	
Ⅲ. 재무활동 현금흐름		(115,000)
차입금의 상환	(115,000)	
Ⅳ. 현금의 감소		(4,800)
Ⅴ. 기초의 현금		15,400
Ⅵ. 기말의 현금		10,600

물음

1. 이 회사의 당기순이익과 영업활동 현금흐름간의 차이를 발생시킨 주된 원인을 설명하시오.

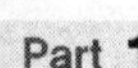

2. 이 회사는 현금흐름을 어떻게 사용했는지를 설명하시오.
3. 이 회사의 현금흐름에 대해 평가하시오.

해답 1. 당기순이익과 영업활동 현금흐름이 일치되어 나타나는 경우는 거의 없다. 이 두 항목의 금액에 차이를 가져다주는 첫 번째 주된 원인은 감가상각비에 있다. 감가상각비는 비용항목이기 때문에 당기순이익을 감소시키는 작용을 한다. 그러나 현금의 지출이 수반되는 항목이 아니기 때문에 당기순이익과 영업활동 현금흐름간의 차이를 야기 시킨다. 두 번째 주된 원인은 영업활동과 관련된 유동자산과 유동부채의 증감변동이다. 대체로 매출채권과 재고자산 같은 유동자산의 증가와 매입채무와 같은 유동부채의 증가는 당기순이익의 증가를 보고하는 회사에서 흔히 발견할 수 있는 현상이다. 왜냐하면 매출액의 증대는 매출채권의 증가를 초래하게 되며, 또한 매출의 증대를 뒷받침하기 위해 재고자산의 증가를 필요로 하기 때문이다. 그리고 재고자산에 대한 증대된 수요를 충족시키기 위해 매입채무 역시 증가하게 되기 때문이다. (주)비전의 당기순이익과 영업활동 현금흐름간의 차이에 대한 주된 원인도 바로 감가상각비, 매출채권과 재고자산의 증가 그리고 매입채무의 증가에 있음을 알 수 있다.

2. 이 회사는 영업활동과 투자활동에서 창출시킨 현금흐름을 차입금을 상환하는데 모두 사용하였다.

3. 이 회사 현금흐름의 관리상황은 양호하다고 평가할 수 없다. 이 회사의 영업활동 현금흐름은 당기순이익보다 훨씬 적은 금액이 창출되고 있다. 이에 따라 재고자산의 증가는 이 회사의 재고자산 판매속도가 둔화되고 있으며, 매출채권의 증가는 고객으로부터의 대금회수가 제 때에 이루어지지 않고 지연되고 있는 것으로 해석할 수 있다. 또한 매입채무의 증가는 거래처에 대한 대금 지급이 순조롭지 못해서 나타나는 현상으로 해석할 수 있다.

   한편 현재의 현금수요를 충족시키기 위해서 유형자산을 매각하는 현상은 재무성과가 매우 불량함을 나타내는 신호라고 보여진다. 이 회사는 분명히 회사의 부채를 상환하기 위해서는 영업활동에서 창

출한 현금흐름보다 더 많은 현금이 필요한 상황이다. 이에 따라 필요한 현금을 조달하기 위해서 유형자산을 매각할 수밖에 없게 된 것이다. 장기적으로 볼 때 이 회사는 유형자산을 매각해서 부채를 상환하는 방식에 의해서는 생존하기 어렵다고 생각된다.

예제 2-20 도산기업의 현금흐름표 해석

다음은 1975년에 도산한 미국의 W.T. Grant(소매업) 회사의 현금흐름표이다. 그 당시의 재무제표인 대차대조표, 손익계산서, 그리고 재무상태변동표를 분석할 결과 도산의 징후를 발견하기가 어려웠다고 한다. 재작성한 현금흐름표를 통해서 도산의 원인을 파악해보자.

W.T. Grant 회사의 현금흐름표

(단위 : 천달러)

	1969	1970	1971	1972	1973	1974	1975
영업활동							
당기순이익	38,183	41,809	36,415	31,625	34,965	10,902	(177,340)
감가상각비	8,388	8,972	9,619	10,577	12,004	13,579	14,587
기타	(1,140)	(1,559)	(2,470)	(1,758)	(1,699)	(1,345)	(16,993)
외상매출금	(40,326)	(55,491)	(11,981)	(49,873)	(60,281)	(72,220)	109,601
재고자산	(24,901)	(13,505)	(38,364)	(38,184)	(100,857)	(51,104)	43,280
선급금	(420)	(635)	(209)	(132)	(1,271)	(650)	718
외상매입금	22,407	2,064	13,947	6,899	(12,094)	(8,013)	42,328
기타유동부채	8,528	15,370	(21,907)	13,928	4,967	15,647	(101,078)
영업활동 현금흐름	10,719	(2,975)	(14,950)	(26,918)	(114,266)	(93,204)	(84,897)
투자활동							
유형자산취득	(10,620)	(14,325)	(16,141)	(25,918)	(26,251)	(23,143)	(15,535)
투자자산취득	(35)	-	(436)	(5,951)	(2,216)	(5,700)	(5,282)
투자활동 현금흐름	(10,661)	(14,352)	(16,577)	(31,869)	(28,467)	(28,843)	(20,817)

재무활동							
단기차입금	18,895	64,007	64,288	(8,679)	152,293	63,063	147,598
장기부채	(1,500)	(1,687)	(1,538)	98,385	(1,584)	93,926	(3,995)
자본금	844	(17,860)	(8,954)	7,407	(8,227)	1,833	886
배당금	(17,686)	(19,737)	(20,821)	(21,139)	(21,141)	(21,122)	(4,457)
재무활동 현금흐름	553	24,723	32,975	75,974	121,341	137,700	101,078
기타	(113)	(58)	(416)	(1,345)	2,484	(645)	(627)
현금증감액	498	7,338	1,032	15,842	(18,908)	15,008	33,691

이 회사 현금흐름표의 3가지 경영활동을 살펴보면 도산의 징후를 쉽게 발견할 수 있다.

첫째, 영업활동 현금흐름의 경우 거의 모든 회계기간 동안 −를 보이고 있어 이 회사는 도산하기 여러 해전부터 이미 내부적으로 현금흐름을 창출할 수 있는 능력이 상실되었음을 분명하게 보여주고 있다. 영업활동 현금흐름이 −로 나타나게 된 주요 원인은 외상매출금과 재고자산의 증가에서 찾을 수 있다. 즉 이 회사는 신용정책을 완화해서 외상매출을 확대하는 식으로 매출증가 정책을 구사하였으며, 이를 뒷받침하기 위해 재고상품이 과다구입하여 보유한 것으로 추정된다. 과다한 재고상품의 구입대금이 지출되고 거기에다가 매출대금회수가 지연되거나 대손이 발생함으로써 영업활동을 통한 현금흐름이 유입보다 유출이 훨씬 많은 심각한 현상이 발생하게 된 것이다.

둘째, 영업활동 현금흐름의 경우 계속 −를 보이고 있음에도 불구하고 부채로 조달된 자금으로 계속해서 무리하게 시설을 확장하고, 투자자산에 투자한 것도 도산의 원인이 되었을 것이다.

셋째, 영업활동에서의 부족한 자금과 투자활동에 필요한 자금을 부채로 조달한 재무정책에서도 도산의 원인을 찾을 수 있다. 부채도 거의 단기부채에 의존함으로써 이자부담 및 원금상환에 계속 몰리다가 결국은 영업활동으로부터의 현금흐름창출이 이루어지지 못함으로써 도산이 되

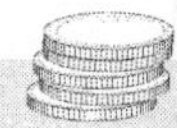

게 된 것이다.

넷째, 영업활동으로부터의 현금흐름창출이 이루어지지 못하고, 또한 단기부채 의존도가 매우 높아 자금난이 계속 악화되고 있는 상황 속에서도 장부상의 당기순이익이 발생하고 있다 해서 매년 거의 일정한 수준으로 고율의 배당금을 지급하고 자사주를 매입한 것도 도산을 앞당기는 요인으로 작용하였다고 생각된다.

예제 2-21 현금흐름평가와 잉여현금흐름

다음은 M사의 비교현금흐름표이다.

현금흐름표

(단위 : 백만달러)

	20×8	20×7
영업활동		
당기순이익	1,550.1	1,642.5
감가상각비	881.4	793.8
이연법인세차의 감소(또는 증가)	35.4	(1.1)
매출채권의 증가	(29.9)	(57.6)
재고자산 및 기타유동자산의 증가	(18.1)	(34.5)
매입채무의 증가(또는 감소)	(12.7)	52.8
법인세 및 기타채무의 증가	337.5	221.9
기타	22.9	(175.5)
영업활동 현금흐름	2,766.3	2,442.3
투자활동		
유형자산 취득	(1,997.7)	(2,224.8)
기타자산의 취득	(142.0)	(168.8)
무형자산의 처분	191.5	176.4
투자활동 현금흐름	(1,948.2)	(2,217.2)
재무활동		
단기차입금 차입(또는 상환)	(604.2)	1,097.4
장기차입금 차입	1,461.5	1,037.9

장기차입금 상환	(594.9)	(1,133.8)
자본의 감소(자사주 구입)	(1,089.8)	(755.1)
배당금 지급	(240.5)	(247.7)
기타	207.6	(212.3)
재무활동 현금흐름	(860.3)	(213.6)
현금 및 현금성자산 증가(또는 감소)	(42.2)	11.5
기초의 현금 및 현금성자산	341.4	329.9
기말의 현금 및 현금성자산	299.2	341.4

물음

1. 이 회사의 당기순이익과 영업활동 현금흐름간의 차이를 발생시킨 주된 원인을 설명하시오.
2. 이 회사의 현금흐름을 평가하시오.
3. 이 회사의 잉여현금흐름을 계산하시오. 단 유형자산취득액은 기존 설비 대체분이라고 가정한다.
4. 잉여현금흐름의 용도와 미래의 이익과 재무상태에 미치는 영향을 설명하시오.

해답

1. 이 회사의 당기순이익과 영업활동 현금흐름간의 차이에 대한 가장 주된 원인은 바로 감가상각비에 있다. 그 밖의 차이를 가져다 준 원인은 매출채권과 재고자산의 증가 그리고 매입채무의 증가에 있다.
2. 기간에 걸쳐서 영업활동 현금흐름이 증가하고 있고, 당기순이익보다 더 많은 영업활동 현금흐름을 창출하고 있다는 것은 양호한 재무성과를 의미하는 것이다.

   또한 이 회사는 영업활동에서 창출한 현금흐름에 의존해서 대부분의 현금흐름 소요액을 충족시키고 있다. 장기적으로 볼 때 회사는 영업활동에서 창출한 현금흐름이 회사의 현금흐름 소요액을 충족시키기에 충분하여야 한다.

   이 회사는 영업활동에서 창출한 충분한 현금흐름을 가지고 투자

활동, 즉 유형자산을 취득하여 회사를 확장하는데 사용하고 있다. +의 영업활동 현금흐름과 -의 투자활동 현금흐름의 패턴은 양호한 성과와 성장에 대한 신호를 의미한다. 이런 방식으로 성장하는 회사는 보통 회사의 가치를 증대시키게 된다. 회사가 투자를 증대시켜 회사규모를 확장시킴에 따라 회사의 생산능력 및 판매규모가 증대되어 결국에는 회사의 수익성과 영업활동 현금흐름 창출능력이 증대되기 때문이다.

이 회사는 투자활동에 소요되는 현금흐름 이상의 현금흐름을 영업활동에서 창출시키고 있기 때문에 투자활동에서 남은 현금흐름과 신규로 차입한 차입금으로 기존의 차입금 상환, 자사주 구입, 배당금 지급과 같은 재무활동에 사용하고 있다.

결론적으로 이 회사는 대체로 영업활동에서 창출한 충분한 현금흐름을 가지고 투자활동을 계속하여 회사를 성장시키고 있으며, 여유 현금흐름을 재무활동에 적절히 사용함으로써 회사의 가치를 증대시키고 있다고 판단된다.

3. 잉여현금흐름은 여러 가지 방식으로 정의될 수 있다. 여기서 「영업활동 현금흐름 － 자본적 지출액 － 배당금 = 잉여현금흐름」으로 보고 계산하면 다음과 같다.

20×8년	\$ 528.1(2,766.3 − 1,997.7 − 240.5 = 528.1)
20×7년	− \$ 30.2(2,442.3 − 2,224.8 − 247.7 = − 30.2)

4. 잉여현금흐름의 용도 및 미래의 수익성과 재무상태에 미치는 영향을 정리하면 다음과 같다.
   (1) 부채상환에 사용됨으로써 이자비용을 낮추고 이익을 증대시킬 수 있다. 이에 따라 부채비율이 낮아지고 이자보상비율이 상승하는 등 재무구조가 개선되어 결과적으로 회사의 신용도가 높아지게 된다.
   (2) 자사주 구입에 사용됨으로써 주당순이익을 증대시킬 수 있다.
   (3) 타회사 인수자금으로 사용함으로써 미래의 성장력 제고, 다양화 개선, 위험도 감소와 같은 효익이 발생한다.
   (4) 자본적 지출, 연구개발비, 신제품 광고비 등과 같은 내부성장에

필요한 자금으로 사용하여 이익의 증대를 꾀한다.
(5) 배당금을 증대시킴으로써 주주의 부가 향상되며, 이에 따라 기업의 가치가 증대되어 주식발행에 의한 자금조달이 용이해진다.
(6) 예기치 않던 자금의 필요성과 기회에 대처할 수 있게 함으로써 유동성과 재무적 융통성의 증대를 가져온다.

7. 현금흐름표는 조작(분식)이 불가능한 재무제표인가?

현금흐름표는 재무제표 중에서 투명성이 가장 높은 재무제표로 알려져 있다. 그러나 현금흐름표가 제공하는 실제 현금흐름정보가 회계담당자의 주관이 개입되는 재무상태표와 손익계산서가 제공하는 발생주의 회계정보에 비해 투명성이 높은 것 사실이지만, 조작(분식)의 대상에서 완전히 자유로울 수는 없다.

실제로 현금흐름정보도 기업활동간의 현금흐름을 변경시키거나, 현금흐름의 시점을 앞당기고 연기하는 방법을 통해서 현금흐름의 크기를 조작할 수 있는 여지를 가지고 있으나, 발생주의 회계정보의 경우와는 그 차원이 다르다.

1) 항목분류의 변경에 의한 조작

현금흐름표 조작의 첫째 유형은 항목분류의 변경을 이용하여 특정의 현금흐름을 증가 또는 감소 표시하는 것이다. 대개 그 대상은 현금흐름표에서 가장 관심의 대상이 되고 있는 영업활동 현금흐름이 된다. 예를 들어 영업활동 현금흐름을 증가시키기 위해서 영업비용을 투자 또는 재무활동 항목으로 처리하는 방법이 있다. 특히 수익적 지출항목(영업활동)을 자본적 지출항목(투자활동)으로 항목분류를 변경하는 경우, 당해 기간의 영업활동 현금흐름을 증가시킬 뿐만 아니라, 이 후의 회계기간에도 감가상각비만큼 영업활동 현금흐름을 증가시키는 효과를 가져오게 된다.

예제 2-22 항목분류 조작 1 : (영업활동 → 투자활동)

<u>현금흐름표</u>

XY소프트웨어 (단위 : 억원)

	조작전	조작후
Ⅰ. 영업활동 현금흐름	−10	10
Ⅱ. 투자활동 현금흐름	−40	−60
Ⅲ. 재무활동 현금흐름	60	60
Ⅳ. 현금의 증가	10	10

XY소프트웨어회사는 여러 가지 소프트웨어를 개발해서 판매하는 회사라고 하자. 이 회사는 이 번 연도의 영업활동 현금흐름이 −인데, 회사의 지급능력에 미치는 영향을 생각해서 이를 +로 전환시킬 생각을 하고 있다. 이에 따라 생각해낸 것이 당기 비용으로 처리한 소프트웨어 개발비 20억원을 자본적 지출, 즉 무형자산 중 개발비로 처리하는 것이었다. 이렇게 처리할 경우 영업활동 현금흐름이 −10억원에서 +10억원으로 바뀌고, 투자활동으로 인한 현금흐름은 −40억원에서 −60억원으로 바뀌게 된다. 그러나 현금의 증가는 조작 전과 조작 후 모두 동일하게 나타난다. 현금흐름표는 이러한 항목분류의 변경을 통해 세 가지 현금흐름간의 크기를 조작할 수 있다.

예제 2-23 항목분류 조작 2 : (투자활동 → 영업활동)

M사는 수익성이 악화되어 적자상태에 들어갈 가능성이 농후해졌으며, 이에 따라 자금난도 심각해질 전망이다. 자금난을 타개하기 위해서 금융기관으로부터 차입을 추진하기로 하였는데, 금융기관에서는 최근들어 수익성뿐만 아니라 유동성, 그것도 현금흐름표에서의 영업활동을 통한 현금창출능력에 따른 유동성을 평가하고서 대출하기 때문에 금융기관에서 대출받을 수 있도록 수익성과 유동성이 있는 것으로 재무제표를 조작하기로 하였다고 가정하자.

수익성과 현금창출능력의 부실함을 은폐하고 자금난을 완화하기 위해 이 회사의 한 사업부분을 매각하였는데, 이 사업부분은 장부가격이 300억원인데, 450억원에 매각해서 150억원의 차익을 발생시켰다고 가정하자. 이 회사는 이 거래로 인해 적자를 흑자로 전환시킬 수 있었다. 그러나 문제는 이 거래를 현금흐름표에 반영시킬 때, 매각차익이 당기순이익의 차감항목이기 때문에 영업활동 현금흐름이 적자로 표시된다는 점이다. 그래서 생각해낸 것이 매각차익을 영업활동에서 제외시키면서, 투자활동에서 매각대금을 장부가로 표시하는 것이었다. 이렇게 하면 영업활동 현금흐름이 +로 변하고, 투자활동 현금흐름도 −로 변하게 된다. 따라서 영업활동을 통한 현금창출능력을 보유하고 있을 뿐만 아니라 성장 발전하는 회사로 오인시킬 수 있게 된다. 다음은 조작 전과 후의 현금흐름표이다.

현금흐름표

(단위 : 억원)

	조작전	조작후
영업활동		
당기순이익	65	65
감가상각비(무형자산 상각비 포함)	56	56
유형자산처분이익	(150)	
매출채권의 증가	(19)	(19)

재고자산의 감소	27	27
매입채무의 감소	(42)	(42)
기타채무의 증가	18	18
영업활동 현금흐름	(45)	105
투자활동		
유형자산 취득	(125)	(125)
타 사업부분의 취득	(234)	(234)
유형자산(특정 사업부)의 처분	450	300
투자활동 현금흐름	91	(59)
재무활동		
장기차입금 차입	150	150
장기차입금 상환	(180)	(180)
배당금 지급	(50)	(50)
재무활동 현금흐름	(80)	(80)
현금 및 현금성자산의 감소	(34)	(34)
기초의 현금 및 현금성자산	42	42
기말의 현금 및 현금성자산	8	8

예제 2-24 항목분류 조작 3 : (영업활동 → 투자활동)

영업활동이 부진해서 영업활동 현금흐름이 적자로 표시되게 되는 회사가 있는데, 이 회사의 경영자는 영업활동 현금흐름을 +로 전환시켜서 영업활동을 통한 현금창출능력에 심각한 문제가 없는 것처럼 보이고 싶어 한다고 하자. 이를 위해서 생각해낸 것이 매출채권의 증가분 중 일부를 투자자산인 장기성 매출채권으로 항목분류를 변경하는 것이다.

즉, 매출채권 증가분 70억 중 30억을 영업활동에서 제외시키면서, 투자활동에다 장기성 매출채권의 증가로 표시하는 것이었다. 이렇게 하면 영업활동 현금흐름이 +로 변하고, 투자활동 현금흐름이 그 만큼 증가 표시되게 된다. 물론 기간 동안의 현금 증감액에는 영향이 없다. 다음은 조작 전과 후의 현금흐름표이다.

현금흐름표

(단위 : 억원)

	조작전	조작후
영업활동		
당기순이익	30	30
감가상각비(무형자산 상각비 포함)	40	40
매출채권의 증가	(70)	(40)
재고자산의 증가	(40)	(40)
매입채무의 증가	20	20
기타채무의 증가	10	10
영업활동 현금흐름	(10)	20
투자활동		
장기성매출채권의 증가		(30)
유형자산의 취득	(50)	(50)
투자활동 현금흐름	(50)	(80)
재무활동 현금흐름	80	80
현금 및 현금성자산의 증가	20	20

예제 2-25 항목분류 조작 4(법인세 효과 고려) : (수익적 지출 → 자본적 지출)

ABC회사는 이 번 연도의 영업활동 현금흐름이 －인데, 회사의 지급능력에 미치는 영향을 생각해서 이를 ＋로 전환시킬 생각을 하고 있다. 이에 따라 생각해낸 것이 당기 비용으로 처리한 유형자산의 수선비와 신제품 개발과 관련된 연구개발비 50억 원을 자본적 지출로 처리하는 것이었다. 이렇게 처리할 경우 영업활동 현금흐름과 투자활동 현금흐름이 영향을 받게 되는 데, 그 내용은 다음과 같다.

수익적 지출을 자본적 지출로 변경함에 따라 추가적으로 계상되는 감가상각비(무형자산상각비 포함)를 5억원, 법인세율을 20%로 가정하자. 이 경우, 당기순이익은 20억원에서 56억원, 법인세비용은 5억원(법인세비용차감전순이익 25억원×20%)에서 14억원(법인세차감전순이익 70억

원×20%)으로 바뀐다. 법인세차감전순이익은 70억원은 25억원+50억원 −5억원으로 계산된 것이다. 또한 미지급법인세가 9억원(14억원에서 5억원을 차감한 잔액) 증가하여, 당기순이익에 그 만큼 추가적으로 가산되게 된다. 이에 따라 영업활동 현금흐름이 −10억원에서 +20억원으로 바뀌게 된다. 그리고 투자활동 현금흐름은 −30억원에서 −80억원으로 바뀌게 된다. 그러나 현금의 감소는 조작 전과 조작 후 모두 동일하게 나타난다. 다음은 조작 전과 후의 현금흐름표이다.

<u>현금흐름표</u>

(단위 : 억원)

	조작전	조작후
영업활동		
당기순이익	20	56
감가상각비(무형자산 상각비 포함)	40	45
매출채권의 증가	(20)	(20)
재고자산의 증가	(50)	(50)
매입채무의 감소	(30)	(30)
기타채무의 증가(미지급법인세 포함)	10	19
영업활동 현금흐름	(30)	20
투자활동		
유형자산의 처분	50	50
유형자산의 취득(자본적 지출 포함)	(80)	(130)
투자활동 현금흐름	(30)	(80)
재무활동 현금흐름	50	50
현금의 감소	(10)	(10)

2) 지급기간의 연기에 의한 조작

둘째 유형으로는 지급기간을 연기하여 특정 현금흐름을 증가 또는 감소 표시하는 방법이다. 영업활동 현금흐름을 증가시키기 위해서는 예를 들어 매입채무 중 당기 말에 지급할 부분을 거래처와의 협상을 통해서 다음 연도초로 지급기간을 잠시 연기하거나, 당기 말에 매입해야 할 재고상품을 다음 연도초로 연기해서 매입하는 것이 대표적인 방법이다. 또한 투자자산의 매각 기간을 앞당길 경우 투자활동 현금흐름과 당기 현금증가액을 증가시킬 수 있으며, 부채상환의 기간 연장이나 배당금 지급의 연기를 통해서 재무활동 현금흐름을 증가시킬 수 있다.

그러나 이러한 유형의 조작은 당해 기간의 현금흐름을 증가시키지만 다음 기간에는 반대의 영향을 미치게 된다. 따라서 이 경우 몇 년 분을 합해서 분석하면 이런 조작의 영향은 제거된다.

사실 현금흐름은 안정적인 모습을 보이기보다는 기복이 심하게 나타나는 경우가 많기 때문에 당해 연도 자료만 가지고 분석하는 것은 잘못된 해석을 초래할 가능성이 높다.

따라서 현금흐름의 분석은 최소한 3년 내지 5년간의 총액에 의한 분석 및 장기적인 추세분석으로 보완을 해야 올바른 분석이 가능하다고 말할 수 있다. 미국에서 현재 3년분의 비교 현금흐름표를 공시하도록 하고 있는 것도 바로 이런 점 때문이다.

예제 2-26 현금흐름표 조작의 두 번째 유형 : 지급기간 연장

다음 요약된 자료는 (주)민음의 것이다.

	20×7	20×6	20×5
현금	₩75,000	₩ 70,000	₩60,000
유동자산(현금제외)	450,000	400,000	370,000
유동부채	335,000	240,000	250,000
감가상각비	50,000	48,000	41,000
당기순이익	65,000	57,000	54,000

모든 유동자산과 유동부채는 영업활동과 관련되어 있다.

물음

(1) 20×6년과 20×7년의 영업활동 현금흐름을 계산하시오.

(2) 이 회사가 외상매입금 ₩50,000의 지급을 20×6년말에서 20×7년초로 연기하기로 했다면 물음 (1)의 계산결과는 어떻게 되나? 단 외상매입금 지급연기는 20×6년 12월 31일 현재의 현금과 외상매입금을 증가시킬 것이나, 20×7년 12월 31일 현재의 금액에는 영향을 미치지 않는다.

(3) 이 회사가 재고자산 ₩50,000의 현금구입을 20×6년말에서 20×7년초로 연기했다면 물음 (1)의 계산결과는 어떤가? 단 재고자산의 현금구입연기는 20×6년 12월 31일 현재의 현금을 증가시키는 반면에 재고자산은 감소시킬 것이다. 그리고 20×7년 12월 31일 현재의 금액에는 영향을 미치지 않는다. 단, 이 문제는 물음 (2)와 관련이 없다.

(4) 영업활동 현금흐름은 조작이 가능한 지 설명하시오.

해답 (1)

	20×6	20×7
당기순이익	₩57,000	₩65,000
감가상각비	48,000	50,000
유동자산의 증감	(30,000)	(50,000)
유동부채의 증감	(10,000)	95,000
영업활동 현금흐름	₩65,000	₩160,000

(2)

	20×6	20×7
당기순이익	₩57,000	₩65,000
감가상각비	48,000	50,000
유동자산의 증감	(30,000)	(50,000)
유동부채의 증감	40,000	45,000
영업활동 현금흐름	₩115,000	₩110,000

(3)

	20×6	20×7
당기순이익	₩57,000	₩65,000
감가상각비	48,000	50,000
유동자산의 증감	20,000	(100,000)
유동부채의 증감	(10,000)	95,000
영업활동 현금흐름	₩115,000	₩110,000

(4) 외상매입금의 지급기간 연기와 상품구입의 기간 연기를 통해서 영업활동 현금흐름을 조작할 수 있음을 물음 (2)와 (3)을 통해서 확인할 수 있다. 그러나 이러한 조작은 다음 기간에는 반대의 영향을 미치게 되기 때문에, 이러한 방식의 조작에 따른 2개 연도의 영업활동 현금흐름을 합산해보면 위의 3가지 경우 모두 ₩225,000이 되며, 따라서 현금흐름 총액을 조작할 수 없다는 것도 확인할 수 있었다. 결국 위의 방식에 의한 조작은 현금흐름을 한 기간에서 다른 기간으로 이전시키는 효과만 있을 뿐인 것이다. 따라서 여러 기간에 대한 현금흐름을 합산해서 분석할 경우 이러한 조작의 영향을 상당부분 제거할 수 있다.

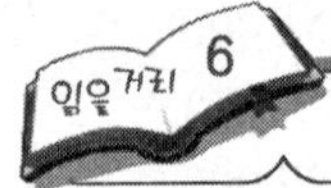

현금흐름 이상징후

현금흐름표를 통해서 다음과 같은 징후를 발견할 수 있다면, 이러한 회사는 미래에 현금흐름상의 심각한 문제가 발생할 가능성이 높을 것으로 예상할 수 있다. 따라서 현금흐름표 분석시 이러한 징후에 대해서 예의주시하고 세심한 분석이 필요하다고 말할 수 있다.

1. 매출채권이나 재고자산의 증가율이 매출액의 증가율을 초과하고 있다.
2. 매입채무의 증가율이 재고자산의 증가율을 초과하고 있다.
3. 기타유동부채의 증가율이 매출액의 증가율보다 빠른 속도로 증가하고 있다.

4. 당기순손실의 발생 또는 순운전자본의 큰 폭의 증가로 인해서 영업활동 현금흐름이 지속적으로 −를 보이고 있다.
5. 자본적 지출액이 영업활동 현금흐름을 큰 폭으로 초과하고 있다. 이러한 현상이 급격히 성장하는 자본 집약적인 기업에서 주로 나타나지만, 잉여현금흐름이 −란 사실은 기업이 그 정도의 빠른 성장을 뒷받침하기 위해서 계속적으로 외부자금조달 필요함을 의미하고 있는 것이다.
6. 기간에 걸쳐서 자본적 지출액이 감축되는 추세를 보여주고 있다. 이러한 감축이 단기적으로는 현금을 증가시키는 효과를 가져오겠지만, 장기적으로 보면 미래의 매출액과 순이익 그리고 영업활동 현금흐름이 감소되는 결과를 초래하리란 신호로 인식하여야 한다.
7. 유가증권의 매각액이 유가증권의 구입액을 초과하고 있다. 유가증권의 매각은 즉시 현금의 증가를 가져오지만, 기업이 영업활동에서 운전자본과 장기투자에 필요한 자금을 충분히 창출시키지 못하고 있다는 신호일 수도 있다. 기업은 운전자본과 장기투자에 필요한 자금을 획득할 목적으로 유가증권을 매각하기도 한다. 그러나 타회사의 인수나 자본적 지출을 위해서 여유자금을 일시적으로 투자하였던 유가증권의 매각이라면 현금흐름상의 문제와는 관계가 없을 수 있다.
8. 장기차입방식에서 단기차입방식으로 변화의 폭이 크게 발생하고 있다. 단기차입의 비중이 크게 높아지고 있는 것은 자금공여자가 기업의 미래를 불확실하게 보고 있기 때문에 기업에게 장기자금을 제공하지 않고 있다는 신호인 것이다.
9. 배당금지급액이 축소되고 있거나, 중지되고 있다. 이러한 조치는 단기적으로 현금을 증가시키는 효과가 있지만, 주식시장에서는 대체로 이러한 변화를 기업의 미래전망에 대한 부정적 신호로 해석하게 된다.

Part 2

현금흐름표 분석방법과 사례

Chapter 03 현금흐름표 분석방법 익히기

1. 현금흐름표의 기본적 분석방법

여기서 제시하는 현금흐름표의 기본적인 분석방법은 4단계를 거치도록 되어 있다. 4단계 분석 방법을 통해 세밀하게 분석하게 되면 여러분은 전문가 수준에 도달할 수는 없을지 몰라도 대부분의 회사에 있어서 현금관리와 관련된 거시적인 추세와 중요한 문제는 발견할 수 있을 것으로 확신한다. 이 분석 방법을 적용하기에 앞서서 앞에서 설명한 바 있는 현금흐름표의 양식과 내용에 대한 기본적인 이해가 있어야 함은 말할 필요도 없다.

현금흐름표 분석을 위한 단계를 소개하면 다음과 같다.

1. 현금흐름표 전반에 대한 개괄적 분석
2. 영업활동현금흐름 창출능력 분석
3. 투자 및 재무활동상의 현금흐름에 대한 분석
4. 현금흐름의 종합분석 및 결론도출

1) 현금흐름표 양식과 내용에 대한 기본적 이해

앞에서 설명한 바 있는 현금흐름표에 대한 기본적인 내용을 다시 한 번 간단히 소개하고자 한다. 현금흐름표는 영업활동, 투자활동 및 재무활동 등 세 부분으로 구분되어 있다. 각 부분은 각각의 활동과 관련된 현금의 유입과 유출을 보여주게 된다.

영업활동 현금흐름은 회사의 주된 사업과 관련된 현금유입과 유출의 결과를 보여준다. 예를 들어 영업활동 현금흐름에는 재화나 서비스 판매로부터의 현금수입과 같은 현금유입과 재고자산 구입이나 임차료와 세금 지급과 같은 현금유출이 포함된다. 이러한 항목들이 영업활동 현금흐름 부분에 직접적으로 나타나도록 작성하는 방법을 직접법이라 한다. 그러나 이러한 직접법이 실무에서 대부분 사용되고 있지 않다는 점을 명심하여야 한다. 다시 말해 영업활동 현금흐름을 간접적으로 나타낼 수 있는 방법이 존재하고 있으며, 이 방법을 간접법이라고 하는데 실무에서 선호하는 방법인 것이다. 이 방법은 현금의 유입과 유출의 대부분이 이미 당기순이익에 반영되어 있는 것으로 가정한다. 그렇기 때문에 이 방법 즉, 간접법은 당기순이익을 제일 먼저 나타내고 그 다음 당기순이익에 반영된 항목 가운데 현금유・출입과 관계없는 모든 항목들을 제시하면서 당기순이익에서 조정하는 내용을 영업활동 부분에서 보여주게 된다. 간접법은 상당한 회계지식을 갖추고 있지 않는 한 이해하기 어렵기 때문에 회계정보이용자에게 혼란을 줄 가능성이 많은 방법이다.

영업활동 현금흐름이 어떤 방법에 의해 작성되던 간에 관계없이 영업활동 현금흐름 부분이 세 가지 현금흐름 부분 중에 가장 중요한 현금흐름이란 점을 기억하고 있을 것이다. 영업활동 현금흐름 부분은 회사의 주된 사업활동에 의해서 현금이 어떻게 창출되고 사용되었는지를 설명해주기 때문에 가장 중요한 현금흐름이 되고 있는 것이다. 영업활동 현금흐름에 영향을 주는 활동을 살펴보기 위해서 재무상태표 상의 운전자본 계정의 증가와

감소를 가장 큰 폭으로 초래하는 현금수입과 지출을 생각해보자. 예를 들어 매출채권은 고객으로부터 대금을 회수하였을 때 감소되며, 재고자산은 재화를 구입하였을 때 증가한다. 그리고 매입채무는 거래처가 외상대금을 갚았을 때 감소된다.

현금흐름표상의 두 번째 부분에 표시되는 항목이 투자활동 현금흐름이다. 이 부분에서 여러분은 건물이나 기계장치와 같은 비유동자산의 구입과 매각처분, 그리고 투자자산의 매각 등과 같은 활동에 관련된 현금흐름을 볼 수 있게 된다. 이 부분에 어떤 활동이 나타나는지를 알기 위한 쉬운 방법은 재무상태표를 살펴보는 것이다. 여러분이 유동자산을 영업활동과 관련된 것이라고 가정한다면, 나머지 모든 자산과 관련된 활동은 투자활동 부분에 나타난다고 보면 된다.

현금흐름표상의 세 번째 부분에 표시되는 항목은 재무활동 현금흐름이다. 이 부분에 어떤 활동이 나타나는지를 알기 위한 쉬운 방법은 역시 재무상태표를 살펴보는 것이다. 즉 재무상태표상의 부채와 자본란에서 영업활동과 관련된 유동부채를 제외한 모든 부채와 자본(또는 주주지분)항목이 이 부분에 나타난다고 보면 된다. 이 부분에서 기업이 자금조달 즉, 사채의 발행과 상환에서부터 주식발행에 이르기까지의 활동이나, 배당금 지급과 같은 활동에서 나타난 모든 현금흐름을 보여주게 된다.

그러나 주의할 점이 있다. 모든 것에는 예외가 있듯이 현금흐름표 양식에서도 주의를 기우려야 할 사항이 몇 가지 있다. 두 가지 운전자본계정 즉, 단기투자자산인 유가증권과 단기차입금은 영업활동현금흐름 부분에서 제외된다는 것이다. 단기투자자산인 매도가능금융자산은 장기투자자산과 동일하게 처리되기 때문에 투자활동 현금흐름 부분에 표시된다. 마찬가지로 단기차입금은 장기차입금처럼 재무활동에 표시된다는 점이다.

또 한 가지 유념해야 할 사항은 이자와 배당금 지급에 대한 처리이다. 배당금과 이자지급은 모두 외부자금 사용대가로 지급된 것임에도 불구하고, 배당금은 재무활동 현금흐름 부분에서 현금유출로, 이자지급액은 영업활동 또는 재무활동 현금흐름에서 현금유출로 각각 다르게 표시되기 때문이다. 국제회계기준에서는 이자지급을 영업활동이나 재무활동에서 선택해서 표시하도록 하고 있다. 그러나 미국이나 우리나라의 일반기업회계기준에서는 영업활동에서 표시하도록 하고 있다. 따라서 분류상의 차이가 있는 기업간의 비교를 할 때는 이런 점도 고려해서 비교해야 정확한 비교가 된다는 점을 명심할 필요가 있다.

2) 분석 제1단계: 현금흐름표 전반에 대한 개괄적 분석

이제 여러분이 관심을 가지고 있는 회사의 연차보고서에서 현금흐름표를 입수해서 그 회사 현금흐름의 전반적인 모습을 개괄적으로 이해해보는 것이 분석 1단계이다.

현금흐름표의 전체모습을 개관하기 위해서는 여러 절차를 밟을 필요가 있다. 첫째는 분석회사의 연령, 산업(업종) 및 규모에 의해 회사의 상황을 파악한다. 우리는 성숙단계에 속한 회사가 초기시작단계에 속한 회사의 현금흐름 모습과 다를 것이며, 서비스 산업에 속한 회사는 제조업에 속한 대규모 회사의 현금흐름 모습과 다를 것으로 예상할 수 있다. 대규모 회사들은 특정 연도에 현금흐름이 감소하는 것을 경험할 수도 있으나, 이들 회사들은 거액의 현금흐름 보유하고 있거나 조달할 수 있기 때문에 곧바로 개선시킬 수 있는데 반해, 대규모 회사처럼 방대한 자원을 보유하고 있지 않은 소규모 회사들은 현금흐름이 감소추세를 보일 경우 대단히 우려할만한 일이 된다.

전체 모습을 개괄적으로 분석할 때의 핵심 부분은 재무건전도에 대한 핵심 요약수치인 당기순이익을 살펴보는 것이다. 현금흐름표가 간접법으로 작성되고 있다면, 여러분들은 당기순이익을 현금흐름표의 영업활동부분 첫 번째 줄에서 발견하게 될 것이다. 그러나 직접법으로 작성된 현금흐름표라면 현금흐름표의 주석항목으로 첨부된 자료인 당기순이익과 영업활동 현금

흐름의 조정명세표를 이용하거나, 손익계산서를 살펴보면 된다. 당기순이익을 살펴보면서 그 금액이 얼마나 되는지, 과거 몇 년 동안 흑자나 적자를 보이고 있는지, 그리고 그 추세는 증가 또는 감소를 보이고 있는지 등을 확인해보아야 한다. 이러한 점들은 현금흐름표를 분석할 때도 마찬가지임을 명심해야 한다. 또한 여러분이 궁극적으로 알고 넘어가야 할 이례적 특이항목들에 대해서는 과거 3년분의 수치를 살펴보아야 한다.

3) 분석 제2단계: 영업현금 창출능력 분석

영업활동 현금흐름부분에서 회사의 현금흐름 창출능력이 어떤 정도인지를 파악할 수 있다. 이러한 현금흐름 창출능력이 효과적으로 작동될 때, 영업활동에 필요한 현금소요액을 충당할 수 있는 현금흐름이 창출되게 된다. 또한 이러한 영업활동에서의 현금흐름 창출능력은 진부화된 설비를 대체하고, 배당금을 지급하는 것과 같은 정규적인 현금지출에 필요한 현금흐름을 창출하게 된다.

물론 여기에도 예외는 존재한다. 예를 들어 창업초기에 속한 회사들은 대개 현금창출동력이 완전 가동단계에 들어서지 못하기 때문에 영업활동에서 부(−)의 현금흐름을 창출하는 경우가 많다. 경기 주기에 영향을 받는 업종에 속한 회사는 침체기에 해당하는 사업연도에는 부(−)의 현금흐름을 창출할 수도 있다. 또한 대규모의 노사분쟁을 겪은 연도에도 부(−)의 현금흐름을 창출하는 경우가 많을 것으로 예상할 수 있다.

영업활동에서 현금흐름이 특정 사업연도에 부(−)의 현금흐름을 창출한다고 해서 크게 걱정할 사안은 아니지만 평균적으로 볼 때 정(+)의 현금흐름을 창출하는 것이 정상인 것이다.

현금흐름 창출능력을 평가하기 위해서는 먼저 영업활동 현금흐름이 0보다 얼마나 큰 금액인지를 관찰하여야 한다. 또한 영업활동 현금흐름이 증가추세를 보이는지, 아니면 감소추세를 보이는지를 살펴보아야 한다. 영업

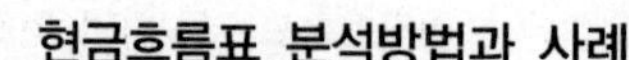

활동 현금흐름이 정(+)의 현금흐름이라고 가정한다면, 그 다음 확인해야 할 것은 중요하고 정규적인 지출항목에 충당할 정도의 충분한 현금흐름이 되는지에 대한 것이다.

창업초기 단계에 속한 회사로부터 정(+)의 영업활동 현금흐름을 기대하기가 어렵듯이, 마찬가지로 급속도로 성장하는 단계에 있는 회사로부터도 회사를 급속도로 확장시키는데 필요한 투자 자금에 충당할 수 있는 정도의 충분한 자금을 영업활동에서 창출할 수 있을 것으로 기대하는 것은 무리이다.

그러나 성숙단계에 속한 회사에게서는 영업활동으로부터 회사를 전체적으로 유지하는데 드는 현금흐름을 충분히 창출할 수 있을 것으로 기대할 수 있다. 회사를 전체적으로 유지하는데 드는 현금흐름에는 주주들이 기대하는 연간 배당금을 지급하는데 필요한 현금과 수명이 다 되었거나, 낡은 또는 기술적으로 진부화 상태인 설비자산을 대체하는데 소요되는 투자금액이 포함된다.

회사의 설비자산을 전체적으로 현상 유지하는데 소요되는 현금흐름을 정확히 측정한다는 것은 대단히 어려운 문제이다. 현금흐름표에서는 대체 및 경신을 위한 자본적 지출과 확장을 위한 자본적 지출을 구분해서 보고되지 않기 때문이다. 그러나 연간 감가상각비 규모를 통해서 매년 대체하는데 소요되는 설비자산의 대략적인 금액을 간접적으로 추산하는 것이 가능하다. 물가가 상승하는 기간에는 자산을 대체하는 원가는 현재 자산의 원가를 기준으로 계산되는 감가상각비 금액보다 어느 정도는 더 많아야 할 것이다. 그렇기 때문에 회사가 전체적으로 현상유지가 가능하고 축소되지 않기 위해서는 설비자산의 구입과 관련된 투자활동 부분이 감가상각비 규모를 초과하고 있어야 한다.

한편 현금흐름 창출능력에 관한 중요한 정보는 영업활동과 관련된 운전자본 항목의 변동액에서 살펴볼 수 있다. 이 회사의 영업활동 부분을 보면, 영업활동 관련 자산과 부채의 변동이란 표제하에 표시되고 있다. 건전하고

성장 발전하는 회사에서는 예를 들어 재고자산과 매출채권 그리고 매입채무 및 기타 영업관련 채무와 같은 영업활동 관련 운전자본 항목의 증가를 예상할 수 있다. 분명히 기간별로 운전자본 계정의 변동성이 나타난다.

회수정책을 개선하고 재고관리를 적시 구매(JUST IN TIME) 방식으로 실시하게 되면 성장하는 단계에 있는 회사라도 매출채권과 재고자산의 규모가 축소하게 된다. 그러나 평균적으로 보면, 재고자산, 매출채권 및 매입채무는 대개 성장하는 회사에서는 증가 형태를 보이는 것이 일반적이다. 모든 운전자본계정이 영업활동 현금흐름을 증가시키는 상황을 경계하여야 한다. 이러한 상황은 건전하고 성장 발전하는 회사에서는 이유없이 발생하지는 않는다. 이러한 상황은 보통 의도적인 경영자의 행동에 의해서 초래되는 것으로, 경영자가 운전자본계정을 회사의 생존 차원에서 어쩔 수 없이 활용할 수밖에 없는 경우이며, 회사의 현금흐름위기가 발생한 것을 의미할 수 있다.

4) 분석 제3단계: 투자 및 재무활동에 대한 분석

이 단계는 영업활동 이외의 부분에서 긍정적인 신호와 부정적인 신호를 찾아보기 위해 현금흐름표를 살펴보는 것을 포함한다. 여러분이 주시하여야 할 것은 현금흐름표가 여러분에게 전달하고자 하는 내용이다. 이는 단순하게 신령한 계시를 통해 오는 것이 아니라, 현금흐름표상의 항목에 대한 체계적인 관찰과 비교를 위해 제시된 여러 연도 동안의 자료에 나타난 추세분석을 통해서 파악할 수 있다.

투자활동 현금흐름부터 시작해보자. 먼저 회사가 투자활동에서 현금흐름을 창출하고 있는지, 아니면 사용하고 있는지에 대해 체계적으로 관찰할 필요가 있다. 우리가 영업활동 현금흐름을 정(+)이길 기대하는 것처럼, 마찬가지로 건전한 기업은 계속해서 회사의 확장을 위해서 그리고 수명이 끝나거나 기술적으로 진부화된 자산의 대체를 위해서 설비자산에 투자하여야 한다는 것을 기대한다. 회사가 종종 더 이상 필요가 없는 자산을 매각하는 경우가 있지만, 매각 처분하는 자산보다는 구입하는 자본자산이 더 많은 것이 정상적이다.

그 결과로 우리는 일반적으로 투자활동 현금흐름이 부(−)일 것을 기대한다. 영업활동처럼 회사가 사업부서나 종속회사를 매각처분하는 경우에는 예외가 발생할 수가 있다. 그러나 사업부분을 매각처분해서 현금의 대부분을 창출하는 회사는 실질적으로 사업규모가 축소되기 시작하는 회사이기 때문에 경계를 하여야 한다.

재무활동 현금흐름은 건전한 기업도 정(+)일 수도 있고, 부(−)인 경우도 있다. 더욱이 재무활동 현금흐름은 매년 변동적이기 쉽기 때문에 긍정적인 내용이나 부정적인 내용을 찾아내기가 쉽지 않다. 긍정적인 내용이나 부정적인 내용을 찾아내기 위해서는 재무활동 현금흐름을 현금흐름표상의 다른 정보와 관련시켜서 검토하고, 그 결과 확보한 증거와 여러분 각자의 판단을 적절하게 비중을 두어 도출한 결론에 토대를 두는 것이 필요하다.

한 회사가 현금을 차입하거나 주식을 발행하였다고 가정하자. 긍정적 시나리오는 회사가 레버리지(부채의존도)와 자본조달비용을 신중하게 분석한 다음 영업활동 현금흐름보다는 부채나 자기자본으로 자금조달하는 방법을 선택한 것으로 보는 것이다. 또 하나의 긍정적 시나리오는 신생기업의 경우 주식 상장이 가능할 정도로 상황이 양호한 것으로 보는 것이다. 반면에 부정적 시나리오는 회사의 영업활동 현금흐름 수준이 낮거나 부(−)의 수준이어서 다른 원천에서 자금조달을 하지 않을 수 없는 경우에 처한 것으로 보는 것이다.

재무활동 현금흐름이 긍정적인 내용 범주에 포함되는지 아니면 부정적인 내용 범주에 포함되는지를 평가하기 위해서는 전체 입장에서 살펴보아야 한다.

5) 분석 제4단계: 종합분석 및 결론 도출

현금흐름표를 평가하는 경우 그 동안 분석과정을 통해 얻은 다수의 부분적 증거를 평가하면서 전체 모습을 그려내게 된다. 그러나 확보한 모든 증거가 모두 긍정적이거나 부정적인 것으로 판명되는 경우는 거의 많지 않다. 균형 잡힌 평가를 위해서는 현금흐름표에서 확인한 긍정적인 내용과 부정적인 내용 모두를 사용하여야 한다.

전체적인 결론에 도달하기 위해서는 각 부분적인 증거들의 상대적인 중요도를 판단하고, 전체 모습과의 관련성을 평가하여야 한다. 법률적 사례와 마찬가지로 여러분의 결론은 증거의 비중에 토대를 둘 필요가 있다.

전체적인 평가를 진행하기에 앞서서 간과할 수 없는 것은 현금흐름표 전체를 일별하면서 발견하였던 비정상적인 항목에 대한 이해와 평가를 거쳐야 되는 점이다. 비정상적인 항목의 예로는 회계변경으로 인한 누적효과와 구조조정활동 비용 같은 항목을 들 수 있다. 이러한 항목은 때때로 전문가의 도움을 필요로 하기도 하는데, 이러한 항목을 대개는 연차보고서의 다른 재무제표에 있는 관련 내용을 통해서 생각해볼 수 있다.

이례적인 항목이나 잘 모르는 항목에 대해 그 내용을 파악할 지는 주관적인 요구사항이다. 예를 들어 구조조정비용 차액이 큰 금액이던가, 또는 증가되고 있다면 그 내용 파악을 위해 더 많은 정보를 검색할 필요가 있다. 여러분이 이해하고 있지 못한 어떤 항목에 직면해 있다면 그 항목의 중요성을 고려해야 한다. 그 항목이 영업활동 현금흐름에 중대한 효과를 미치는 것이라면, 또는 그 항목이 현금의 주된 원천이나 용도의 하나로 위치하고 있다면, 그 내용을 파악하기 위해 노력을 할 필요가 있다. 그런 항목이 아니라면 그 항목을 무시하고 여러분이 알고 있는 많은 항목에 집중하는 것이 더 능률적일 수 있다.

한편 여러분이 어떤 회계정보이용자이냐에 따라서 관심을 가질 항목이 달라질 수 있다.

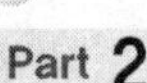

회사의 급여 지급능력에 관심을 가지고 있는 종업원이라면 영업활동에서 창출되는 현금흐름의 건전도를 살펴보아야 할 것이다. 만일 여러분이 방금 전에 여러분의 거래회사에서 공표한 금년도 재무제표에서 당기순손실이 보고된 것을 알고, 앞으로 계속해서 거래회사와 신용거래를 해야 할지에 대해 궁금해 하는 공급회사라고 하자. 이 경우 거래회사의 영업활동 현금흐름을 자세히 분석하면 손익계산서에 당기순손실이 보고되고 있을지라도 거래대금을 갚을 수 있는 영업활동을 통한 강력한 현금창출능력을 보유하고 있는지를 알 수 있게 된다.

당신이 주주라면 여러분은 회사를 전체적으로 현상 유지시킬 뿐만 아니라 여러분이 기대하는 만큼의 배당금을 지급하면서 설비자산에 투자할 정도의 영업활동을 통한 현금창출능력을 가지고 있는지 즉, 잉여현금흐름에 관심을 가지게 될 것이다. 당신이 경영자라면 영업활동, 주식발행 및 차입과 같은 현금의 모든 주된 원천에서 여러분 회사의 확장을 위한 주요한 사업계획을 실시하는데 소요될 자금을 충분히 충당될 수 있는지에 관심을 가지게 될 것이다. 여러분이 현금흐름표 분석 방법에 숙달될수록 현금흐름표를 통해서 원하는 정보를 더 많이 획득할 수 있게 될 것이다.

물론 현금흐름표에 포함된 정보가 전통적인 재무제표인 재무상태표와 손익계산서를 대체할 수 없다는 점을 명심해야 한다. 그러나 이익과 장·단기 현금 창출능력간의 관계를 이해하는데 귀중한 기본 자료를 현금흐름표가 제공해준다는 사실도 명심할 필요가 있다.

2. 비율분석을 통한 현금흐름표 분석

최근 들어 현금흐름정보의 유용성에 대한 관심이 높아지고 또한 현금흐름표의 작성이 제도화됨에 따라 재무상태표와 손익계산서로부터 비율을 산

출해서 재무제표분석에 이용하는 것처럼 현금흐름표에서도 현금흐름에 관련된 비율을 산출하여 이 비율을 가지고 기업의 재무적 결과에 대한 심층적인 분석을 시도하고자 하는 움직임이 나타나고 있다.

현금흐름표와 관련된 표준화된 비율은 아직 존재하고 있지 않다. 대차대조표와 손익계산서의 경우와는 달리 제도화되어 공표되기 시작한 역사가 짧은 데 그 원인이 있을 것으로 생각된다.

현재까지 제안되고 있는 현금흐름에 관련된 비율 가운데 최근에 회계학 교과서에 등장하기 시작한 비율을 소개하고자 한다. 대부분의 비율이 영업활동으로 인한 현금흐름과 관련이 되어 있다. 그 이유는 영업활동에서 창출된 현금흐름이 가장 중요한 현금흐름의 원천이란 점과 발생주의에 따라 손익계산서상에 보고되는 당기순이익이 조작될 수 있는 여지가 많이 있는 수치인데 반해, 영업활동으로 인한 현금흐름은 객관적인 사실을 나타내는 신뢰할 수 있는 성과측정치인 점에서 찾을 수 있다.

1) 현금흐름수익성을 측정해주는 비율

(1) 주당현금흐름비율

주당현금흐름비율(cash flow per share of common stock ratio)의 산식은 다음과 같다.

$$\text{주당현금흐름} = \frac{\text{영업활동 현금흐름}}{\text{보통주의 가중평균유통주식수}}$$

주당현금흐름은 주당순이익이 보통주 1주에 귀속되는 당기순이익인 것처럼 보통주 1주에 귀속되는 영업활동 현금흐름의 크기를 나타낸다. 즉,

분자에 발생주의에 따른 당기순이익 대신에 현금주의에 따른 순이익인 영업활동 현금흐름을 사용함으로써 기업의 지급능력을 평가할 수 있게 해주고 있다.

이 비율은 기업의 배당금과 부채의 지급능력을 판단하는데 사용되고 있는 비율로써, 이 비율이 높을수록 배당금 및 부채의 지급능력은 양호한 것으로 판단한다.

(2) 현금흐름이익률

현금흐름이익률(cash flow margin ratio)의 산식은 다음과 같다.

$$\text{현금흐름이익률} = \frac{\text{영업활동 현금흐름}}{\text{순매출액}}$$

현금흐름이익률은 매출액순이익률 산식의 분자에 나타나 있는 당기순이익 대신에 영업활동 현금흐름으로 대체해서 만든 것으로 매출의 현금수익성을 측정한다.

이 비율은 기업의 전체적인 효율성과 경영성과를 측정하는 것으로써 매출을 통하여 현금을 창출하는 기업의 능력을 나타낸다. 매출을 통하여 얼마만큼의 현금을 창출하였는가에 대한 측정치는 매우 중요하다. 왜냐하면 기업이 부채의 상환, 배당금의 지급 및 설비투자를 위해서는 현금이 필요하기 때문이다. 현금흐름이익률은 높을수록 매출을 통한 현금창출능력이 양호한 것으로 판단하며, 매출액순이익률보다 높을 때 이익의 질이 양호한 것으로 평가한다.

(3) 총자산현금이익률

총자산현금이익률의 산식은 다음과 같다.

$$\text{총자산현금이익률} = \frac{\text{영업활동 현금흐름}}{\text{평균총자산}}$$

이 비율은 기업이 보유하고 있는 자산을 이용해서 얼마나 영업활동 현금흐름을 효율적으로 창출시켰는지를 측정하는 비율로 총자산이익률(또는 투자수익률)를 보완하는 비율이다. 영업활동 현금흐름은 배당금을 지급하고 투자활동에 사용할 수 있는 자금이기 때문에 이 비율은 높을수록 바람직하다. 그리고 이 비율이 총자산이익률보다 높게 나타날 때 이익의 질이 우수한 것으로 평가할 수 있다.

예제 3-1 자산의 현금수익성과 성장성 평가

다음의 자료를 가지고 두 회사의 1999년도 자산의 현금창출능력과 성장성을 평가해보자.

(단위 : 10억달러)

	K마트	Wal마트
영업활동 현금흐름	1,237	7,580
투자활동 현금흐름	(795)	(4,418)
평균총자산	13,862	47,690
기말자산	14,166	49,996

총자산현금이익률과 투자증가율(투자활동 현금흐름/기말자산합계)을 계산하면 다음과 같다.

$$\text{총자산현금이익률} = \frac{1,237}{13,862} = 0.09 \qquad \frac{7,580}{47,690} = 0.16$$

$$\text{투자증가율} = \frac{795}{14,166} = 0.06 \qquad \frac{4,418}{49,996} = 0.09$$

총자산현금이익률을 계산한 결과 K마트는 0.09(9%), Wal마트는 0.16(16%)으로 나타나고 있어 Wal마트가 자산을 이용해서 더 많은 현금흐름을 창출시키고 있음을 알 수 있다. 이에 따라 Wal마트가 자산에 대한 확장투자를 할 유인을 더 갈게 될 것으로 예상할 수 있다. 이는 투자활동으로 인한 현금흐름를 기말자산합계로 나눈 비율을 비교해보면 알 수 있다. 계산한 결과 K마트는 기말자산의 0.06(6%), Wal마트는 기말자산의 0.09(9%)를 투자한 것으로 나타나고 있어, Wal마트가 자산에 더 많이 투자하고 있음을 보여주고 있다. 결국 Wal마트가 더 양호한 자산의 현금흐름 창출능력을 바탕으로 K마트보다 더 빠른 속도로 성장하고 있다고 말할 수 있다.

총자산현금이익률을 더 정확하게 측정하기 위해서는 다음과 같이 산식을 변형해서 사용하기도 한다.

$$\text{총자산현금이익률} = \frac{\text{영업활동 현금흐름} + \text{이자지급액}}{\text{평균총자산}}$$

위 식의 분자를 보면 이자지급액을 영업활동 현금흐름에 가산하고 있는데 이는 총자산이익률의 계산시 당기순이익에 이자비용을 가산한 방식을 따른 것이다.

이 방식의 논리는 총자산현금이익률이 경영자의 영업의사결정에 대한 경영성과를 측정하기 위하여 만들어진 것이기 때문에, 영업성과를 정확히 측정하기 위해서는 재무의사결정의 결과일 뿐만 아니라, 영업활동 현금흐름을 계산하는 과정에서 이미 차감된 이자지급액은 다시 가산해서 계산되어야 한다는 것이다. 즉, 확보된 자산의 운용을 얼마나 성공적으로 잘 수행

했는지에 대한 경영자의 영업성과를 정확히 측정하기 위해서는 자산확보에 필요한 자금조달과 관련된 재무의사결정의 영향을 제외시키자는 것이다.

2) 이익의 질을 측정해주는 비율

(1) 매출액 질 비율(Quality of Sales Ratio)

매출액의 질에 대한 우열을 평가하는 이 비율의 산식은 다음과 같다.

$$\text{매출액 질비율} = \frac{\text{매출로부터의 현금유입액}}{\text{순매출액}}$$

매출로부터의 현금유입액은 직접법에 따른 현금흐름표에서는 공시되고 있기 때문에 직접 알 수 있다. 그러나 간접법의 경우에는 직접 공시되고 있지 않기 때문에 추산해 낼 수밖에 없다. 추산하는 방식은 다음과 같다.

매출로부터의 현금유입액 = 매출채권기초잔액 + 매출액 − 매출채권기말잔액

매출액 질 비율의 측정치가 1.0보다 현저하게 차이가 날 경우 심도있는 추가분석을 하지 않으면 안 된다. 다른 조건이 동일하다면 매출액으로부터 회수된 현금유입액이 많은 기업이 그렇지 않은 기업보다 더 유리한 위치에 있다는 것은 당연하다. 왜냐하면 이는 수익거래의 최종적 실현이 이루어졌을 뿐만 아니라, 매출채권에 대한 투자가 최소화되었다는 것을 의미하기 때문이다.

이 비율은 특히 수익인식을 보수적으로 하지 않는 기업이나, 회계담당자

의 주관적인 판단이 요구되는 수익인식정책을 채택하는 기업을 분석하는 데 유용하다. 예를 들어 어떤 기업의 매출액 질비율이 여러 기간에 걸쳐서 계속 하락하고 있다면 이는 이 기업이 신뢰할 수 없는 회계적 판단을 이용해서 수익을 앞당겨 계상하거나 허위로 계상하는 방식에 의해 이익을 부풀리고 있지 않은가 하고 의심해 볼 필요가 있다.

또한 매출액 질비율은 기업의 대금회수성과를 반영하고 있다. 만약 어떤 기업이 거래처(또는 소비자)가 충족시켜야 할 신용기준을 대폭 완화시키는 의심스러운 전략을 사용해서 매출액을 증가시켰다고 하자. 완화된 신용기준에 따라 거래를 체결하게 된 거래처(또는 소비자)들은 정상적인 신용기준에 부합하는 거래처에 비해 대금지급을 연체할 가능성이 많을 것이다. 이러한 실상은 매출액 질비율의 하락에 의해서 여지없이 드러나게 된다.

예제 3-2 매출액 질비율 계산과 평가

일부회사 가운데 수익을 앞당겨서 인식・계상하는 회사가 있다. 이러한 식의 회계처리는 매출액과 순이익을 모두 과대계상시키는 결과를 초래하게 된다. 매출액 질비율이 이러한 상황을 적발할 수 있게 해주는 유용한 도구가 될 수 있다.

(단위 : 백만달러)

	캠브리지 바이오테크	켄달스퀘어
매출채권		
기초잔액	5,951	804
기말잔액	10,520	2,785
매출액	28,981	10,066

미국의 소프트웨어 산업에 속한 두 회사의 매출액질비율을 계산하여

분식의 가능성을 확인하여 보자. 먼저 매출대금 회수액을 구한 다음에 매출액 질비율을 계산해보자.

(단위 : 백만달러)

	캠브리지 바이오테크	켄달스퀘어
매출액	28,981	10,066
가산:매출채권 기초잔액	5,951	804
차감:매출채권 기말잔액	(10,520)	(2,785)
매출대금 회수액	24,412	8,085
÷매출액	28,981	10,066
=매출액 질비율	0.84	0.80

두 회사의 비율은 모두 1 이하의 값을 나타내고 있다. 이런 경우 매출의 과대계상 가능성에 대해 심도있는 조사를 해보아야 한다.

(2) 이익 질 비율(Quality of Income Ratio)

이익 질의 우열을 평가하는데 사용되는 이 비율의 산식은 다음과 같다.

$$\text{이익 질비율} = \frac{\text{영업활동 현금흐름}}{\text{당기순이익}}$$

이익 질 비율은 당기순이익 가운데 현금으로 실현된 부분이 얼마나 되는지를 측정한다. 매출액 질 비율과 마찬가지로 이 비율도 1.0 이상 되는 것이 바람직하다. 이익 질 비율은 대체로 1.0을 초과하는 경향이 있다. 그 이유는 분모인 당기순이익을 계산하는 데는 감가상각비가 차감되는데 반해,

분자인 영업활동 현금흐름에는 기존설비자산을 대체하는데 소요된 현금유출액이 차감되어 있지가 않기 때문이다. 이익 질비율도 매출액 질 비율처럼 측정치가 1.0에서 훨씬 미달될 경우에는 심도 있는 추가분석을 실시하지 않으면 안 된다.

매출액 질을 설명하는 가운데 수익인식에는 회계담당자의 주관적 판단이 많이 개입된다는 점을 지적한 바 있다. 이러한 점은 비용을 인식하는 데도 마찬가지이다. 비용배분을 위한 여러 대체적 회계처리방법이 허용되고 있는 것이 현실이며, 기업은 이중 한 방법을 선택해서 사용할 수 있는 재량권을 가지고 있다.

이익 질 비율은 기업의 회계상 판단이 얼마나 보수적인지, 아니면 비보수적인지에 대한 전체적인 측정치를 제공한다. 이익 질 비율이 높을수록 보수적인 회계판단을 하고 있는, 즉 순이익을 가능한 적게 계상하려는 기업이라고 볼 수 있다. 반대로 이익 질이 낮을수록 낙관적으로 회계판단을 하고 있거나, 회계조작(분식이라고도 함)을 통해서 가공의 이익이 계상되는 방식으로 순이익을 가능한 부풀려서 과대계상하고 있는 기업일 가능성이 농후하다. 그러나 기업이 큰 폭으로 성장을 하고 있을 때에는 매출이 증가함에 따라 매출채권과 재고자산이 매입채무보다 더 빠른 속도로 증가되기 때문에 영업활동으로 인한 현금흐름이 당기순이익보다 적게 계상되어 이 비율이 낮게 나타날 수 있다. 물론 반대의 상황(성숙기, 매출의 감소)일 때는 이 비율이 높게 나타날 것이다. 이 밖에도 계절적 요인과 영업활동에 관련된 자산과 부채의 비효율적인 관리에 의해서도 이 비율이 낮게 나타날 수 있다.

예제 3-3 순이익 질비율 계산과 평가

매출액 질비율과 함께 순이익 질비율도 의심스러운 회계처리와 관련된 상황을 적발하는데 유용하다. 다음의 미국의 소프트웨어 산업에 속한 실제회사에 적용하여 보자.

(단위 : 백만달러)

	캠브리지 바이오테크	켄달스퀘어
영업활동 현금흐름	(5,696)	(27,194)
당기순이익(순손실)	348	(21,619)

$$\text{순이익 질비율} = \frac{(\$5,696)}{\$348} = -16.37 \qquad \frac{(\$27,194)}{(\$21,619)} = 1.26$$

캠브리지회사의 순이익 질비율이 −로 나타나고 있는데 이는 −의 분자와 +의 분모 때문이다. 이는 이 회사가 +의 당기순이익을 발생시킨 반면에 영업활동을 통해서 현금흐름을 창출시키지 못하고 오히려 영업활동에 현금을 더 많이 사용했음을 의미하는 것이다. 이 회사의 비율이 지나치게 높게 나타나고 있는데 재무제표이용자들은 이에 대해 경계를 하지 않으면 안 된다.

켄달회사의 순이익 질비율은 해석하는데 조심하여야 한다. 비율 값만 보면 이 회사는 순이익보다 많은 현금을 창출하고 있음을 알 수 있다. 그러나 비율 값 1.26은 분자 분모 모두 −값으로부터 계산된 것이기 때문에 회사의 현금유출액이 당기순손실을 초과하고 있음을 나타내고 있다. 당기순손실과 −의 영업활동 현금흐름, 즉 영업활동에서의 현금유출액이 동시에 발생했다는 사실은 재무제표이용자가 극도로 경계를 하여야 할 상황인 것이다.

다음과 같은 비율은 분식결산의 가능성을 발견하는데 도움이 되는 것으로 알려져 있다.

$$이익\ 질비율 = \frac{당기순이익\ -\ 영업활동\ 현금흐름}{자산총계}$$

이 비율은 연도에 따라 +값과 −값을 나타내면서 0값 주변에서 맴도는 것이 정상적인 모습이라 할 수 있다. 그러나 이 비율 값이 계속해서 여러 연도 동안에 걸쳐서 +값을 나타내며, 그것도 점진적으로 증가추세 즉 악화되는 모습을 나타내면 재무적인 곤경과 재무제표 분식이 발생하고 있을 가능성이 높다. 이러한 상황은 당기순이익은 증가추세인데 반해, 영업활동 현금흐름이 감소 추세를 보이면 양 수치간의 격차가 점점 더 벌어질 때 나타나게 된다.

예제 3-4 순이익 질비율과 분식 적발

1995년과 1998년 사이에 분식을 저질렀던 기업에 대해 순이익 질비율을 적용해서 재무제표 분식 조짐을 발견해보자(단위는 1백만 달러이다).

연 도	당기순이익	영업현금흐름	자산총계
1995	$ 186.0	$ 14	$ 42
1996	22.3	(8)	89
1997	35.0	(49)	145
1998(3개월)	(32.0)		

비율 값을 계산해보면 1995년은 0.109{($ 186 − $ 14)/ $ 42 =

0.109}, 1996년은 0.510{(＄22.3+＄8)/＄89=0.50}, 1997년은 0.58 {(＄35+＄48.9)/＄145=0.58}로 계속 악화하면서 당기순이익과 영업활동 현금흐름 간의 격차가 점점 더 벌어지고 있음을 알 수 있다. 이 비율은 회사가 저지른 분식의 내용에 관한 정보를 제공하지는 못하지만 재무제표 분식 가능성이 높고, 당기순이익이 조작되고 있을 거라는 경고 신호를 분명히 보여준다고 볼 수 있다. 설령 분식이 자행되지 않았다 하더라도 이 회사는 심각한 재무적 곤경 속에 처해 있는 것은 분명하다. 어느 쪽이든 간에 이 비율은 회사가 처한 어려운 상황을 잘 보여주고 있다.(Fraud Examination, W. Steve Albrecht, South-Western, pp. 418~9, 2003 참고)

3) 현금흐름안전성(장단기지급능력)을 측정해주는 비율

(1) 현금흐름유동부채보상비율

이 비율은 현금흐름유동성비율(cash flow liquidity ratio)이라고도 하는데 산식은 다음과 같다.

$$현금흐름유동부채보상비율 = \frac{영업활동\ 현금흐름}{평균유동부채}$$

위 식에서는 분자, 즉 영업활동 현금흐름이 동태적인 측정치이기 때문에 분모도 이에 맞추어서 유동부채의 기초와 기말잔액의 평균금액으로 동태적인 측정치로 바꾸어서 나타낸 것이다. 분모의 유동부채에는 단기차입금과 만기가 1년 이내로 변경된 비유동부채(장기차입금과 사채), 즉 유동성 장기부채만 포함시키고, 영업활동과 관련된 매입채무는 영업활동을 통해서 지급되기 때문에 제외시키기도 한다.

이 비율은 영업활동에서 창출된 현금흐름으로 당기에 상환할 부채를 어느 정도 충당하고 있는가를 측정하고 있는 것으로써, 이 비율의 측정치가 높을수록 단기부채상환능력이 우수한 기업인 것이다.

그러나 다음 산식과 같이 분모. 분자를 모두 현금흐름표에서 제공되는 정보를 가지고 완전한 동태적인 산식을 만들어서 부채의 지급능력을 측정할 수도 있다.

이 비율은 영업활동 현금흐름을 가지고 당기의 부채상환액을 몇 배나 보상하고 있는지를 측정한다.

$$\text{현금흐름부채보상비율} = \frac{\text{영업활동 현금흐름}}{\text{부채상환액}}$$

이밖에도 다음과 같은 산식을 통해 단기부채상환능력을 측정하기도 한다.

$$\text{현금흐름유동부채보상비율} = \frac{\text{현금예금} + \text{단기투자유가증권} + \text{영업활동 현금흐름}}{\text{유동부채}}$$

이 비율은 부채상환에 이용가능한 유동성이 가장 높은 자산인 현금예금 및 유가증권에 내부창출자금인 영업활동 현금흐름을 가산하고 이를 유동부채로 나누고 있다.

(2) 현금흐름이자보상비율

현금흐름이자보상비율(Cash flow lnterest coverage ratio)의 산식은 다음과 같다.

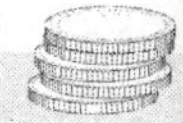

$$현금흐름이자보상비율 = \frac{영업활동\ 현금흐름 + 이자\ 및\ 법인세지급액}{이자지급액}$$

이 비율은 이자보상비율을 실제현금흐름정보로 바꾸어서 이자지급능력을 측정하고 있다. 실제로 이자는 당기순이익으로 지급되는 것이 아니고 현금으로 지급하는 것이기 때문에 현금흐름이자보상비율이 더 합리적인 이자지급능력측정비율인 것이다.

현금흐름이자보상비율은 채권자가 기업의 이자지급능력을 평가하는 데 유용하게 사용된다. 위의 산식의 분자를 보면 영업활동 현금흐름에다 이자 및 법인세지급액을 가산하여 이자와 법인세지급액차감전 영업활동으로 인한 현금흐름을 사용하고 있다. 이는 영업활동으로 인한 현금흐름을 계산하는 과정에서 이미 이자 및 법인세지급액이 차감되었기 때문에 이 금액을 다시 가산하여, 이자를 상환하는 데 사용가능한 정확한 영업활동 현금흐름을 계산하기 위해서 이다. 한편 법인세지급액이 가산되는 이유는 이자가 법인세보다 우선적으로 지급되는 것으로서 법인세지급을 하기 전의 영업활동 현금흐름은 이자지급액의 재원이 되기 때문이다.

이 비율은 이자와 법인세를 차감하기 전의 영업활동 현금흐름을 가지고 이자지급액을 몇 배나 갚을 수 있는 지를 측정하게 된다.

현금흐름이자보상비율이 1.0보다 높을수록 이자지급능력이 충분하다는 것으로, 이자지급을 이행하지 못할 위험이 그 만큼 없다는 의미이다. 이런 기업은 제때 이자지급을 이행할 것이기 때문에 원금상환기간이 도래할 때 부채를 차환하거나 만기가 연장될 가능성이 높을 것이다.

그러나 이 비율이 1.0에 가깝거나 그 이하인 기업은 영업활동 현금흐름 전부로 겨우 이자를 지급하고 있거나, 아니면 다 지급할 수 없어서 이자의 일부를 다시 부채로 조달한 현금이나 또는 자산을 매각처분해서 들어온 현금으로 갚아 나가고 있다는 의미이다. 이런 기업은 이자지급능력이 불량한 기업으로서 향후 차입능력에 문제가 있을 수 있다.

현금흐름이자보상비율이 부채의 원금 상환분을 제외하고 있기 때문에 기업의 장기지급능력을 측정하는 데는 불충분하다는 비판이 제기 되고 있다. 이에 따라 다음과 같은 비율이 대체적인 비율로 사용될 수 있다.

$$\text{현금흐름이자원금보상비율} = \frac{\text{영업활동 현금흐름} + \text{이자 및 법인세지급액}}{\text{이자 및 원금상환액}}$$

(3) 현금흐름총부채보상비율

현금흐름총부채보상비율(Cash flow debt coverage ratio)의 산식은 다음과 같다.

$$\text{현금흐름총부채보상비율} = \frac{\text{영업활동 현금흐름}}{\text{평균총부채}}$$

이 비율은 영업활동 현금흐름으로 기업의 총부채를 얼마나 상환할 수 있는 지를 측정한다. 기업은 영업활동을 통해서 대체로 안정적으로 유동부채를 발생시키고 또한 상환하고 있다. 그리고 영업활동 현금흐름을 가지고 비유동부채를 상환하거나 기타 목적에 이용할 수 있다. 따라서 이 비율이 높을수록 부채를 상환하는데 이용할 수 있는 영업활동 현금흐름이 충분하다는 의미이기 때문에 이런 기업의 장기지급능력은 양호한 것으로 볼 수 있다.

이 비율은 기업의 신용분석에서 기업의 재무적 융통성(Financial Flexibility)을 검토하는데 사용되고 있다. 재무적 융통성은 불황이나 파업 등 예상하지 못한 곤경이나 새로운 사업기회가 생겼을 때 이에 탄력적으로 신속하게 현금을 동원해서 대응조치를 취할 수 있는 기업의 현금창출능력을 말하는

데, 역시 이 비율이 높을수록 재무적 융통성도 뛰어나다고 볼 수 있다.

위의 산식의 분모 분자를 다음과 같이 바꾸어서 사용하기도 한다.

$$총부채상환소요기간 = \frac{평균총부채}{영업활동\ 현금흐름}$$

이 비율의 측정값은 소요기간의 의미로 해석할 수 있다. 즉, 현재 수준의 영업활동 현금흐름으로 총부채를 상환할 경우 얼마의 기간이 소요될 것인가를 의미한다고 볼 수 있다. 따라서 이 비율은 낮게 나타날수록 부채상환에 소용되는 기간이 단축된다고 볼 수 있기 때문에 기업의 부채상환능력이 양호하다고 볼 수 있다.

예제 3-5 장기부채상환능력과 재무적 융통성 평가

다음의 자료를 가지고 두 회사의 부채상환능력과 재무적 융통성을 평가해보자.

(단위 : 백만원)

	A회사	B회사
영업활동 현금흐름	200,000	100,000
평균총부채	600,000	800,000
평균총부채만기	3년	4년

총부채보상비율과 총부채상환소요기간을 계산하면 다음과 같다.

$$총부채보상비율 = \frac{200,000}{600,000} = 0.33 \qquad \frac{100,000}{800,000} = 0.13$$

$$총부채상환소요기간 = \frac{600,000}{200,000} = 3년 \qquad \frac{800,000}{100,000} = 8년$$

A회사는 현재의 영업활동 현금흐름으로 총부채의 0.33(33%)을 상환할 수 있으며, 현재 수준의 영업활동 현금흐름을 전액 부채상환에 사용할 경우 3년이 소요될 것으로 예상된다. 이 기간은 회사의 평균총부채만기인 3년과 일치되고 있어 현재 수준 이상의 영업활동 현금흐름이 창출된다면, 외부자금에 의존하지 않고 부채상환을 할 수 있음을 보여준다. 따라서 이 회사는 부채상환능력이 양호하고, 필요시 추가로 외부자금을 조달할 수 있는 재무적 융통성도 높다고 평가할 수 있다.

반면에 B회사는 현재의 영업활동 현금흐름으로 총부채의 0.13(13%)을 상환할 수 있으며, 현재 수준의 영업활동 현금흐름을 전액 부채상환에 사용할 경우 8년이 소요될 것으로 예상된다. 이 기간은 회사의 평균총부채만기인 4년보다 훨씬 긴 기간이어서 현재 수준 정도의 영업활동 현금흐름이 창출된다면, 외부자금에 의존하지 않고는 부채상환을 할 수 없음을 보여준다. 따라서 이 회사는 부채상환능력이 부실하고, 또한 내부창출자금이 부족해서 계속 외부자금을 조달할 가능성이 높기 때문에 재무적 융통성도 낮다고 평가할 수 있다.

현금흐름부채보상비율의 엄격한 대체적인 비율로 많이 사용되는 비율로 다음과 같은 비율이 있다.

$$\text{잉여현금흐름부채보상비율} = \frac{\text{영업활동 현금흐름} - \text{자본적 지출액}}{\text{향후 5년 동안 만기도래 부채의 평균상환액}}$$

이 비율에서는 세금과 이자비용 지급액 그리고 자본적 지출액을 차감하고 난 후의 잔액 즉, 잉여현금흐름(free cash flow)을 미래의 부채상환에 이용가능한 현금으로 보고 있다. 신규 고정자산에 대한 투자는 대부분의 기업에 있어서 필수적이기 때문에 재무분석가들은 기업이 기존의 비유동자

산을 대체하고 그리고 개량하고 난 후의 부채상환에 이용가능한 현금에 관심을 갖게 되는 것이다. 향후 5년 내에 만기가 도래하는 부채상환액은 비유동부채와 관련된 주석에서 발견할 수 있다. 이 비율 값이 1이상이면 부채상환에 충분한 현금흐름을 창출하고 있는 기업이라고 볼 수 있다. 그러나 당해 기업의 이전 연도의 비율과 동종 산업의 유사규모 기업의 비율 값과 비교해서 판단을 내려야 한다.

우리 나라의 경우 신용평가기관에 따라서 잉여현금흐름(Free Cash Flow)을 영업활동 현금흐름에서 자본적 지출만을 차감한 잔액으로 정의하거나, 영업활동 현금흐름에서 자본적 지출과 배당금을 모두 차감한 잔액으로 아주 보수적으로 정의를 해서 사용하고 있으며, 후자의 경우는 처분가능현금흐름(Discretionary Cash Flow)이라는 명칭을 부여해서 사용하는 신용평가회사(서울신용평가정보와 NICE신용평가)도 있다. 이렇게 측정한 잉여현금흐름은 차입금 또는 차입금에서 단기금융자산을 차감한 금액(순차입금이라 함)과 대비시킨 비율을 기업의 신용평가에 활용하고 있다.

$$\text{잉여현금흐름차입금보상비율} = \frac{\text{영업활동 현금흐름} - \text{자본적 지출액}}{\text{차입금(또는 차입금} - \text{단기금융자산)}}$$

$$\text{처분가능현금흐름차입금보상비율} = \frac{\text{영업활동 현금흐름} - \text{자본적 지출액} - \text{배당금}}{\text{차입금(또는 차입금} - \text{단기금융자산)}}$$

(4) 자본적 지출액 보상비율

경쟁력을 계속 유지하기 위해서는 기업은 적절한 시점에서 설비자산을 대체하거나 확장하지 않으면 안 된다. 기업의 설비투자능력을 평가할 수 있게 해주는 비율에는 다음과 같은 자본적 지출액 보상비율(Capital expenditure coverage ratio)이 있다.

$$\text{자본적 지출액보상비율} = \frac{\text{영업활동 현금흐름}}{\text{연간자본적지출액}}$$

분모의 자본적 지출에는 유형자산의 취득분만 포함시키기도 하고 또는 유형・무형자산의 신규취득과 기존자산의 증가분 그리고 타기업의 인수・합병대금도 모두 포함시키기도 한다.

이 비율이 1.0을 초과하고 있다면 이는 이 기업이 현재의 영업활동을 통해서 이 기업의 바람직한 설비수준을 유지하는데 필요한 현금자금 이상을 창출시키고 있다는 의미이다. 따라서 이 비율이 높을수록 비유동부채와 같은 외부자금에 대한 의존도가 낮기 때문에 재무적으로 건강한 기업이며, 재무적 융통성도 좋은 기업이라고 말할 수 있다. 한편 이 비율은 장기지급능력의 측정지표로 간주할 수도 있다. 왜냐하면 이 비율이 1.0을 초과하고 있다는 것은 필요한 자본적 지출 소요자금을 초과하는 영업활동 현금흐름이 남아 있다는 것을 의미하는 것으로써 이 자금은 비유동부채를 상환하는데 쓰일 수 있기 때문이다.

그러나 이 비율의 의미를 해석할 때 단순히 비율의 측정치 크기만을 가지고 해석해서는 오류를 범할 수 있다. 따라서 자본적 지출의 수준, 자본적 지출의 최근의 추세, 동일 산업내의 타기업 비율측정치, 아웃소싱(outsourcing) 이용여부 그리고 기업의 수명주기단계 등에 대한 종합적인 고려를 통해서 이 비율의 측정치를 바로 해석하지 않으면 안 된다.

자본적 지출의 수준을 파악하기 위해서는 다음과 같은 방식으로 비교해 보면 된다.

$$\text{자본적 지출액수준비율} = \frac{\text{연간자본적 지출액}}{\text{감가상각비} + \text{유형자산매각대금}}$$

즉, 자본적 지출액을 감가상각비와 유형자산매각대금을 합한 금액으로

나눈 값이 여러 기간에 걸쳐서 1.0 이상 나타나면, 기존의 유형자산에 대한 대체투자 이상의 수준으로 투자가 이루어져 기업이 성장하고 있다는 증거가 된다. 반면에 1.0 미만으로 나타나면 대체투자를 밑도는 수준의 투자가 이루어진다는 의미로 기업이 축소되고 있다는 위험신호인 것이다. 즉, 자본적 지출의 수준을 계속 감소시키게 되면 설비의 대체투자가 적절하게 이루어지지 않아서 결국에는 미래의 경쟁력이 상실되기 때문에 그렇다.

따라서 자본적 지출을 줄여서 이 비율의 측정치가 높게 나타난 것인지, 또는 감가상각비 이상의 자본적 지출 수준인데도 높게 나타난 것인지 여부를 반드시 확인할 필요가 있다.

생산의 일정수준을 아웃소싱에 의존하는 전략을 택하고 있는 기업의 경우는 자본적 지출의 수준이 그렇지 않은 기업에 비해 낮기 때문에 이 비율이 높게 나타날 것이다. 때문에 이런 사정을 감안하지 않고, 이 비율이 높다고 해서 무조건 양호한 것으로 판단하면 전혀 그릇된 판단이 될 수 있다.

또한 기업의 수명 주기상 초기단계, 즉 도입기와 성장기의 초반에 위치한 기업은 확장을 위한 급격한 설비투자가 대폭적으로 이루어지는 반면에 영업활동에서 창출되는 현금흐름은 부족하게 되는 경우가 많기 때문에 이 비율의 측정치가 낮게 나타나는 경우가 많다. 그러나 성숙기에 위치한 기업은 대규모 설비투자가 거의 완료된 상태여서 영업활동에서 창출되는 현금흐름이 풍부하기 때문에 이 비율의 측정치가 높게 나타날 것으로 기대된다. 따라서 기업의 수명주기도 이 비율을 해석할 때 반드시 고려할 필요가 있다.

그리고 자본적 지출액의 수준은 산업에 따라 차이가 많다. 자본집약적인 산업은 노동집약적인 산업에 비해서 자본적 지출액의 수준이 높을 수밖에 없다. 따라서 이 비율은 특정기업의 기간별 비교를 통해서, 또는 동일 산업 내의 경쟁기업과의 비교를 통해서 그 의미를 해석하여야 한다.

한편 자본적 지출액은 기간별로 변동성이 높기 때문에 단일 연도의 비율뿐만 아니라 3개 연도분 정도의 합산액을 이용한 비율 값과 함께 해석하는 것도 바람직하다.

예제 3-6 자본적 지출액보상비율의 평가

다음 롯데제과의 자료를 가지고 자본적 지출액보상비율을 계산하고 평가해보자.

	47기	46기	45기	3년 합산
영업활동 현금흐름	136,873	78,794	120,548	336,216
설비투자액	99,209	52,548	59,667	211,424
자본적지출액보상비율	1.38	1.50	2.02	1.59

롯데제과의 개별기간 및 3년 합산분에 대한 자본적 지출액보상비율은 모두 1.0 이상으로 자본적 지출액을 충당하고도 충분히 남을 정도로 영업활동을 통해서 충분한 현금흐름이 창출되고 있음을 보여주고 있다. 따라서 이 회사는 남은 현금을 부채를 상환하는데 사용할 수 있기 때문에 장기지급능력도 양호한 것으로 평가할 수 있다. 그러나 이 회사는 기업의 수명주기상 성숙단계에 위치하고 있기 때문에 이 비율이 높게 나타나는 것으로 보여진다.

이 비율의 대체적인 비율로 다음과 같은 것이 있다. 이 비율의 분자는 매출 등으로부터의 현금유입액에서 매입액. 급여. 이자 및 법인세 등으로부터의 현금유출액을 차감해서 계산된 결과인 영업활동 현금흐름(직접법의 계산방식임)에서 다시 주주에 대한 배당금을 차감하고 남은 일종의 내부현금 유보액을 사용하고 있다. 이는 배당금이 주주의 투자에 대한 대가로 이익에서 일부가 분배되고 나머지는 자산에 재투자된다는 점에 착안한 것 같다. 따라서 이 비율은 재투자할 수 있는 여유자금으로 설비를 대체하거나 확장하는 데 소요되는 자본적 지출자금을 얼마나 충당(또는 재투자)할 수 있는 지를 측정하고 있다.

$$자본적\ 지출액보상비율 = \frac{영업활동\ 현금흐름 - 배당금지급액}{자본적\ 지출액}$$

이 비율이 낮게 나타날 경우 이는 재투자할 내부여유자금이 부족하다는 의미이기 때문에 향후 내부창출자금을 증가시킬 방안과 배당금지급 규모를 축소하는 방안 등을 강구할 필요가 있을 것이다.

(5) 배당금보상비율

배당금보상비율(Cash flow dividend coverage ratio)의 산식은 다음과 같다.

$$배당금보상비율 = \frac{영업활동\ 현금흐름}{배당금지급액}$$

이 비율은 영업활동으로 인한 현금흐름이 배당금지급액의 몇 배에 해당되는 지를 측정하게 된다. 이 비율이 높을수록 배당금을 지급할 수 있는 충분한 현금흐름을 영업활동을 통해 창출하고 있는 우량기업이라고 볼 수 있다. 만약 이 비율이 1.0보다 작다는 것은 영업활동을 통해 조달된 현금으로 배당금을 전부 지급할 수 없을 정도로 내부창출자금이 부족해서 투자활동이나 재무활동을 통해서 조달된 현금(즉, 자산매각대금이나 외부조달자금)으로 배당금을 지급하였다는 것을 의미한다. 이 비율이 낮은 기업일수록 심각한 자금난을 겪고 있을 가능성이 많은 기업이기 때문에 현재의 배당금 지급수준의 적정성을 검토해서 그 규모를 축소하는 것이 바람직하다. 이 비율의 분자와 분모를 서로 바꾸게 되면 현금흐름배당성향(dividend payout)을 측정하는 산식이 된다.

$$현금흐름배당성향 = \frac{배당금지급액}{영업활동\ 현금흐름}$$

한편 배당금보상비율을 엄격하게 측정하는 대체적 비율로 다음과 같은 것이 있다.

$$배당금보상비율 = \frac{영업활동\ 현금흐름 - 부채상환액}{배당금지급액}$$

채권자에 대한 부채상환은 상환기간이 도래하였을 때 반드시 상환해야 할 강제적 의무사항인데 반해 주주에 대한 배당금지급은 이익의 분배로써 기업의 형편에 따라 임의로 결정할 수 있는 재량적 사항에 지나지 않는다. 이에 따라 부채상환이 배당금지급보다 우선적으로 해결해야 할 사항이기 때문에 부채상환액을 먼저 영업활동 현금흐름에서 차감시킨 잔액을 분자에 사용해서 이를 배당금지급액으로 나누어서 배당금보상정도를 측정하는 비율이 사용되기도 한다.

한편 부채상환액은 단기차입금과 유동성장기부채가 해당되는데, 단기차입금의 경우 대개 만기가 자동적으로 연장 또는 차환되는 것이 일반적이다. 따라서 이런 경우에는 단기차입금 상환액을 제외하고 유동성장기부채 즉, 비유동부채상환액만 포함시키는 것이 좋다.

이 비율은 1.0보다 클수록 부채를 상환하고도 영업활동한 현금흐름이 충분히 남아 있어서 주주에게 배당하는 데 아무 문제가 없는 지급능력이 매우 우량한 기업이라고 할 수 있다.

반대로 이 비율이 1.0보다 작을 경우 부채상환후의 영업활동 현금흐름을 가지고 현재 수준의 배당금을 지급할 수 없다는 의미이기 때문에 이런 기업의 배당금지급능력은 열악한 기업이라고 볼 수 있다. 이런 기업은 현재

의 배당금 지급수준의 적정성여부에 대해서 검토할 필요가 있다.

보통주에 대한 배당금보상비율을 측정하기 위해서는 다음과 같이 산식을 나타낼 수 있다.

$$\text{보통주배당금보상비율} = \frac{\text{영업활동 현금흐름} - \text{우선주배당금}}{\text{보통주배당금}}$$

(6) 자본적 지출 및 배당금보상비율

보통 자본적 지출액과 배당금 지급액을 영업활동 현금흐름으로 얼마나 충당하는지를 개별적으로 나누어서 측정하기도 하지만 자본적 지출액과 배당금 지급액을 합쳐서 이 두 항목을 영업활동 현금흐름으로 얼마나 보상하는지를 측정하는 비율도 많이 사용되고 있다.

$$\text{자본적 지출 및 배당금보상비율} = \frac{\text{영업활동 현금흐름}}{\text{자본적 지출액} + \text{배당금 지급액}}$$

(6) 잉여현금흐름비율

최근들어 투자자들에게 투자의 질과 기업의 건전도를 측정하는 지표로 잉여현금흐름의 수준을 측정하는 비율이 많은 인기를 끌고 있다. 이 비율은 영업활동 현금흐름과 비교해서 잉여현금흐름이 얼마나 되는지를 측정하며, 잉여현금흐름비중이 높을수록 회사의 투자 질과 재무건전도가 우량한 것으로 평가한다.

잉여현금흐름의 측정 방법은 여러 가지가 있다. 그 중 영업활동 현금흐름에서 자본적 지출액을 차감한 금액을 잉여현금흐름으로 정의할 경우, 그

의미는 현행자산규모의 유지와 미래 성장을 위한 신규자산의 취득을 위한 자본적 지출을 제공하고 난 후에 자본제공자(주주와 채권자)에게 분배하는데 사용할 수 있는 자금을 의미한다.

잉여현금흐름을 보수적으로 엄격하게 측정할 경우에는 배당금까지도 차감한 금액을 사용하기도 한다. 이 금액을 처분가능현금흐름(Discretionary Cash Flow)이라는 명칭으로 사용하는 신용평가회사도 있다. 이 측정치는 자본적 지출뿐만 아니라 배당금도 회사 유지와 발전을 위한 필수 지출항목으로 보는 관점을 반영한 것이다. 실제로 배당금의 축소나 일시 지급정지와 같은 이사회 결정은 주가에 악영향을 미치는 것으로 알려져 있다.

잉여현금흐름의 수준은 업종에 따라 영향을 받는 것으로 알려져 있다. 대체로 경쟁력을 계속 유지하기 위해서 신규설비투자를 지속적으로 높은 수준으로 해야 하는 항공, 철도, 전자통신업종에 속한 기업들은 다른 업종에 비해 잉여현금흐름 비중이 낮은 경우가 많다. 따라서 잉여현금흐름수준을 평가하는데 산업의 특성과 기업의 수명주기 등을 함께 고려해야 할 필요가 있다.

$$\text{잉여현금흐름비율} = \frac{\text{잉여현금흐름}}{\text{영업활동 현금흐름}}$$

예제 3-7 잉여현금흐름 수준의 평가

다음 3 회사의 자료를 가지고 잉여현금흐름 수준을 평가해보자.

	Apple	Coca-Cola	Verizon
매출액	$65,225	$35,119	$106,565
영업활동현금흐름	18,595	9,352	33,363

현상유지 자본적 지출	2,005	2,215	16,458
잉여현금흐름	$16,590	$7,137	$16,905
잉여현금흐름/영업활동 현금흐름	89%	76%	51%
잉여현금흐름/매출액	25%	20%	16%

요즘 분석가들은 대체로 기업의 재무 건전도를 측정하는데 영업활동 현금흐름보다는 잉여현금흐름을 더 많이 사용한다. 항공, 철도, 그리고 통신업종에 속한 기업들은 경쟁력을 계속 확보하기 위해 신규설비투자의 수준을 높게 유지하게 된다. 이러한 설비투자는 잉여현금흐름을 큰 폭으로 축소시키게 된다. 예를 들어 전자통신업종인 Verizon Communications Inc.의 잉여현금흐름은 영업활동 현금흐름의 51% 수준인데 반해 컴퓨터 업종인 Apple Inc.의 잉여현금흐름은 영업활동 현금흐름의 89% 수준인 것이 이를 잘 보여주고 있다. (Reeve의 Principles of Financial Accounting 2/e, p.716, 2014 내용 정리함)

(7) 현금흐름충분성비율

지금까지는 개별적인 항목에 대한 영업활동 현금흐름의 충분성을 측정하는 비율을 살펴보았다. 그러나 여러 가지 항목을 한꺼번에 포함시켜서 이에 대한 영업활동 현금흐름의 충분성을 종합적으로 측정해보는 것도 의미가 있을 것이다.

현금흐름충분성비율로는 다음과 같은 비율이 제안되고 있다.

$$\text{현금흐름충분성비율} = \frac{\text{영업활동 현금흐름의 5년분 합계}}{\text{자본적지출, 재고자산 증가, 현금배당금의 5년분 합계}}$$

이 비율은 기업이 자본적 지출과 재고자산 투자 및 현금배당금을 지급하는데 필요한 자금을 영업활동 현금흐름으로 얼마나 충당하고 있는 가를 측정하고 있다. 이 비율이 1.0이라면 이는 기업이 외부자금에 의존할 필요없이 일정한 성장수준을 달성하는 데 필요한 현금을 전액 영업활동에서 충당하고 있다는 뜻이다. 한편 이 비율이 1.0이하로 나타난다면 이 기업은 기업내부에서 창출한 현금으로 배당과 현재의 영업성장수준을 유지시키지 못하고 있다는 뜻이 될 것이다.

이 비율의 산식에는 5년분의 합계액이 사용되고 있는데, 이는 분모와 분자에 미치는 경기변동의 영향이나 현금흐름의 불규칙적인 변동에 따른 영향을 완화시키기 위해서이다. 그리고 계산시 주의해야 할 점은 재고자산의 경우 증가분만 포함되고 감소분은 포함되지 않는다는 점이다.

한편 이와 유사한 비율로 다음과 같은 것도 있다.

$$\text{현금흐름충분성비율} = \frac{\text{영업활동 현금흐름}}{\text{비유동부채상환액+자산구입액+배당금지급액}}$$

이 비율은 영업활동 현금흐름으로 비유동부채의 상환과 자산의 구입 그리고 배당금지급을 어느 정도 충당하고 있는지를 나타내고 있다. 이 비율을 계산하는 데도 3년 이상의 합계액을 사용하는 것이 바람직하다.

이 밖에도 현금재투자비율이라는 것이 있는데, 이의 산식은 다음과 같다.

$$\text{현금재투자비율} = \frac{\text{영업활동 현금흐름} - \text{배당금}}{\text{비유동자산+(유동자산} - \text{유동부채)}}$$

이 비율은 영업활동 현금흐름에서 배당금을 차감하고 남은 내부유보현금을 가지고 영업활동의 성장에 필요한 운전자본과 영업활동에 직접 사용

되는 비유동자산에 어느 정도 재투자되고 있는지를 측정한다. 보통 10% 전후로 재투자되면 양호한 것으로 평가된다. 이 비율은 특정 연도에 대해서 구할 수 있고, 또 몇 개 연도분을 합해서 구할 수도 있다.

(8) 현금소진율과 현금소진개월수

+의 영업활동 현금흐름을 창출시키는 능력은 기업의 생존과 성공에 결정적으로 중요하다. 이러한 점은 신생기업과 인터넷 기업의 경우 특히 그렇다. 능력을 갖춘 경영자, 기술력을 지닌 종업원, 컴퓨터 하드웨어, 물리적 시설, 연구개발 및 광고를 위한 지출은 개발 중에 있는 신제품 또는 용역으로부터 현금흐름을 기다리고 있는 신생의 인터넷 기업에게는 대규모의 현금흐름수요를 요구하게 된다. 그 결과로 많은 인터넷 기업은 기업의 인프라를 갖추고 영업에 필요한 자산을 취득하는데 대규모의 현금을 투자하게 되는 반면에, 영업활동에서는 −의 현금흐름을 창출하게 된다. 따라서 신생기업 특히 인터넷 기업에 대해서는 현금소진율과 현금소진개월수를 계산해보는 것은 대단히 중요하다.

현금소진율(cash burn rate)은 인터넷 기업이 얼마나 빨리 현금보유액을 소진시킬 것인지를 평가하는 지표이다. 관련된 비율인 현금소진개월수(months to burnout)는 기업이 외부자금(차입 또는 주식발행에 의한 자금조달)에 의존하지 않고 얼마 동안 생존할 수 있는지에 대한 추산치를 제공한다. 현금소진율과 현금소진개월수의 산식은 다음과 같다.

$$\text{현금소진율} = \frac{\text{−의 영업활동 현금흐름 } + (\text{−의 자본적 지출})}{\text{12개월(분기별 현금흐름표는 3개월)}}$$

* 자본적 지출에는 사업체 인수대금도 포함시킴

$$현금소진개월수 = \frac{현금예금+현금성자산+단기금융상품과\ 유가증권}{현금소진율}$$

현금소진율이 낮게 나타날수록, 그리고 현금소진개월수가 길게 나타날수록 외부자금에 의존하지 않으면서 존속할 수 있는 능력이 높은 기업이라고 평가할 수 있다.

예제 3-8 인터넷 기업의 현금소진율 평가

Amazon.Com의 다음 자료를 가지고 1999년도의 현금소진율을 평가해보자.

	1999
영업활동 현금흐름	−90,875,000
투자활동 현금흐름	
유형자산 취득액	287,055,000
타사업체 인수 및 투자액(순액)	369,607,000
현금 및 현금성자산, 단기금융상품과 유가증권	706,188,000

현금소진율과 현금소진개월수를 계산하면 다음과 같다.

$$현금소진율 = \frac{-747,537,000}{12} = -62,294,750/월$$

$$현금소진개월수 = \frac{706,188,000}{62,294,750} = 11.3개월$$

현금소진율을 계산한 결과 이 회사는 매월 $62,294,750이 사용되고 있는 것으로 나타났다. 현금소진개월수로 환산하면, 11.3개월로 계산되는데 이는 현재의 현금 및 현금성 자산만으로 11.3개월 유지할 수 있음을 의미하는 것이다.

코스닥기업 영업 · 투자활동 마이너스

코스닥 벤처기업의 절반이 영업활동과 투자활동에서 모두 마이너스의 현금흐름을 보이는 것으로 나타났다.

이는 영업에서 돈을 벌지 못하면서 투자에 돈을 쏟아 붓고 있다는 의미로 사업초기 과도한 영업비용이 발생한 데 따른 것일 수도 있지만 현금고갈에 따른 위험성 증대로도 해석될 수 있다는 분석이다.

18일 코스닥증권시장이 12월 결산법인 462사를 대상으로 현금흐름표를분석한 결과 하나로통신 세원텔레콤 드림라인 등 영업활동현금흐름과 투자활동현금흐름이 모두 마이너스를 기록한 회사가 전체의 37.6%인 174사에 달했다.

이 중 벤처기업이 62.6%에 달하는 109사이며 이는 전체 벤처기업(221사)의 절반(49.1%)에 해당한다.

코스닥증권시장 관계자는 "사업개시 초기단계에는 영업과 투자부문에서 모두 마이너스의 현금흐름을 보일 수 있지만 벤처기업의 절반이 이에 해당한다는 것은 지나친 것으로 평가된다"고 말했다.

반면 영업활동과 투자활동에서 모두 플러스를 기록한 기업은 태산엘시디 서희이엔씨 등 26사(5.6%)에 달했다. 이들은 영업에서 현금을 창출하고 투자부담도 적은 기업으로 가장 효율적인 비즈니스모델을 갖춘 것으로 평가된다.

영업활동에서 플러스, 투자활동으로는 마이너스의 현금흐름을 보인 기업이

233사로 코스닥에서 가장 높은 비중(50.3%)을 차지하는 것으로 나타났다.

한통프리텔 LG텔레콤 엔씨소프트 휴맥스 네오위즈 등 코스닥의 대표기업들이 대부분 이 유형에 속해 있다. 이들은 성장업종에 속해 있으면서 시장지위도 어느 정도 확보하고 투자활동도 왕성해 향후 성장가능성이 높은 것으로 해석할 수 있다. 한편 서울이동통신과 같이 영업현금흐름이 마이너스이면서 투자흐름은 플러스인 29사(6.3%)는 영업에서 현금을 창출하지 못하기 때문에 사업전환을 위해 기존의 투자자금을 회수하는 기업으로 분류됐다.

이처럼 현금·투자활동 현금흐름을 4개 유형으로 구분해 분석하는 것은 프랑스계 투자은행인 CSFB가 고안한 방법으로 기업 비즈니스모델의 수익성을 평가하는 데 사용된다고 코스닥증권은 설명했다.

– 매일경제 2001년 4월19일 –

참고 한국은행에서 사용하는 현금흐름비율

최근에 한국은행에서 발간하는 기업경영분석 책자에 제시되고 있는 현금흐름비율은 다음과 같다.

1. 현금흐름보상비율(Cash flow coverage ratio)

기업의 단기지급능력을 나타내는 지표로서 영업활동을 통해 창출한 현금으로 기업의 단기차입금과 금융비용을 얼마나 부담할 수 있는가를 알아보기 위한 지표이다. 부채상환계수라고도 불리는 현금흐름보상비율은 아래의 산식과 같이 계산되며 이 비율이 높으면 높을수록 기업의 단기차입금과 금융비용을 상환할 수 있는 능력이 양호한 것으로 평가할 수 있다.

$$\text{현금흐름보상비율} = \frac{\text{영업활동 현금흐름} + \text{금융비용}}{\text{단기차입금} + \text{금융비용}}$$

2. 현금흐름이자보상비율(Cash flow interests coverage ratio)

기업의 단기지급능력을 나타내는 보조지표로서 영업활동을 통해 창출한 현금이 기업의 금융비용을 지불하는데 충분한가를 판단하는 지표이다.

$$현금흐름이자보상비율 = \frac{영업활동\ 현금흐름 + 이자비용}{이자비용}$$

3. 영업활동 현금흐름 대 매출액 비율
(Ratio of Cash flows from operating activities to sales)
이는 기업이 매출활동을 통해 얼마만큼의 현금을 창출할 수 있는가를 파악하기 위한 지표이다. 이 비율이 낮은 것은 기업이 매출할 때 외상매출의 비중이 지나치게 높다는 것을 나타내게 되며 이는 자금사정이 악화될 가능성이 큼을 의미한다.

$$영업활동\ 현금흐름\ 대\ 매출액비율 = \frac{영업활동\ 현금흐름}{매출액}$$

4. 당기순이익 대 영업활동 현금흐름비율
(Ratio of Net income to cash flows from operating activities)
이는 영업활동 현금흐름 중에 당기순이익이 차지하는 비중을 의미한다.

$$당기순이익\ 대\ 영업활동으로\ 인한\ 현금흐름비율 = \frac{당기순이익}{영업활동\ 현금흐름}$$

5. 영업활동 현금흐름 대 투자활동 현금지출비율
(Ratio of Cash flows from operating activities to cash outflows for investing activities)
이 비율은 영업활동을 통해 조달한 현금으로 투자활동에 대한 현금지출액을 어느 정도 충당할 수 있는가를 나타낸다.

$$\text{영업활동 현금흐름 대 투자활동 현금지출비율} = \frac{\text{영업활동 현금흐름}}{\text{투자활동 현금지출}}$$

6. 투자안정성 비율
(Ratio of Cash flows from operating activities to cash outflows for tangible assets)

이 비율은 영업활동을 통해 조달한 현금으로 유형자산 투자를 위한 현금 지출에 어느 정도 충당할 수 있는가를 나타낸다. 이 비율이 100% 미만인 것은 기업이 영업활동으로부터 조달한 현금을 초과하여 유형자산에 투자하였다는 것을 의미한다.

$$\text{영업활동 현금흐름 대 유형자산 투자지출비율} = \frac{\text{영업활동 현금흐름}}{\text{유형자산투자순지출}}$$

7. 영업활동 현금흐름 대 총부채비율
(Ratio of Cash flows from operating activities to total liabilities)

이는 부채상환능력을 측정하기 위한 지표로서 영업활동 현금흐름으로 총부채를 어느 정도 상환할 수 있는가를 나타내는 비율이다.

$$\text{영업활동 현금흐름 대 총부채비율} = \frac{\text{영업활동 현금흐름}}{\text{총부채(평균)}}$$

8. 영업활동 현금흐름 대 차입금 비율
(Ratio of Cash flows from operating activities to borrowings)

이는 차입금상환능력을 측정하기 위한 지표로서 영업활동 현금흐름으로 차입금을 어느 정도 상환할 수 있는가를 나타내는 비율이다.

$$\text{영업활동 현금흐름 대 차입금비율} = \frac{\text{영업활동 현금흐름}}{\text{차입금}}$$

예제 3-8 지급능력 평가

다음은 20×6년과 20×7년의 신바람주식회사의 현금흐름표이다.

현금흐름표

	20×7	20×6
영업활동		
당기순이익	205,000	170,000
현금유출이 없는 비용		
감가상각비	110,000	90,000
무형자산상각비	15,000	13,000
영업활동과 관련이 있는 자산 부채의 변동분		
매출채권의 증가	(25,000)	(8,000)
재고자산의 증가	(18,000)	(7,000)
기타유동자산의 증가 또는 감소	(2,000)	12,000
매입채무의 증가	60,000	40,000
기타유동부채의 증가	10,000	10,000
영업활동 현금흐름	355,000	320,000
투자활동		
유형자산의 처분	75,000	40,000
투자유가증권의 취득	(400,000)	(20,000)
유형자산의 구입	(275,000)	(420,000)
투자활동 현금흐름	(600,000)	(400,000)
재무활동		

차입금의 차입	400,000	
보통주의 발행		350,000
차입금의 상환	(100,000)	(100,000)
배당금의 지급	(100,000)	(100,000)
재무활동 현금흐름	200,000	150,000
현금의 증가 또는 감소	(45,000)	70,000
기초의 현금	80,000	10,000
기말의 현금	35,000	80,000
평균유동부채	100,000	100,000

질문

1. 이 회사는 수명주기상 어디에 속한다고 보는가?
2. 채권자 입장에서 이 회사의 지급능력을 배당금보상비율, 현금흐름 유동부채보상비율과 잉여현금흐름을 계산하여 평가하시오. 단 기존설비의 대체투자분은 감가상각비에 해당하는 금액으로 본다.

해답

1. 이 회사는 수명주기상 성장단계에 있는 것으로 판단된다. 그 이유는 첫째, 매출증가 속도와 비례해서 매출채권과 재고자산의 증가 폭이 커지고 있다는 점과 둘째, 현금흐름의 상당부분이 2개 연도의 투자활동에 사용되고 있다는 점에서 찾을 수 있다. 투자된 금액은 20×7년과 20×6년 각각 ₩600,000과 ₩400,000으로 20×7년과 20×6년의 감가상각비 ₩110,000과 ₩90,000을 훨씬 초과하고 있기 때문에 기업의 규모가 계속 확장되고 있다고 볼 수 있다. 그 내용을 보면, 20×7년에는 타회사의 소유권을 취득하는데 ₩400,000을 사용하였으며, 유형자산을 구입하는데 ₩275,000을 사용하였다. 20×6년에는 타회사를 취득하는데 단지 ₩20,000을 사용하였으며, 유형자산을 추가로 구입하는데 ₩420,000을 사용하였다.
2. 이 회사의 배당금 지급능력과 부채상환능력을 계산해보면, 배당금보상비율과 부채상환액보상비율 모두가 20×6년과 20×7년 각각 3.20배와 3.55배로 나타나고 있어 대단히 양호하다고 말할 수 있다.

   따라서 이 회사는 영업활동에서 창출한 현금흐름으로 배당금은

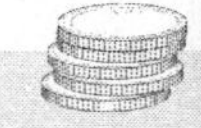

물론 당기에 상환해야 할 부채를 충분히 상환할 능력을 가지고 있음을 알 수 있다. 즉 이 회사는 2개 연도에서 영업활동을 통해 ₩300,000 이상을 창출시키고 있는 반면에 배당금과 부채를 지급하기 위해 필요한 현금은 ₩200,000 뿐이기 때문에 투자활동에 사용할 수 있는 현금흐름까지도 창출시키고 있는 양호한 상황에 처해 있는 것이다. 이에 따라 재무활동에서 추가로 조달한 현금은 기업의 확장을 위한 자금으로 전액 사용되게 되었다. 이 회사의 지급능력이 건전함은 잉여현금흐름의 계산결과에서도 확인된다. 즉 이 회사의 2개 연도의 잉여현금흐름은 20×6년과 20×7년 각각 ₩130,000과 ₩145,000으로 모두 ₩100,000을 초과하고 있어 채권자의 입장에서 지급능력에 대해 걱정하지 않아도 될 건전한 회사로 평가된다.

3. 공통형 현금흐름표 작성과 분석해보기

공통형 재무제표(common size financial statement)란 백분율 재무제표라고도 하는 것으로 전체에 대한 부분의 구성관계를 비율로 표시한 재무제표를 말한다. 앞장에서 설명하였듯이 공통형 재무상태표는 자산총계 또는 부채 및 자본총계를 100%로 했을 때 자산의 각 항목과 부채 및 자본의 각 항목의 구성비를 백분율로 표시하여 작성한 재무제표이다.

또한 공통형 손익계산서는 손익계산서에 표시된 매출액을 100%로 하고 이에 대한 손익계산서의 각 항목의 구성비율을 백분율로 표시해서 작성한 재무제표이다.

마찬가지로 공통형 현금흐름표는 현금흐름의 총유입을 100%로 했을 때 또는 총유입액과 총유출액을 각각 100%로 했을 때 유입액과 유출액을 구성하고 있는 각 항목의 구성비를 각각 백분율로 표시하여 작성한 것이다.

여기서 공통형이란 이름이 붙은 것은 기업종류나 규모에 관계없이 전체 100%에 대해 부분 몇 %로 나타내서 작성되기 때문이다.

공통형 재무제표는 규모의 차이가 제거되어 있어 규모가 다른 기업간의 비교분석을 하는데 유용하게 이용될 수 있을 뿐만 아니라, 동일 기업의 여러기간에 걸친 기간별 추세분석에도 유용하며, 항목별 구성비율을 산출함으로써 그 기업의 재무상태. 경영성과 및 현금흐름의 대체적인 윤곽을 파악하여 기업이 당면한 문제점을 쉽게 찾아내는데 유용하다.

또한 재무비율의 경우 재무제표의 두 항목 이상을 서로 대응시켜 계산함으로써 재무제표에 포함되어 있는 모든 정보를 충분히 활용할 수 없는 문제점이 있는 데, 공통형 재무제표는 이러한 문제점을 제거할 수 있기 때문에 비율분석의 한계를 보완하는 역할을 담당할 수 있다.

〈표 3-1〉 **현금흐름표(직접법)**

(주)늘푸른	(20×7. 1. 1~20×7. 12. 31)	(단위 : 백만원)
Ⅰ. 영업활동 현금흐름		10,800
1. 매출 등 수익으로부터의 유입액	44,200	
2. 매입 및 영업비용으로부터의 유출액	(30,000)	
3. 법인세 등의 유출액	(3,200)	
Ⅱ. 투자활동 현금흐름		
1. 투자활동으로 인한 현금유입액		1,000
가. 토지의 처분	3,000	
2. 투자활동으로 인한 현금 유출		
가. 유형자산의 취득	(2,000)	
Ⅲ. 재무활동 현금흐름		
1. 재무활동으로 인한 현금유입액		(10,600)
가. 보통주 발행	6,000	
2. 재무활동을 인한 현금 유출액		
가. 사채 상환	(10,000)	
나. 배당금 지급	(6,600)	
Ⅳ. 현금의 증가(감소)		1,200
Ⅴ. 기초의 현금		4,800
Ⅵ. 기말의 현금		6,000

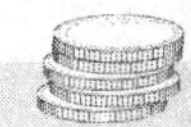

〈표 3-2〉 **공통형 현금흐름표(직접법)**

(주)늘푸른　　20×7. 1. 1~20×7. 12. 31　　(단위 : 백만원)

계 정 과 목	유입액	유출액	유입액 (%)	유출액 (%)
Ⅰ. 영업활동				
1. 매출 등 수익으로부터의 유입액	44,200		83.1	
2. 매입 및 영업비용으로의 유출액		30,200		56.8
3. 법인세 등의 유출액		3,200		6.0
영업활동 현금흐름	44,200	33,400	83.1	62.8
Ⅱ. 투자활동				
1. 토지의 처분	3,000		5.6	
2. 유형자산의 취득		2,000		3.8
투자활동 현금흐름	3,000	2,000	5.6	3.8
Ⅲ. 재무활동				
1. 보통주 발행	6,000		11.3	
2. 사채 발행		10,000		18.8
3. 배당금 지급		6,600		12.4
재무활동 현금흐름	6,000	16,600	11.3	31.2
Ⅳ. 현금유입액 및 유출액	53,200	52,000	100.0	97.8
Ⅴ. 현금의 증가(감소)	1,200			2.1

직접법과 간접법에 의해 작성된 현금흐름표를 가지고 공통형 현금흐름표로 각각 나타내면 다음과 같다. 본 공통형 현금흐름표에서는 현금흐름의 총유입액을 100%로 해서 구성항목인 3가지 기업활동, 즉 영업활동·투자활동 그리고 재무활동에서 각각 몇 %나 유입되었는지 또한 총유입액 대비 영업활동, 투자활동 그리고 재무활동으로부터의 현금유출액은 각각 몇 %나 되는지를 백분율로 나타내고 있다.

〈표 3-3〉 현금흐름표(간접법)

㈜늘푸른	(20×7. 1. 1~20×7. 12. 31)	(단위 : 백만원)
Ⅰ. 영업활동 현금흐름		10,800
1. 당기순이익	7,000	
2. 현금의 지출이 없는 비용 등의 가산		
가. 감가상각비	9,000	
3. 현금의 수입이 없는 수익 등의 차감		
가. 토지처분이익	(2,000)	
4. 영업활동으로 인한 자산・부채의 변동		
가. 매출채권의 감소	200	
나. 재고자산의 증가	(2,000)	
다. 매입채무의 감소	(2,200)	
라. 미지급법인세의 증가	800	
Ⅱ. 투자활동 현금흐름		1,000
1. 투자활동으로 인한 현금 유입액		
가. 토지의 처분	3,000	
2. 투자활동으로 인한 현금유출액		
가. 유형자산의 취득	(2,000)	
Ⅲ. 재무활동 현금흐름		(10,600)
1. 재무활동으로 인한 현금유입액		
가. 보통주 발행	6,000	
2. 재무활동으로 인한 현금유출액		
가. 사채 상환	(10,000)	
나. 배당금 지급	(6,600)	
Ⅳ. 현금의 증가(감소)		1,200
Ⅴ. 기초의 현금		4,800
Ⅵ. 기말의 현금		6,000

〈표 3-4〉 **공통형 현금흐름표(간접법)**

(주)늘푸른 20×7. 1. 1~20×7. 12. 31 (단위 : 백만원)

과 목	금 액	유입액 (%)	유출액 (%)
Ⅰ. 영업활동 현금흐름	10,800	54.5	
1. 당기순이익	7,000		
2. 현금의 지출이 없는 비용 등의 가산			
가. 감가상각비	9,000		
3. 현금의 수입이 없는 수익 등의 차감			
가. 토지처분이익	(2,000)		
4. 영업활동으로 인한 자산·부채의 변동			
가. 매출채권의 감소	200		
나. 재고자산의 증가	(2,000)		
다. 매입채무의 감소	(2,200)		
라. 미지급법인세의 증가	800		
Ⅱ. 투자활동 현금흐름	1000		
1. 투자활동으로 인한 현금유입액			
가. 토지의 처분	3,000	15.2	
2. 투자활동으로 인한 현금유출액			
가. 유형자산의 취득	(2,000)		10.1
Ⅲ. 재무활동 현금흐름	(10,600)		
1. 재무활동으로 인한 현금 유입액			
가. 보통주 발행	6,000	30.3	
2. 재무활동으로 인한 현금 유출액			
가. 사채 상환	(10,000)		50.4
나. 배당금 지급	(6,600)		33.4
		100%	94.0%
Ⅳ. 현금의 증가(감소)	1,200		6.0%

Chapter 04

현금흐름표 분석방법 실제 적용 해보기

1. 현금흐름표의 기본 분석 적용사례

먼저 현금흐름표의 기본적인 분석방법을 Colgate-Palmolive회사의 적용 사례를 통해 살펴보고자 한다.

이 방법은 제3장에서 제시한 것처럼 다음과 같은 4단계를 거치도록 되어 있다.

1. 현금흐름표 전반에 대한 개괄적 분석
2. 영업활동현금흐름 창출능력 분석
3. 투자 및 재무활동상의 현금흐름에 대한 분석
4. 현금흐름의 종합분석 및 결론 도출

분석 1단계: 현금흐름표의 개괄적 분석

설명의 편의를 위해서 Colgate-Palmolive회사의 3개년분 현금흐름표를 사용하고자 한다.

현금흐름표의 전반적인 모습을 개관하기 위해서는 여러 절차를 밟을 필

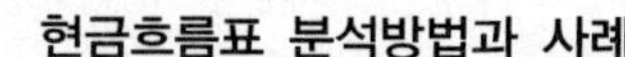

요가 있다. 첫째는 분석회사의 연령, 산업(업종) 및 규모에 의해 회사의 상황을 파악한다. 우리는 성숙단계에 속한 회사가 초기시작단계에 속한 회사의 현금흐름 모습과 다를 것이며, 서비스 산업에 속한 회사는 제조업에 속한 대규모 회사의 현금흐름 모습과 다를 것으로 예상할 수 있다. 대규모 회사들은 특정 연도에 현금흐름이 감소하는 것을 경험할 수도 있으나, 이들 회사들은 거액의 현금흐름 보유하고 있거나 조달할 수 있기 때문에 곧바로 개선시킬 수 있는데 반해, 대규모 회사처럼 방대한 자원을 보유하고 있지 않은 소규모 회사라면 현금흐름의 감소추세는 대단히 경계할만한 일이 된다.

Colgate-Palmolive회사는 분명히 성숙기에 속한 회사이다. 이 회사는 규모가 크고 전 세계를 상대로 주로 소비자제품 시장에서 영업을 하고 있다. 이와 같은 회사는 글로벌 규모의 복잡한 활동에 관련된다. 그러나 이 회사의 현금흐름표는 대단히 규모가 적고 단순한 회사에서 기대할 수 있는 현금흐름보다 결코 복잡하지는 않다.

전체 모습을 개괄적으로 분석하는 핵심 부분은 재무건전도에 대한 핵심 요약수치인 당기순이익을 살펴보는 것이다. 이 회사는 현금흐름표가 간접법으로 작성되고 있기 때문에 당기순이익을 현금흐름표의 영업활동부분 첫번째 줄에서 발견할 수 있다. 당기순이익을 살펴보면서 그 금액이 얼마나 되는지, 과거 몇 년 동안 흑자나 적자를 보이고 있는지, 그리고 그 추세는 증가 또는 감소를 보이고 있는지 등을 확인해보아야 한다. 이러한 점들은 현금흐름표를 분석할 때도 마찬가지임을 명심해야 한다. 또한 여러분이 궁극적으로 알고 넘어가야 할 이례적 항목들에 대해서는 과거 3년분의 수치를 살펴보아야 한다.

이 회사는 3년 동안 정(+)의 당기순이익을 보고함에 따라 청신호를 보여주고 있다. 3년 동안의 추세도 상승하는 모습을 보이고 있으나, 93년의 큰 폭의 하락은 몇 가지 의문을 가지게 한다. 현금흐름표 역시 반드시 검토하고 넘어가야 할 몇 가지 항목을 가지고 있다. 영업활동 부분에서 93년도의

회계변경의 누적효과와 구조조정항목이 바로 그 것이다. 이 부분은 다음에 검토하기로 하자. 연도별로 차이가 크게 나는 항목들에 대해서 주목을 할 필요가 있다. 이 회사는 운전자본 계정의 변동액과 부채발행대금 및 자사주 구입액을 포함해서 몇 가지를 가지고 있음을 알 수 있다.

Colgate-Palmolive	현금흐름표		(단위: 백만달러)
	1994년	1993년	1992년
영업활동			
당기순이익	580.2	189.9	477.0
감가상각비	235.1	209.6	192.5
구조조정비	(39.1)	(77.0)	(92.0)
회계변경 누적효과		358.2	
이연법인세 및 기타	64.7	53.6	(25.8)
매출채권의 (증가)감소	(50.1)	(103.6)	(38.0)
재고자산의 (증가)감소	(44.5)	31.7	28.4
기타유동자산의 (증가)감소	(7.8)	(4.6)	10.6)
매입채무의 증가(감소)	90.9	52.6	(10.0)
영업활동 현금흐름	829.4	710.4	542.7
투자활동			
유형자산의 취득	(400.8)	(364.3)	(318.5)
타회사 인수	(146.4)	(171.2)	(170.1)
기타투자자산 취득	(1.9)	(12.5)	(6.6)
투자자산 처분	58.4	33.8	79.9
기타투자자산 처분	33.0	61.7	17.4
투자활동 현금흐름	(457.7)	(452.5)	(397.9)
재무활동			
차입금의 증가	316.4	782.1	262.6
보통주의 발행	15.2	60.0	
주식선택권 행사대금	18.5	21.8	22.6
차입금의 감소	(88.3)	(200.8)	(250.1)
자기주식의 구입	(357.9)	(657.2)	(20.5)
배당금 지급	(246.9)	(231.4)	(200.7)
재무활동 현금흐름	(343.0)	(225.5)	(186.1)
현금에 대한 환율변동효과	(2.9)	(6.2)	(9.3)
현금의 증감액	25.8	26.2	(50.6)

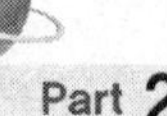

제2단계: 영업현금 창출능력 분석

영업활동현금흐름부분에서 회사의 현금흐름 창출능력이 어떤 정도인지를 파악할 수 있다. 이러한 현금흐름 창출능력이 효과적으로 작동될 때, 영업활동에 필요한 현금소요액을 충당할 수 있는 현금흐름이 창출되게 된다. 또한 이러한 영업활동에서의 현금흐름 창출능력은 진부화된 설비를 대체하고, 배당금을 지급하는 것과 같은 정규적인 현금지출에 필요한 현금흐름을 창출하게 된다. 물론 여기에도 예외는 존재한다. 예를 들어 창업초기에 속한 회사들은 대개 현금창출동력이 완전 가동단계에 들어서지 못하기 때문에 영업활동에서 부(−)의 현금흐름을 창출하는 경우가 많다. 경기 주기에 영향을 받는 업종에 속한 회사는 침체기에 해당하는 사업연도에는 부(−)의 현금흐름을 창출할 수도 있다. 또한 대규모의 노사분쟁을 겪은 연도에도 부(−)의 현금흐름을 창출하는 경우가 많을 것으로 예상할 수 있다.

영업활동에서 현금흐름이 특정 사업연도에 부(−)의 현금흐름을 창출한다고 해서 크게 걱정할 사안은 아니지만 평균적으로 볼 때 정(+)의 현금흐름을 창출하는 것이 정상인 것이다.

현금흐름 창출능력을 평가하기 위해서는 먼저 영업활동 현금흐름이 0보다 얼마나 큰 금액인지를 관찰하여야 한다. 또한 영업활동 현금흐름이 증가추세를 보이는지, 아니면 감소추세를 보이는지를 살펴보아야 한다. 영업활동 현금흐름이 정(+)의 현금흐름이라고 가정한다면, 그 다음 확인해야 할 것은 중요하고 정규적인 지출항목에 충당할 정도의 충분한 현금흐름이 되는지에 대한 것이다.

창업초기 단계에 속한 회사로부터 정(+)의 영업활동 현금흐름을 기대하기가 어렵듯이, 마찬가지로 급속도로 성장하는 단계에 있는 회사로부터도 회사를 급속도로 확장시키는데 필요한 투자 자금에 충당할 수 있는 정도의 충분한 자금을 영업활동에서 창출할 수 있을 것으로 기대하는 것은 무리이다.

그러나 성숙단계에 속한 회사에게서는 영업활동으로부터 회사를 전체적

으로 유지하는데 드는 현금흐름을 충분히 창출할 수 있을 것으로 기대할 수 있다. 회사를 전체적으로 유지하는데 드는 현금흐름에는 주주들이 기대하는 연간 배당금을 지급하는데 필요한 현금과 수명이 다 되었거나, 낡은 또는 기술적으로 진부화 상태인 설비자산을 대체하는데 소요되는 투자금액이 포함된다. 회사의 설비자산을 전체적으로 현상 유지하는데 소요되는 현금흐름을 정확히 측정한다는 것은 대단히 어려운 문제이다. 현금흐름표에서는 대체 및 경신을 위한 자본적 지출과 확장을 위한 자본적 지출을 구분해서 보고되지 않기 때문이다.

그러나 대략적인 금액을 연간 감가상각비 규모를 통해서 매년 대체하는데 소요되는 설비자산의 대략적인 금액을 간접적으로 추산하는 것이 가능하다. 물가가 상승하는 기간에는 자산을 대체하는 원가는 현재 자산의 원가를 기준으로 계산되는 감가상각비 금액보다 어느 정도는 더 많아야 할 것이다. 그렇기 때문에 회사가 전체적으로 현상유지가 가능하고 축소되지 않기 위해서는 설비자산의 구입과 관련된 투자활동 부분이 감가상각비 규모를 초과하고 있어야 한다.

한편 현금흐름 창출능력에 관한 중요한 정보는 영업활동과 관련된 운전자본 항목의 변동액에서 살펴볼 수 있다. 이 회사의 영업활동 부분을 보면, 영업활동 관련 자산과 부채의 변동이란 표제하에 표시되고 있다. 건전하고 성장 발전하는 회사에서는 예를 들어 재고자산과 매출채권 그리고 매입채무 및 기타 영업관련 채무와 같은 영업활동 관련 운전자본 항목의 증가를 예상할 수 있다. 분명히 기간별로 운전자본 계정의 변동성이 나타난다.

회수정책을 개선하고 재고관리를 적시구매(just in time) 방식으로 실시하게 되면 성장하는 단계에 있는 회사라도 매출채권과 재고자산의 규모가 축소하게 된다. 그러나 평균적으로 보면, 재고자산, 매출채권 및 매입채무는 대개 성장하는 회사에서는 증가 형태를 보이는 것이 일반적이다. 모든 운전자본계정이 영업활동 현금흐름을 증가시키는 상황을 경계하여야 한다. 이러한 상황은 건전하고 성장 발전하는 회사에서는 이유없이 발생하지는 않는다. 이러한 상황은 보통 의도적인 경영자의 행동에 의해서 초래되는 것으로, 경영자가 운전자본계정을 회사의 생존 차원에서 어쩔 수 없이 활용하였으며, 이는 회사의 현금흐름위기가 발생한 것을 의미한다.

이러한 기본적인 지식을 토대로 이 회사의 영업활동을 통한 현금흐름 창출능력을 살펴보자. 3년 모두 영업활동 현금흐름이 0보다 큰 규모를 보여주고 있으며, 1994년도는 800만달러에 이르고 있다. 영업활동 현금흐름은 당기순이익과는 달리 매년 꾸준하게 증가하고 있다. 연간 감가상각비는 매년 200백만달러에 이르고 있으며, 연간 배당금 역시 200백만 달러에 이르고 있다. 이 회사의 현금흐름동력은 회사를 전체적으로 현상유지하는데 충당할 수 있는 현금흐름을 창출하고 있을 뿐만 아니라, 연간 성장과 투자를 위해 400백만 달러를 지출할 수 있게 하며, 초과 현금이 존재함에 따라 현금잔액이 매년 증가하고 있음을 보여주고 있다.

이 회사는 영업활동에서 매우 강력한 현금흐름 창출능력을 보유하고 있다고 말할 수 있다. 운전자본계정을 대충 살펴보면 매출채권, 기타자산 및 매입채무는 3년에 걸쳐서 증가하고 있으며, 반면에 재고자산은 약간 감소되고 있음을 보여준다. 이러한 모습은 기업 인수와 신제품 개발을 통해 회사의 규모를 확대하는 글로벌회사의 현금흐름패턴과 일치되는 것으로 보여진다.

제3단계: 투자 및 재무활동에 대한 분석

이 단계는 영업활동 이외의 부분에서 긍정적인 신호와 부정적인 신호를 찾아보기 위해 현금흐름표를 살펴보는 것인데, 이는 현금흐름표상의 항목에 대한 체계적인 관찰과 비교를 위해 제시된 여러 연도 동안의 자료에 나타난 추세분석을 통해서 파악할 수 있다.

투자활동 현금흐름부터 시작해보자. 이 부분이 여러분에게 말하려고 하는 것은 무엇인가? 먼저 회사가 투자활동에서 현금흐름을 창출하고 있는지, 아니면 사용하고 있는지에 대해 체계적으로 관찰할 필요가 있다. 영업

활동 현금흐름을 정(+)이길 기대하는 것처럼, 마찬가지로 건전한 기업은 계속해서 회사의 확장을 위해서 그리고 수명이 끝나거나 기술적으로 진부화된 자산의 대체를 위해서 고정자산에 투자하여야 한다는 것을 기대한다. 회사가 종종 더 이상 필요가 없는 자산을 매각하는 경우가 있지만, 매각 처분하는 자산보다는 구입하는 자본자산이 더 많은 것이 정상적이다. 그 결과로 우리는 일반적으로 투자활동 현금흐름이 부(−)일 것을 기대한다. 영업활동처럼 회사가 사업부서나 종속회사를 매각처분하는 경우에는 예외가 발생할 수가 있다. 그러나 사업부분을 매각처분해서 현금의 대부분을 창출하는 회사는 실질적으로 사업규모가 축소되기 시작하는 회사이기 때문에 경계를 하여야 한다.

이 회사는 투자활동으로부터 긍정적인 내용이 있다는 신호를 보내고 있다. 자본적 지출을 보면 감가상각비의 1.5배 정도에 해당된다. 따라서 이 회사는 회사를 전체적으로 현상 유지하는데 드는 수준 이상의 지출이 이루어지고 있음을 분명히 알 수 있다. 한편 이 회사는 또 하나의 성장지표라 할 수 있는 타기업 인수에 대한 지출을 매년 큰 폭으로 하고 있다. 이 수치는 연도별로 보면 일정하거나 증가하고 있으며, 영업활동에서 창출한 현금흐름으로 자본적 지출을 충분하게 감당하면서 꾸준히 성장하는 모습을 보여주고 있다.

재무활동 현금흐름은 건전한 기업도 정(+)일 수도 있고, 부(−)인 경우도 있다. 더욱이 재무활동 현금흐름은 매년 변동적이기가 쉽기 때문에 긍정적인 내용이나 부정적인 내용을 찾아내기가 쉽지 않다. 긍정적인 내용이나 부정적인 내용을 찾아내기 위해서는 재무활동 현금흐름을 현금흐름표상의 다른 정보와 관련시켜서 검토하고, 그 결과 확보한 증거와 여러분 각자의 판단을 적절하게 비중을 두어 도출한 결론에 토대를 두는 것이 필요하다.

한 회사가 현금을 차입하거나 주식을 발행하였다고 가정하자. 긍정적 시나리오는 회사가 레버리지(부채의존도)와 자본조달비용을 신중하게 분석한 다음 영업활동 현금흐름보다는 부채나 자기자본으로 자금조달하는 방법을 선택한 것으로 보는 것이다. 또 하나의 긍정적 시나리오는 신생기업의 경우 주식 상장이 가능할 정도로 상황이 양호한 것으로 보는 것이다. 반면에 부정적 시나리오는 회사의 영업활동 현금흐름 수준이 낮거나 부(-)의 수준이어서 다른 원천에서 자금조달을 하지 않을 수 없는 경우에 처한 것으로 보는 것이다.

재무활동 현금흐름이 긍정적인 내용 범주에 포함되는지 아니면 부정적인 내용 범주에 포함되는지를 평가하기 위해서는 전체 입장에서 살펴보아야 한다.

우선적으로 시도할 한 가지 체계적인 방법은 차입액과 상환액을 매년 각각 비교하고 그 추세를 살펴보는 것이다. 이 회사는 지속적으로 상환하는 금액보다 차입하는 금액이 더 많으며, 1993년도의 경우는 큰 폭의 차이를 보이고 있다. 이러한 상황은 긍정적인 내용이 되는가 아니면 부정적인 내용으로 보아야 하는가? 우리는 이미 이 회사가 영업활동에서 충분한 현금흐름을 창출하고 있는 것을 확인하였다.

따라서 부채를 통한 자금조달의 증가는 아마도 경영자의 의도적인 의사결정의 결과일 수 있으며, 회사가 필사적으로 살아남기 위한 행동의 결과로는 보여지지 않는다. 그럼에도 불구하고 계속적인 차입이 미래 성장을 위한 자금의 원천으로 사용되고 있는지, 또는 회사의 부채 조달한도를 충족시키려는 것인지를 알기 원한다면 더 세밀한 분석이 필요하다.

두 번째 분석 방법은 자본계정에서의 활동을 검토해보는 것이다. 이 회사는 많은 주식을 발행하고 있지 않다. 대신에 자기주식을 상당한 규모로 구입하고 있다. 사실 자사주 구입은 자본적 지출을 제외하면 유일하게 가장 많이 현금을 사용한 항목이다. 이러한 사실은 긍정적 시나리오로 해석해도 좋을 것 같다. 왜냐하면 이 회사는 현재 저평가되었다고 판단되는 자사주를 구입하였다가 주가가 적정수준으로 올랐을 때 매각하여 이익을 발생시키려는 의도로 해석할 수도 있고, 인수합병 시도를 사전에 차단시키기 위한 정책으로도 볼 수 있기 때문이다. 어떤 쪽이던 이 회사는 이러한 큰

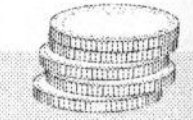

규모의 비정규적인 투자에 이용 가능한 충분한 현금을 보유하고 있는 것으로 보여진다.

이제 재무제표 상의 나머지 몇 몇 부분에 대한 검토는 회사의 전체 모습을 보는데 파악하는데 도움을 줄 것이다.

제4단계: 종합분석 및 결론도출

현금흐름표를 평가하는 경우 여러분은 그 동안 분석과정을 통해 얻은 다수의 부분적 증거를 평가하면서 전체 모습을 그려내게 된다. 그러나 여러분이 확보한 모든 증거가 모두 긍정적인 회사 또는 부정적인 회사로 판명되는 경우는 거의 많지 않다. 균형 잡힌 평가를 위해서는 여러분은 현금흐름표에서 확인한 긍정적인 내용과 부정적인 내용 모두를 사용하여야 한다. 전체적인 결론에 도달하기 위해서는 여러분들은 각 부분적인 증거들의 상대적인 중요도를 판단하고, 전체 모습과의 관련성을 평가하여야 한다. 법률적 사례와 마찬가지로 여러분의 결론은 증거의 비중에 토대를 둘 필요가 있다.

전체적인 평가를 진행하기에 앞서서 이 시점에서 결말을 짓기 위해 해결해야 할 점은 여러분이 현금흐름표 전체를 일별하면서 발견하였던 비정상적인 항목에 대한 이해와 평가인 것이다. 이러한 항목은 때때로 전문가의 도움을 필요로 하기도 하는데, 여러분들은 이러한 항목을 대개는 연차보고서의 다른 재무제표에 있는 관련 내용을 통해서 생각해볼 수 있다.

앞에서 우리는 이 회사의 현금흐름표에서 두 가지 비정상적 항목을 발견하였다. 첫 째는 1993년의 "회계변경으로 인한 누적효과"이며, 1993년에 보고된 당기순이익에서 358백만달러에 해당하는 회계변경으로 인한 누적효과를 차감하지 않았다면 이 회사의 당기순이익은 548백만달러가 되어 양호한 상태임을 나타냈을 것이다. 회계변경으로 인한 누적효과는 회계변경을 한 시점인 1993년의 당기순이익에다 1993년도 이전의 순이익에 미친 모든 영향을 한꺼번에 모두 부담시켰다는 것을 의미한다. 실제로 회계변경으로 인한 누적효과는 1993년도의 현금지출에는 영향을 미치지 않았기 때문에, 이 금액을 다시 현금흐름표상의 당기순이익에다 가산 처리한 것이다.

회계변경은 단지 서류상의 결정에 지나지 않는다. 이는 당기순이익을 보고하는 방법에 영향을 미치지만 기업의 기본적인 경제활동을 변경시킨 것은 아니다. 따라서 현금의 수입이나 지출에는 영향을 미치지 않는다. 이 회사는 회계변경과 그로 인한 효과를 무시할 경우 당기순이익이 꾸준히 증가하는 모습을 보이고 있기 때문에 이러한 내용을 파악하는 것은 좋은 것이다.

이 회사의 현금흐름표에서 나타나는 또 하나의 비정상적 항목은 구조조정활동 항목으로 당기순이익에서 차감 표시되고 있다. 이러한 처리는 구조조정 활동과 관련된 현금흐름이 구조조정활동 비용이 손익계산서상에서 비용 처리된 연도와 다른 연도에서 발생되었다는 것을 의미한다. 이 회사는 3개 연도에 걸쳐서 손익계산서상에 비용화된 것보다 더 많은 금액을 구조조정을 하는데 사용하였음을 보여주고 있다.

이러한 내용은 긍정적인 신호인가 아니면 부정적인 신호인가? 회사가 사업의 일부에 대해 구조조정을 할 경우 긍정적 신호와 부정적 신호 모두를 포함한다고 볼 수 있다. 구조조정을 해야 할 문제점을 회사가 가지고 있다는 점에서 보면 부정적 신호로 해석할 수 있다.

그러나 회사가 문제점을 인식하고 당면한 문제를 효과적으로 해결하기 위한 방안을 실행에 옮기고 있다는 점에서 보면 긍정적 신호로 해석할 수 있다. 구조조정을 위한 현금지출이 구조조정비용보다 많고 적음은 단순히 타이밍 문제일 뿐이다. 비용은 합리적으로 계상 가능할 때 인식되기 때문에, 발생된 모든 현금지출을 비용으로 계상한 이후에도 여러 연도에 걸쳐 비용으로 계상되는 것이 보통이다.

이 회사는 구조조정비용을 이전 연도에서 인식한 것 같다. 그리고 이것은 단지 구조조정비용으로 뒤따라 지출될 것으로 예상된 현금유출에 지나

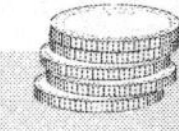

지 않는다. 더욱이 현금흐름표상의 금액은 매년 감소하고 있다.

이례적인 항목이나 잘 모르는 항목에 대해 그 내용을 파악할 지는 주관적인 요구사항이다. 예를 들어 이 회사의 구조조정비용 차액이 큰 금액이던가, 또는 증가되고 있다면 그 내용 파악을 위해 더 많은 정보를 검색할 필요가 있다. 그러나 지금까지의 증거에 대한 비중을 보면 이 항목은 현금흐름의 전체 모습을 파악하는데 특별히 관련된 것 같지는 않다.

여러분이 이해하고 있지 못한 어떤 항목에 마주쳐 있다면 그 항목의 중요성을 고려해야 한다. 그 항목이 영업활동 현금흐름에 중대한 효과를 미치는 것이라면, 또는 그 항목이 현금의 주된 원천이나 용도의 하나로 위치하고 있다면, 그 내용을 파악하기 위해 노력을 할 필요가 있다. 그런 항목이 아니라면 그 항목을 무시하고 여러분이 알고 있는 많은 항목에 집중하는 것이 더 능률적일 수 있다.

이제 결론을 내리기에 앞서 Colgate-Palmolive회사의 현금흐름표를 검토하면서 파악하게 된 내용을 요약해보자.

〈긍정적인 신호〉

- 당기순이익이 3년 모두 흑자이며, 회계변경의 누적효과를 제외하였을 경우 계속적으로 증가추세를 보이고 있다.
- 영업활동 현금흐름도 3년 모두 정(+)을 나타내고 있으며, 꾸준히 증가추세를 보이고 있다.
- 영업활동현금흐름은 감가상각비와 배당금의 합계액을 큰 폭으로 초과하고 있다. 따라서 이 회사는 사업확장에 필요한 현금을 영업활동에서 충분히 창출하고 있다.
- 운전자본계정은 증가하고 있으며, 성장하고 있는 회사에 대한 기대와 일치되고 있다.
- 감가상각비를 큰 폭으로 초과하는 자본적 지출과 거액의 기업인수를 통해 미래 사업의 모습을 보여주고 있다.

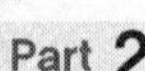

- 기업규모의 축소를 의미하는 고정자산에 대한 대규모 처분이나 사업부분의 정리를 찾아볼 수 없다.
- 배당금 지급을 매년 증가시키고 있는데, 이는 기업의 미래 현금창출능력에 대한 경영자의 신념을 표현한 것으로 볼 수 있다.
- 자사주 구입을 위한 충분한 초과 현금을 보유하고 있다.

〈부정적인 신호〉

- 구조조정비용항목의 존재는 이 회사가 사업의 특정부분에서 문제를 가지고 있다는 의미이다.
- 상환액을 초과할 정도의 차입을 하고 있는데 이는 회사의 부채의존도를 높이게 될 것이다.
- 자사주 구입은 회사가 매수대상이 될 수 있다는 경영자의 염려를 의미한다.
- 타 회사 인수는 때때로 회사에 문제를 야기하기도 한다. 즉 인수한 타회사를 성공적으로 자 회사의 사업부분에 통합시켜서 적절한 보상을 획득하는 것이 쉽지 않다.

이 회사의 현금흐름에 대한 긍정적인 신호는 매우 강력하다. 이 회사의 부정적인 신호는 현금흐름의 중요한 문제를 의미하는 것 보다는 단지 염려수준을 의미할 뿐이다. 따라서 증거의 비중을 고려해서 판단한다면 이 회사는 강력하고 긍정적인 현금흐름을 가지고 있는 것으로 결론을 내릴 수 있다.

이제 다음 사례기업의 현금흐름표에 대해 지금까지 살펴 본 현금흐름표 분석 방법을 적용하는 기회를 갖도록 하자. 사례기업의 3개 연도 동안의 현금흐름표를 보면 쉽게 알 수 있듯이 사례기업은 대단히 어려운 곤경 속에 있다. 독자들은 지금까지 배운 현금흐름표 분석 방법을 적용해서 이 회사가 곤경에 처해 있음을 나타내주는 항목들을 발견해내기 바란다.

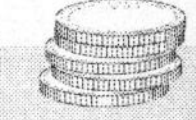

JCompany	현금흐름표		(단위: 백만달러)
	2009년	2008년	2007년
영업활동			
당기순이익(순손실)	(43)	(189)	(134)
감가상각비	230	271	350
매출채권의 (증가)감소	(121)	(25)	(4)
재고자산의 (증가)감소	50	42	30
기타유동자산의 (증가)감소	16	(8)	(12)
영업활동 현금	132	91	230
투자활동			
유형자산의 취득	(200)	(260)	(300)
유형자산 처분	204	200	180
사업부분 처분	134	51	
투자활동 현금	138	(9)	(120)
재무활동			
장기차입금의 증가	200	450	215
장기차입금의 상환	(460)	(480)	(322)
배당금 지급			(30)
재무활동 현금	(260)	(30)	(137)
현금의 증감액	10	52	(27)

여러분이 발견한 사례기업의 문제점과 아래에 제시한 문제점과 비교해 보기 바란다.

〈문제점〉

(1) 3개 연도 계속해서 당기순손실을 기록하고 있음.

(2) 감가상각비로 계상되는 금액이 계속해서 감소되고 있음.

(3) 자본적 지출로 계상되는 금액이 감가상각비보다 적음.

(4) 자본적 지출로 계상되는 금액이 비유동자산의 처분 금액보다 적게

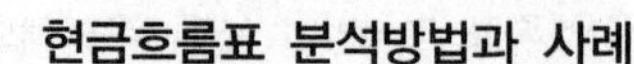

계상되고 있음.

(5) 매출채권의 큰 폭의 증가는 정밀조사 대상임.

(6) 재고자산이 감소되고 있음.

(7) 사업부분의 매각처분이 발생하고 있음.

(8) 배당금 지급이 2년 연속 중단상태임.

(9) 부채상환자금으로 영업활동 현금흐름이 사용되어야 함.

(10) 신규 차입액이 과다한 편임

(11) 금년도의 차입액이 큰 폭으로 감소하고 있음.

(위의 사례는 William J. Bruns의 Accounting for managers 3/e, South-western에 나와 있는 내용을 정리한 것임.)

2. 현금흐름비율분석에 의한 분석사례

A. 삼성전자

다음은 우리나라 기업 중 현금흐름이 매우 양호한 기업의 하나로 알려진 삼성전자의 재무제표이다. 현금흐름비율분석을 통해 이 회사의 현금흐름을 평가해보자.

재무상태표

삼성전자 (단위 : 백만원)

	제45기(13년)	제44기(12년)	제43기(11년)
자산			
유동자산	60,603,694	43,952,271	39,496,344
비유동자산	94,222,263	89,311,784	78,103,505

자산총계	154,825,957	133,264,055	117,599,849
부채			
유동부채	27,597,944	24,770,263	26,969,912
비유동부채	4,857,246	2,605,923	2,173,031
부채총계	32,455,190	27,376,186	29,142,943
자본			
자본총계	122,370,767	105,887,869	88,456,906
자본과부채총계	154,825,957	133,264,055	117,599,849

손익계산서

삼성전자 (단위:백만원)

	제45기(13년)	제44기(12년)	제43기(11년)
수익(매출액)	158,372,089	141,206,377	120,815,977
매출원가	110,731,528	99,431,997	90,406,166
매출총이익	47,640,561	41,774,380	30,409,811
판매비와관리비	25,833,556	23,263,944	20,651,728
영업이익(손실)	21,807,005	18,510,436	9,758,083
기타수익	3,130,308	2,860,100	3,160,477
기타비용	792,210	621,002	1,191,742
금융수익	3,918,900	3,204,014	4,003,059
금융비용	3,846,744	3,205,690	4,211,603
법인세비용차감전순이익	24,217,259	20,747,858	11,518,274
법인세비용	6,287,739	3,349,328	1,470,082
당기순이익	17,929,520	17,398,530	10,048,192

현금흐름표

삼성전자 (단위:백만원)

	제45기	제44기	제43기
영업활동현금흐름	28,443,058	23,065,604	17,266,913
영업에서 창출된 현금흐름	31,520,938	23,037,393	18,504,792
당기순이익	17,929,520	17,398,530	10,048,192

조정	13,302,395	11,381,647	9,333,018
영업활동 자산부채의 변동	289,023	(5,742,784)	(876,418)
이자의 수취	441,659	329,046	439,817
이자의 지급	(65,476)	(77,682)	(104,811)
배당금 수입	711,925	1,605,097	1,281,095
법인세 납부액	(4,165,988)	(1,828,250)	(2,853,980)
투자활동현금흐름	(27,325,848)	(21,206,370)	(15,561,437)
단기금융상품의 순증감	(14,062,772)	(2,132,937)	(338,474)
단기매도가능금융자산의 순증감	33,633	(581,248)	525,519
장기매도가능금융자산의 처분	1,606,436	2,840	287,136
장기매도가능금융자산의 취득	(1,253,174)	(7,338)	(288,625)
종속, 관계 및 공동기업 투자처분	57,779	151,334	359,300
종속, 관계 및 공동 투자의 취득	(2,882,883)	(3,279,314)	(3,821,797)
유형자산의 처분	224,663	164,938	360,607
유형자산의 취득	(10,283,821)	(14,094,835)	(12,995,991)
무형자산의 처분	917	41,773	2,817
무형자산의 취득	(748,080)	(621,842)	(632,613)
사업결합으로 인한 현금유출입액	0	(192,349)	1,140
물적분할로 인한 현금유출액	0	(501,006)	0
사업양도로 인한 현금유입액	0	0	917,653
기타투자활동 현금유출입액	(18,546)	(156,386)	61,891
재무활동현금흐름	(1,356,325)	(2,308,543)	(813,107)
단기차입금의 순차입(상환)	(178,713)	(1,362,628)	(143,678)
자기주식의 처분	34,390	88,473	160,827
사채 및 장기차입금의 상환	(5,356)	(206,840)	(5,695)
배당금 지급	(1,206,646)	(827,548)	(824,561)
현금및현금성자산의 순증가(감소)	(239,115)	(449,309)	892,369
기초현금및현금성자산	2,269,422	2,718,731	1,826,362
기말현금및현금성자산	2,030,307	2,269,422	2,718,731

1) 현금흐름수익성

(1) 주당현금흐름비율

주당현금흐름비율을 계산하면 다음과 같다. 단 단위는 백만단위를 생략한 것이다

$$\text{주당현금흐름} = \frac{\text{영업활동 현금흐름}}{\text{보통주의 가중평균유통주식수}}$$

$$\text{13년 주당현금흐름} = \frac{₩28,443,058}{131\text{주}} = ₩217,123$$

$$\text{12년 주당현금흐름} = \frac{₩23,065,604}{131\text{주}} = ₩176,074$$

$$\text{11년 주당현금흐름} = \frac{₩17,266,913}{131\text{주}} = ₩131,809$$

삼성전자의 주당현금흐름은 계속해서 증가추세를 나타내고 있어 현금흐름수익성이 지속적으로 개선되고 있음을 알 수 있다.

(2) 현금흐름이익률

현금흐름이익률을 계산하면 다음과 같다. 이하 단위는 억단위를 생략해서 계산하였다.

$$현금흐름이익률 = \frac{영업활동\ 현금흐름}{순매출액}$$

$$13년\ 현금흐름이익률 = \frac{₩28,443}{₩158,372} = 0.18$$

$$12년\ 현금흐름이익률 = \frac{₩23,066}{₩141,206} = 0.16$$

$$11년\ 현금흐름이익률 = \frac{₩17,267}{₩120,816} = 0.14$$

현금흐름이익률은 매출액순이익률 산식의 분자에 나타나 있는 당기순이익 대신에 영업활동 현금흐름으로 대체해서 만든 것으로 매출의 현금수익성을 측정한다.

이 비율은 기업의 전체적인 효율성과 경영성과를 측정하는 것으로써 매출을 통하여 현금을 창출하는 기업의 능력을 나타낸다. 매출을 통하여 얼마만큼의 현금을 창출하였는가에 대한 측정치는 매우 중요하다. 왜냐하면 기업이 부채의 상환, 배당금의 지급 및 설비투자를 위해서는 현금이 필요하기 때문이다. 현금흐름이익률은 높을수록 매출을 통한 현금창출능력이 양호한 것으로 판단한다.

삼성전자의 현금흐름이익률은 계속해서 증가추세를 나타내고 있어 현금흐름수익성이 지속적으로 개선되고 있음을 알 수 있다.

(3) 총자산현금이익률

총자산현금이익률의 계산결과는 다음과 같다.

$$총자산현금이익률 = \frac{영업활동\ 현금흐름}{평균총자산}$$

$$13년\ 총자산현금이익률 = \frac{₩28,443}{(₩154,826+₩133,264)/2} = 0.20$$

$$12년\ 총자산현금이익률 = \frac{₩23,066}{(₩133,264+₩117,600)/2} = 0.18$$

$$11년\ 총자산현금이익률 = \frac{₩17,267}{(₩117,600+₩134,309)/2} = 0.14$$

이 비율은 기업이 보유하고 있는 자산을 이용해서 얼마나 영업활동 현금흐름을 효율적으로 창출시켰는지를 측정하는 비율로 총자산이익률(또는 투자수익률)를 보완하는 비율이다. 영업활동 현금흐름은 배당금을 지급하고 투자활동에 사용할 수 있는 자금이기 때문에 이 비율은 높을수록 바람직하다.

삼성전자의 총자산현금이익률도 계속해서 증가추세를 나타내고 있어 현금흐름수익성이 지속적으로 개선되고 있음을 보여주고 있다.

2) 이익의 질

(1) 매출액 질비율

매출액의 질에 대한 우열을 평가하는 이 비율의 계산결과는 다음과 같다.

$$\text{매출액 질비율} = \frac{\text{매출로부터의 현금유입액}}{\text{순매출액}}$$

$$\text{13년 매출액 질비율} = \frac{₩158{,}372 + ₩17{,}297 - ₩17{,}749}{₩158{,}372} = 0.997$$

$$\text{12년 매출액 질비율} = \frac{₩141{,}206 + ₩15{,}216 - ₩17{,}297}{₩31{,}751} = 0.985$$

$$\text{11년 매출액 질비율} = \frac{₩120{,}816 + ₩19{,}153 - ₩15{,}216}{₩26{,}265} = 1.033$$

삼성전자는 현금흐름표를 간접법에 따라 작성하고 있기 때문에 매출로부터의 현금유입액은 다음과 같은 방식으로 추산하였다.

매출현금유입액 = 매출액 + 매출채권기초잔액 − 매출채권기말잔액

이 회사의 매출액 질비율은 3개년 모두 1.0 또는 1.0에 가깝게 나타나고 있다. 이는 당기의 매출액과 매출액으로부터 회수된 현금유입액이 비슷하다는 것이기 때문에 매출액의 질이 매우 양호한 것으로 판단할 수 있다.

(2) 이익 질비율

이익 질비율의 계산결과는 다음과 같다.

$$\text{이익 질비율} = \frac{\text{영업활동 현금흐름}}{\text{당기순이익}}$$

$$\text{13년 이익 질비율} = \frac{₩28,443}{₩17,930} = 1.59$$

$$\text{12년 이익 질비율} = \frac{₩23,066}{₩17,399} = 1.33$$

$$\text{11년 이익 질비율} = \frac{₩17,267}{₩10,048} = 1.72$$

이익 질비율은 당기순이익 가운데 현금으로 실현된 부분이 얼마나 되는지를 측정한다. 매출액 질비율과 마찬가지로 이 비율도 1.0 이상 되는 것이 바람직하다. 삼성전자의 3개년도의 이익 질비율은 모두 1.0을 초과하고 있어 이익의 질이 매우 양호함을 알 수 있다.

3) 현금흐름안전성(장단기지급능력)

(1) 현금흐름유동부채보상비율

현금흐름유동부채보상비율의 계산 결과는 다음과 같다.

$$\text{현금흐름유동부채보상비율} = \frac{\text{영업활동 현금흐름}}{\text{평균유동부채}}$$

$$\text{13년 유동부채보상비율} = \frac{₩28,443}{(₩27,598 + ₩24,770)/2} = 1.09$$

$$\text{12년 유동부채보상비율} = \frac{₩23,066}{(₩24,770 + ₩26,970)/2} = 0.89$$

$$\text{11년 유동부채보상비율} = \frac{₩17,267}{(₩26,970 + ₩39,945)/2} = 0.52$$

이 비율은 영업활동에서 창출된 현금흐름으로 당기에 상환할 부채를 어느 정도 충당하고 있는가를 측정하고 있는 것으로써, 이 비율의 측정치가 높을수록 단기부채상환능력이 우수한 기업인 것이다.

삼성전자의 현금흐름유동부채보상비율은 계속해서 증가추세를 나타내고 있어 단기부채상환능력이 지속적으로 향상되고 있음을 보여주고 있다. 특히 13년도의 경우 현금흐름유동부채보상비율이 1.09(109%)로 유동부채의 1.09배 정도를 영업활동에서 창출된 현금으로 상환할 수 있음을 보여주고 있어 단기부채상환능력이 매우 양호하다고 말할 수 있다.

다음과 같은 대체적 비율을 가지고 단기부채상환능력을 측정할 수도 있다.

이 비율은 영업활동 현금흐름을 가지고 당기의 부채상환액을 어느 정도 보상하였는지를 측정한다. 여기서 부채상환액은 현금흐름표상의 재무활동 현금흐름에 나타나 있다.

$$\text{현금흐름부채보상비율} = \frac{\text{영업활동 현금흐름}}{\text{부채상환액}}$$

$$\text{13년 현금흐름부채보상비율} = \frac{₩28,443}{₩185} = 153.8$$

$$\text{12년 현금흐름부채보상비율} = \frac{₩23,066}{₩1,570} = 14.7$$

$$\text{11년 현금흐름부채보상비율} = \frac{₩17,267}{₩150} = 115.1$$

삼성전자는 13년의 경우 상환한 부채의 153.8배를 영업활동 현금흐름으로 충당하고 있어 부채상환능력은 매우 양호함을 보여주고 있다.

(2) 현금흐름이자보상비율

현금흐름이자보상비율의 계산 결과는 다음과 같다.

$$현금흐름이자보상비율 = \frac{영업활동\ 현금흐름+이자\ 및\ 법인세지급액}{이자지급액}$$

$$13년\ 이자보상비율 = \frac{₩28,443+₩66+₩4,166}{₩66} = 495$$

$$12년\ 이자보상비율 = \frac{₩23,066+₩78+₩1,828}{₩1,378} = 320$$

$$11년\ 이자보상비율 = \frac{₩17,267+₩105+₩2,854}{₩105} = 193$$

이 비율은 이자보상비율을 실제현금흐름으로 바꾸어서 이자지급능력을 측정하고 있다. 실제로 이자는 당기순이익으로 지급되는 것이 아니고 현금으로 지급하는 것이기 때문에 현금흐름이자보상비율이 더 합리적인 이자지급능력측정비율인 것이다. 이 비율은 이자와 법인세를 차감하기 전의 영업활동 현금흐름을 가지고 이자지급액을 몇 배나 갚을 수 있는 지를 측정하게 된다.

삼성전자의 현금흐름이자보상비율은 계속해서 큰 폭으로 증가추세를 나타내고 있어 이자지급능력이 지속적으로 큰 폭으로 향상되고 있음을 보여주고 있다. 13년의 경우 현금흐름이자보상비율은 대체로 495배를 상회하고 있어 이자지급능력이 매우 양호하다는 것을 보여주고 있다.

(3) 현금흐름총부채보상비율

현금흐름총부채보상비율의 계산결과는 다음과 같다.

$$현금흐름총부채보상비율 = \frac{영업활동\ 현금흐름}{평균총부채}$$

$$13년\ 총부채보상비율 = \frac{₩28,443}{(₩32,455+₩27,376)/2} = 0.95$$

$$12년\ 총부채보상비율 = \frac{₩23,066}{(₩27,376+₩29,143)/2} = 0.82$$

$$11년\ 총부채보상비율 = \frac{₩17,267}{(₩29,143+₩45,131)/2} = 0.46$$

이 비율은 영업활동 현금흐름으로 기업의 총부채를 얼마나 상환할 수 있는 지를 측정한다. 따라서 이 비율이 높을수록 부채를 상환하는데 이용할 수 있는 영업활동 현금흐름이 충분하다는 의미이기 때문에 이런 기업의 장기지급능력은 양호한 것으로 볼 수 있다. 그리고 이 비율이 높을수록 재무적 융통성도 뛰어나다고 볼 수 있다.

삼성전자의 현금흐름총부채보상비율은 계속해서 큰 폭으로 증가추세를 나타내고 있어 총부채상환능력이 지속적으로 큰 폭으로 향상되고 있음을 보여주고 있다. 13년의 경우 현금흐름총부채보상비율은 대체로 95%정도를 나타내고 있다. 따라서 이 회사는 총부채의 95%정도를 영업활동 현금흐름으로 상환할 수 있어, 부채상환능력이 매우 뛰어남을 알 수 있다.

(4) 자본적 지출액 보상비율

경쟁력을 계속 유지하기 위해서는 기업은 적절한 시점에서 설비자산을 대체하거나 확장하지 않으면 안 된다. 이 회사의 설비투자능력을 평가할 수 있게 해주는 자본적 지출액 보상비율을 계산해보면 다음과 같다. 단 자본적 지출액은 유형자산과 무형자산의 취득액에서 각각의 처분액을 차감한 금액을 사용하였다.

$$자본적\ 지출액보상비율 = \frac{영업활동\ 현금흐름}{연간\ 자본적\ 지출액}$$

$$13년\ 자본적\ 지출액\ 보상비율 = \frac{₩28,443}{₩10,805} = 2.63$$

$$12년\ 자본적\ 지출액\ 보상비율 = \frac{₩23,066}{₩13,018} = 1.77$$

$$11년\ 자본적\ 지출액\ 보상비율 = \frac{₩17,267}{₩13,266} = 1.30$$

이 비율이 1.0을 초과하고 있다면 이는 이 기업이 현재의 영업활동을 통해서 이 기업의 바람직한 설비수준을 유지하는데 필요한 현금자금 이상을 창출시키고 있다는 의미이다. 이 비율이 높을수록 장기부채와 같은 외부자금에 대한 의존도가 낮기 때문에 재무적으로 건강한 기업이며, 재무적 융통성도 좋은 기업이라고 말할 수 있다. 한편 이 비율은 장기지급능력의 측정지표로 간주할 수도 있다. 왜냐하면 이 비율이 1.0을 초과하고 있다는 것은 필요한 자본적 지출 소요자금을 초과하는 영업활동 현금흐름이 남아 있다는 것을 의미하는 것으로써 이 자금은 부채를 상환하는데 쓰일 수 있기 때문이다.

이 회사의 자본적 지출액 보상비율은 3개년도 모두 1.0을 초과하고 있어 영업활동으로부터의 현금창출력이 매우 우수함을 알 수 있다.

(5) 배당금보상비율

배당금보상비율의 계산 결과는 다음과 같다.

$$배당금보상비율 = \frac{영업활동\ 현금흐름}{배당금지급액}$$

$$13년\ 배당금보상비율 = \frac{₩28,443}{₩1,207} = 23.6$$

$$12년\ 배당금보상비율 = \frac{₩23,066}{₩828} = 27.9$$

$$11년\ 배당금보상비율 = \frac{₩17,267}{₩825} = 20.9$$

이 비율은 영업활동 현금흐름이 배당금지급액의 몇 배에 해당되는 지를 측정하게 된다. 이 비율이 높을수록 배당금을 지급할 수 있는 충분한 현금흐름을 영업활동을 통해 창출하고 있는 우량기업이라고 볼 수 있다. 이 회사의 배당금보상비율은 20배 이상으로 대단히 높게 나타나고 있어 배당금 지급능력이 매우 양호함을 확인할 수 있다.

한편 배당금보상비율을 엄격하게 측정하는 대체적 비율인 다음 비율로 계산해보자.

$$배당금보상비율 = \frac{영업활동\ 현금흐름 - 부채상환액}{배당금지급액}$$

$$13년\ 배당금보상비율 = \frac{₩28,443 - ₩172}{₩1,207} = 23.4$$

$$12년\ 배당금보상비율 = \frac{₩23,066 - ₩1,156}{₩828} = 25.96$$

$$11년\ 배당금보상비율 = \frac{₩17,267 - ₩138}{₩825} = 20.75$$

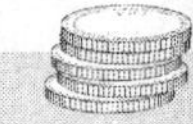

채권자에 대한 부채상환은 상환기간이 도래하였을 때 반드시 상환해야 할 강제적 의무사항인데 반해 주주에 대한 배당금지급은 이익의 분배로써 기업의 형편에 따라 임의로 결정할 수 있는 재량적 사항에 지나지 않는다. 이에 따라 부채상환이 배당금지급보다 우선적으로 해결해야 할 사항이기 때문에 부채상환액을 먼저 영업활동 현금흐름에서 차감시킨 잔액을 분자에 사용해서 이를 배당금지급액으로 나누어서 배당금보상정도를 측정하자는 것이 이 비율의 논리이다.

여기서 부채상환액은 삼성전자의 현금흐름표상에 나타나 있는 장단기차입금의 순상환액(차입액과 상환액의 차액을 말함)으로 계산한 금액이다. 차환이 가능한 유동부채 즉, 단기차입금을 제외한 장기부채감소액만을 부채상환액에 포함시켜서 이 비율을 계산하기도 한다.

이 회사의 이 비율은 모두 20.0보다 훨씬 높게 나타내고 있어 배당금지급능력이 매우 양호한 회사임을 확인해주고 있다.

(6) 잉여현금흐름비율

잉여현금흐름비율의 계산 결과는 다음과 같다.

$$\text{잉여현금흐름비율} = \frac{\text{잉여현금흐름}}{\text{영업활동 현금흐름}}$$

$$\text{13년 잉여현금흐름비율} = \frac{₩18,384}{₩28,443} = 0.646$$

$$\text{12년 잉여현금흐름비율} = \frac{₩9,116}{₩23,066} = 0.395$$

$$\text{11년 잉여현금흐름비율} = \frac{₩4,631}{₩17,267} = 0.268$$

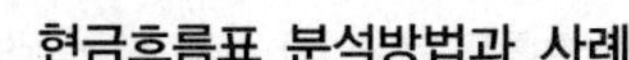

이 비율은 잉여현금흐름이 영업활동 현금흐름을 기준으로 얼마만큼 비중을 차지하는지를 측정하고 있다. 여기서 잉여현금흐름은 영업활동 현금흐름에서 유형자산 순취득액을 차감해서 계산하였다. 잉여현금흐름의 비중이 높을수록 회사의 성장, 부채상환, 배당금 지급 및 재무적 탄력성 확보에 필요한 여유자금이 충분하게 되기 때문에 재무건전도가 매우 뛰어난 기업이라 할 수 있다.

삼성전자는 설비투자 수준이 높았던 11년과 12년에는 잉여현금흐름수준이 낮게 나타났지만, 이전 년도에 비해 설비투자 수준이 축소된 반면에 영업활동에서 창출된 현금흐름이 더 증가한 13년도에는 잉여현금흐름비중이 높아졌음을 보이고 있어, 재무건전도가 크게 향상된 것으로 나타나고 있다.

4) 현금흐름충분성비율

지금까지는 개별적인 항목에 대한 영업활동 현금흐름의 충분성을 측정하는 비율을 살펴보았다. 그러나 여러 가지 항목을 한꺼번에 포함시켜서 이에 대한 영업활동 현금흐름의 충분성을 종합적으로 측정해보는 것도 의미가 있을 것이다.

현금흐름충분성비율을 계산해보면 다음과 같다. 기간은 3년을 사용하였다.

$$\text{현금흐름충분성비율} = \frac{\text{영업활동 현금흐름의 3년분 합계}}{\text{자본적지출, 재고자산 증가, 현금배당금의 3년분 합계}}$$

$$\text{현금흐름충분성비율} = \frac{₩68,776}{₩38,580+₩560+₩2,860} = 1.64$$

이 비율은 기업이 자본적지출과 재고자산 투자 및 현금배당금을 지급하는데 필요한 자금을 영업활동 현금흐름으로 얼마나 충당하고 있는 가를 측

정하고 있다. 이 비율이 1.0이라면 이는 기업이 외부자금에 의존할 필요없이 일정한 성장수준을 달성하는 데 필요한 현금을 전액 영업활동에서 충당하고 있다는 뜻이다. 한편 이 비율이 1.0이하로 나타난다면 이 기업은 기업내부에서 창출한 현금으로 배당과 현재의 영업성장수준을 유지시키지 못하고 있다는 뜻이 될 것이다.

이 회사의 현금흐름충분성비율은 1.0이상으로 자본적지출과 재고자산투자 및 현금배당금을 지급하는데 필요한 자금을 영업활동 현금흐름으로 충분히 충당하고 있는 현금흐름이 매우 양호한 회사임을 입증해주고 있다.

한편 이와 유사한 비율인 다음 비율을 계산해보면 아래와 같다. 위의 비율과 마찬가지로 3년분 합계액을 사용하였다.

$$현금흐름충분성비율 = \frac{영업활동\ 현금흐름}{장기부채상환액+자본적지출액+배당금지급액}$$

$$현금흐름충분성비율 = \frac{₩68,776}{₩1,905+₩38,580+₩2,860} = 1.59$$

이 비율은 영업활동 현금흐름으로 장기부채의 상환과 자산의 구입 그리고 배당금지급을 어느 정도 충당하고 있는지를 나타내고 있다. 이 비율 역시 1.0이상을 보임에 따라 이 회사는 영업활동 현금흐름으로 장기부채의 상환과 자산의 구입 그리고 배당금지급을 충분히 충당하고 있음을 나타내고 있다.

지금까지 삼성전자에 대한 현금흐름을 개별적 및 종합적인 비율을 통해서 분석해 보았다. 그 결과 현금흐름이 매우 양호함을 발견하게 되었다. 즉 영업활동을 통한 내부창출현금이 대단히 충분함에 따라 이 기업의 현재의 현금흐름창출능력, 설비투자능력, 배당금지급능력, 부채상환능력은 매우 양호한 것으로 나타났으며, 또한 순이익의 질도 우수함을 확인하였다.

B. LG전자

다음은 삼성전자의 경쟁기업이라 할 수 있는 LG전자의 재무제표이다. 현금흐름비율분석을 통해 이 회사의 현금흐름을 평가해보자.

재무상태표

LG전자 (단위 : 백만원)

	제12기(13년)	제11기(12년)	제10기(11년)
자산			
유동자산	7,853,223	7,547,627	8,150,104
비유동자산	17,117,859	16,284,549	16,049,126
자산총계	24,971,082	23,832,176	24,199,230
부채			
유동부채	9,346,331	8,360,961	8,871,191
비유동부채	5,791,931	5,448,260	4,833,178
부채총계	15,138,262	13,809,221	13,704,369
자본			
자본총계	9,832,820	10,022,955	10,494,861
부채와 자본총계	24,971,082	23,832,176	24,199,230

손익계산서

LG전자 (단위 : 백만원)

	제12기	제11기	제10기
매출액	28,078,895	25,427,205	28,097,139
매출원가	22,649,510	19,986,372	23,052,881
매출총이익	5,429,385	5,440,833	5,044,258
판매비	2,642,024	2,649,749	2,572,477
관리비	524,675	459,788	527,867

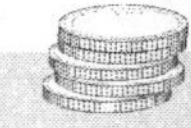

연구개발비	1,930,008	1,790,033	1,667,056
서비스비	546,555	495,064	540,739
영업이익(손실)	(213,877)	46,199	(263,881)
금융수익	180,934	250,366	320,115
금융비용	380,797	463,760	558,755
기타영업외수익	1,163,318	1,093,532	1,116,716
기타영업외비용	996,723	1,165,919	1,016,588
법인세비용차감전순손실	(247,145)	(239,582)	(402,393)
법인세비용	(58,068)	112,581	(124,474)
당기순손실	(189,077)	(352,163)	(277,919)

현금흐름표

LG전자 (단위 : 백만원)

	제12기	제11기	제10기
영업활동 현금흐름	1,017,055	1,097,324	513,986
영업으로부터 창출된 현금	774,272	1,200,509	617,294
이자의 수취	21,196	31,319	31,153
이자의 지급	(219,592)	(229,121)	(201,159)
배당금의 수취	526,023	264,625	142,277
법인세의 납부	(84,844)	(170,008)	(75,579)
투자활동 현금흐름	(1,494,710)	(810,854)	(1,711,602)
금융기관예치금의 감소	9,565	126,641	0
기타수취채권의 감소	192,708	74,861	61,125
기타금융자산의 처분	66,811	4,831	10,303
유형자산의 처분	17,222	45,727	45,401
무형자산의 처분	5,874	1,081	15,786
종속, 관계 및 공동기업 투자 처분	24,493	215,860	9,687
투자부동산의 처분	4,400	672	1,235

사업결합으로 인한 현금의 증가	5,304	0	0
사업양도	3,436	0	0
금융기관예치금의 증가	(15,000)	0	(77,878)
기타수취채권의 증가	(183,056)	(60,762)	(118,837)
기타금융자산의 취득	(4,500)	(16,302)	(58,450)
유형자산의 취득	(1,164,694)	(836,542)	(1,047,319)
무형자산의 취득	(345,001)	(297,544)	(296,296)
종속, 관계 및 공동기업 투자 취득	(112,272)	(69,377)	(106,059)
사업결합으로 인한 현금의 감소	0	0	(150,300)
재무활동 현금흐름	661,758	(536,435)	1,692,993
차입금의 증가	1,724,690	937,639	2,406,066
유상증자	0	0	975,260
차입금의 상환	(1,026,060)	(1,437,202)	(1,655,261)
배당금의 지급 등	(36,872)	(36,872)	(33,072)
현금및현금성자산의 증가(감소)	184,103	(249,965)	495,377
기초의 현금및현금성자산	1,114,246	1,364,211	868,834
기말의 현금및현금성자산	1,298,349	1,114,246	1,364,211

1) 현금흐름수익성

(1) 주당현금흐름비율

주당현금흐름비율을 계산하면 다음과 같다. 단 단위는 백만단위를 생략한 것이다

$$주당현금흐름 = \frac{영업활동\ 현금흐름}{보통주의\ 가중평균유통주식수}$$

$$13년\ 주당현금흐름 = \frac{₩1,017,055}{163주} = ₩6,240$$

$$12년\ 주당현금흐름 = \frac{₩1,097,324}{163주} = ₩6,732$$

$$11년\ 주당현금흐름 = \frac{₩513,986}{163주} = ₩3,153$$

LG전자의 주당현금흐름은 11년에 비해 두 배정도 증가를 나타내고 있어 현금흐름수익성이 개선되고 있지만 13년에는 12년에 비해 소폭 감소상태를 보이고 있다.

(2) 현금흐름이익률

현금흐름이익률을 계산하면 다음과 같다. 이하 단위는 억단위를 생략해서 계산하였다.

$$현금흐름이익률 = \frac{영업활동\ 현금흐름}{순매출액}$$

$$13년\ 현금흐름이익률 = \frac{₩1,017}{₩28,079} = 0.04$$

$$12년\ 현금흐름이익률 = \frac{₩1,097}{₩25,427} = 0.04$$

$$11년\ 현금흐름이익률 = \frac{₩514}{₩28,097} = 0.02$$

LG전자의 11년도에 비해 현금흐름이익률이 소폭의 증가를 나타내고 있지만 비율 값 자체가 너무 낮아 현금흐름수익성이 저조함을 알 수 있다.

(3) 총자산현금이익률

총자산현금이익률의 계산결과는 다음과 같다.

$$총자산현금이익률 = \frac{영업활동\ 현금흐름}{평균총자산}$$

$$13년\ 총자산현금이익률 = \frac{₩1,017}{(₩24,971+₩23,832)/2} = 0.04$$

$$12년\ 총자산현금이익률 = \frac{₩1,097}{(₩23,832+₩24,199)/2} = 0.05$$

$$11년\ 총자산현금이익률 = \frac{₩514}{(₩24,199+₩32,318)/2} = 0.02$$

총자산현금이익률은 기업이 보유하고 있는 자산을 이용해서 얼마나 영업활동 현금흐름을 효율적으로 창출시켰는지를 측정하는 비율로 총자산이익률(또는 투자수익률)를 보완하는 비율인데, LG전자의 총자산현금이익률은 11년도에 비해 소폭의 증가를 나타내고 있지만 현금흐름이익률과 마찬가지로 영업활동에서 창출한 현금흐름이 투자한 자산에 비해 너무 낮기 때문에 비율 값 자체가 너무 낮게 나타나고 있어 역시 현금흐름수익성이 매우 저조하다는 것을 알려주고 있다.

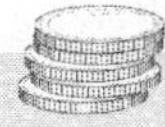

2) 이익의 질

(1) 매출액 질비율

매출액의 질에 대한 우열을 평가하는 이 비율의 계산결과는 다음과 같다.

$$매출액\ 질비율 = \frac{매출로부터의\ 현금유입액}{순매출액}$$

$$13년\ 매출액\ 질비율 = \frac{₩28,079 + ₩4,693 - ₩4,697}{₩28,079} = 0.999$$

$$12년\ 매출액\ 질비율 = \frac{₩25,427 + ₩5,077 - ₩4,693}{₩25,427} = 1.015$$

$$11년\ 매출액\ 질비율 = \frac{₩28,097 + ₩7,002 - ₩5,077}{₩28,097} = 1.069$$

LG전자는 현금흐름표를 간접법에 따라 작성하고 있기 때문에 매출로부터의 현금유입액은 다음과 같은 방식으로 추산하였다.

매출현금유입액 = 매출액 + 매출채권기초잔액 − 매출채권기말잔액

이 회사의 매출액 질비율은 3개년 모두 1.0 또는 1.0에 가깝게 나타나고 있다. 이는 당기의 매출액과 매출액으로부터 회수된 현금유입액이 비슷하다는 것이기 때문에 매출액의 질이 매우 양호한 것으로 판단할 수 있다.

(2) 이익 질비율

이익 질비율의 계산결과는 다음과 같다.

LG전자의 이익 질비율은 당기순이익이 3개 연도 모두 적자인데 반해 영업활동현금흐름이 모두 흑자를 나타내고 있어 이익의 질은 우수하다고 하겠다.

$$\text{이익 질비율} = \frac{\text{영업활동 현금흐름}}{\text{당기순이익}}$$

$$\text{13년 이익 질비율} = \frac{₩1,017}{-₩189} = -5.43$$

$$\text{12년 이익 질비율} = \frac{₩1,097}{-₩352} = -3.12$$

$$\text{11년 이익 질비율} = \frac{₩514}{-₩279} = -1.84$$

3) 현금흐름안전성(장단기지급능력)

(1) 현금흐름유동부채보상비율

현금흐름유동부채보상비율의 계산 결과는 다음과 같다.

$$\text{현금흐름유동부채보상비율} = \frac{\text{영업활동 현금흐름}}{\text{평균유동부채}}$$

$$\text{13년 유동부채보상비율} = \frac{₩1,017}{(₩9,346 + ₩8,361)/2} = 0.115$$

$$\text{12년 유동부채보상비율} = \frac{₩1,097}{(₩8,361 + ₩8,871)/2} = 0.127$$

$$\text{11년 유동부채보상비율} = \frac{₩514}{(₩8,871 + ₩15,317)/2} = 0.043$$

LG전자의 현금흐름유동부채보상비율은 11년도에 비해 소폭 증가상태를 나타내고 있지만 비율 값 자체가 너무 낮아 단기부채상환능력이 저조함을 보여주고 있다. 13년의 경우 평균유동부채의 11.5%만을 영업활동에서 창출한 현금흐름으로 상환할 수 있는 수준에 지나지 않고 있어 단기부채상환능력이 매우 열악한 상태임을 알 수 있다.

다음과 같은 현금흐름유동부채보상비율의 대체적 비율에서는 단기부채상환능력이 큰 문제가 없는 것으로 상반된 결과를 보여주고 있다.

이는 영업활동 현금흐름에 비해 당기의 부채상환액이 적기 때문에 영업활동 현금흐름으로 당기의 부채상환액을 충분히 충당할 수 있었기 때문에 그렇게 나타난 것이다.

$$\text{현금흐름부채보상비율} = \frac{\text{영업활동 현금흐름}}{\text{부채상환액}}$$

$$\text{13년 현금흐름부채보상비율} = \frac{₩1,017}{₩185} = 0.091$$

$$\text{12년 현금흐름부채보상비율} = \frac{₩1,097}{₩1,570} = 0.763$$

$$\text{11년 현금흐름부채보상비율} = \frac{₩514}{₩150} = 0.311$$

(2) 현금흐름이자보상비율

현금흐름이자보상비율의 계산 결과는 다음과 같다.

$$현금흐름이자보상비율 = \frac{영업활동\ 현금흐름+이자\ 및\ 법인세지급액}{이자지급액}$$

$$13년\ 이자보상비율 = \frac{₩1,017+₩220+₩85}{₩220} = 6.01$$

$$12년\ 이자보상비율 = \frac{₩1,097+₩229+₩170}{₩229} = 6.53$$

$$11년\ 이자보상비율 = \frac{₩514+₩201+₩76}{₩201} = 3.94$$

LG전자의 현금흐름이자보상비율은 11년도보다 2배 정도 증가를 나타내고 있어 이자지급능력이 향상되고 있음을 보여주고 있다.

(3) 현금흐름총부채보상비율

현금흐름총부채보상비율의 계산결과는 다음과 같다.

$$현금흐름총부채보상비율 = \frac{영업활동\ 현금흐름}{평균총부채}$$

$$13년\ 총부채보상비율 = \frac{₩1,017}{(₩15,138\ +\ ₩13,809)/2} = 0.07$$

$$12년\ 총부채보상비율 = \frac{₩1,097}{(₩13,809\ +\ ₩13,704)/2} = 0.08$$

$$11년\ 총부채보상비율 = \frac{₩514}{(₩13,704\ +\ ₩19,459)/2} = 0.03$$

LG전자의 현금흐름총부채보상비율은 11연도에 비해 2배 이상 증가상태 나타내고 있어 총부채상환능력이 개선되고 있음을 보여주고 있다. 그러나 13년의 경우 현금흐름총부채보상비율은 대체로 7%정도를 나타내고 있으며, 이는 총부채의 7% 정도를 영업활동 현금흐름으로 상환할 수 있다는 의미이기 때문에 부채상환능력은 매우 저조함을 알 수 있다.

(4) 자본적 지출액 보상비율

LG전자의 자본적 지출액 보상비율을 계산해보면 다음과 같다. 단 자본적 지출액은 유형자산과 무형자산의 취득액에서 각각의 처분액을 차감한 금액을 사용하였다.

$$\text{자본적 지출액보상비율} = \frac{\text{영업활동 현금흐름}}{\text{연간 자본적 지출액}}$$

$$\text{13년 자본적 지출액 보상비율} = \frac{₩1,017}{₩1,487} = 0.684$$

$$\text{12년 자본적 지출액 보상비율} = \frac{₩1,097}{₩1,088} = 1.008$$

$$\text{11년 자본적 지출액 보상비율} = \frac{₩514}{₩1,282} = 0.401$$

이 회사의 자본적 지출액 보상비율은 12년을 제외하고 모두 1.0을 하회하고 있다. 이에 따라 13년과 11년은 영업활동 현금흐름으로 자본적 지출액을 충당하지 못하고 있음을 보여주고 있어 현금창출력이 매우 부족함을 알 수 있다.

(5) 배당금보상비율

배당금보상비율의 계산 결과는 다음과 같다.

$$\text{배당금보상비율} = \frac{\text{영업활동 현금흐름}}{\text{배당금지급액}}$$

$$\text{13년 배당금보상비율} = \frac{₩1,017}{₩37} = 27.5$$

$$\text{12년 배당금보상비율} = \frac{₩1,097}{₩37} = 29.7$$

$$\text{11년 배당금보상비율} = \frac{₩514}{₩33} = 15.6$$

LG전자의 배당금보상비율은 20배 이상으로 대단히 높게 나타나고 있어 배당금지급능력은 매우 양호함을 확인할 수 있다.

한편 배당금보상비율을 엄격하게 측정하는 대체적 비율인 다음 비율로 계산해보자.

$$\text{배당금보상비율} = \frac{\text{영업활동 현금흐름} - \text{부채상환액}}{\text{배당금지급액}}$$

$$\text{13년 배당금보상비율} = \frac{₩1,017 - ₩1,026}{₩37} = -0.273$$

$$\text{12년 배당금보상비율} = \frac{₩1,097 - ₩1,437}{₩828} = -9.189$$

$$\text{11년 배당금보상비율} = \frac{₩514 - ₩1,655}{₩33} = -34.576$$

여기서 부채상환액은 LG전자의 현금흐름표상에 나타나 있는 차입금의 상환액으로 계산한 금액이다.

이 회사의 이 비율은 모두 －를 나타내고 있어 배당금지급능력이 매우 취약한 상태임을 보여주고 있다. 물론 차입금 차입액에서 상환한 금액을 차감한 잔액인 순상환액으로 계산하면 배당금 지급능력이 양호한 것으로 나타난다.

(6) 잉여현금흐름비율

잉여현금흐름비율의 계산 결과는 다음과 같다.

$$\text{잉여현금흐름비율} = \frac{\text{잉여현금흐름}}{\text{영업활동 현금흐름}}$$

$$\text{13년 잉여현금흐름비율} = \frac{-₩131}{₩1,017} = -\ 0.128$$

$$\text{12년 잉여현금흐름비율} = \frac{₩307}{₩1,097} = 0.280$$

$$\text{11년 잉여현금흐름비율} = \frac{-₩488}{₩513} = -\ 0.951$$

이 비율은 잉여현금흐름이 영업활동 현금흐름을 기준으로 얼마만큼 비중을 차지하는지를 측정하고 있다. 여기서 잉여현금흐름은 영업활동 현금흐름에서 유형자산 순취득액을 차감해서 계산하였다. 잉여현금흐름의 비중이 높을수록 회사의 성장, 부채상환, 배당금 지급 및 재무적 탄력성 확보에 필요한 여유자금이 충분하게 되기 때문에 재무건전도가 매우 뛰어난 기업이라 할 수 있다.

LG전자는 12년을 제외하고는 13년과 11년에서 잉여현금흐름이 -로 나타나고 있어, 재무건전도가 취약한 상태임을 보여주고 있다. 이는 영업활동에서 창출된 현금흐름 수준이 낮거나, 영업활동에서 창출된 현금흐름 수준에 비해 설비투자 수준이 높았던데 그 원인이 있다고 볼 수 있다.

4) 현금흐름충분성비율

지금까지는 개별적인 항목에 대한 영업활동 현금흐름의 충분성을 측정하는 비율을 살펴보았다. 그러나 여러 가지 항목을 한꺼번에 포함시켜서 이에 대한 영업활동 현금흐름의 충분성을 종합적으로 측정해보는 것도 의미가 있을 것이다.

현금흐름충분성비율을 계산해보면 다음과 같다. 기간은 3년을 사용하였다.

$$\text{현금흐름충분성비율} = \frac{\text{영업활동 현금흐름의 3년분 합계}}{\text{자본적지출, 재고자산 증가, 현금배당금의 3년분 합계}}$$

$$\text{현금흐름충분성비율} = \frac{₩2,718}{₩3,857+₩36+₩107} = 0.68$$

이 비율은 기업이 자본적지출과 재고자산 투자 및 현금배당금을 지급하는데 필요한 자금을 영업활동 현금흐름으로 얼마나 충당하고 있는 가를 측정하고 있다. 이 비율이 1.0이라면 이는 기업이 외부자금에 의존할 필요없이 일정한 성장수준을 달성하는 데 필요한 현금을 전액 영업활동에서 충당하고 있다는 뜻이다. 한편 이 비율이 1.0이하로 나타난다면 이 기업은 기업내부에서 창출한 현금으로 배당과 현재의 영업성장수준을 유지시키지 못하고 있다는 뜻이 될 것이다.

이 회사의 현금흐름충분성비율은 0.68로 자본적지출과 재고자산 투자

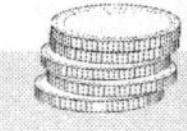

및 현금배당금을 지급하는데 필요한 자금을 영업활동 현금흐름으로 충분히 충당하고 있지 못하고 있는 상태로 부족한 부분을 외부자금에 의존해야 하는 형편임을 알 수 있다.

한편 이와 유사한 비율인 다음 비율을 계산해보면 아래와 같다. 위의 비율과 마찬가지로 3년분 합계액을 사용하였다.

$$\text{현금흐름충분성비율} = \frac{\text{영업활동 현금흐름}}{\text{장기부채상환액+자본적지출액+배당금지급액}}$$

$$\text{현금흐름충분성비율} = \frac{₩2,718}{₩4,118+₩3,857+₩107} = 0.336$$

이 비율은 영업활동 현금흐름으로 장기부채의 상환과 자산의 구입 그리고 배당금지급을 어느 정도 충당하고 있는지를 나타내고 있다. 이 비율 역시 3.336에 지나지 않아 이 회사는 영업활동 현금흐름으로 장기부채의 상환과 자산의 구입 그리고 배당금지급을 충분히 충당하고 있지 못함을 나타내고 있다.

지금까지 LG전자에 대한 현금흐름을 개별적 및 종합적인 비율을 통해서 분석해 보았다. 그 결과 현금흐름이 매우 열악한 상태임을 발견하게 되었다. 이는 영업활동을 통한 내부창출현금이 대단히 충분하지 않기 때문이며, 이는 당기순이익이 계속해서 적자에서 벗어나지 못한데 기인한다.

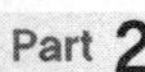

3. 공통형 현금흐름표에 의한 분석사례

1) 공통형 현금흐름표에 의한 수직적 분석

현금흐름표의 작성은 두 가지 방법, 즉 직접법과 간접법에 의해 작성된다. 따라서 공통형 현금흐름표도 두 가지 방법에 따라 다르게 작성된다. 우리나라 실무에서는 작성의 용이성을 이유로 간접법을 압도적으로 선호하는 것으로 알려지고 있다.

본 사례에서는 1995년에 직접법에 따라 현금흐름표를 작성한 바 있는 주식회사 대농의 현금흐름표를 대상으로 해서 직접법과 간접법에 따른 각각의 공통형 현금흐름표의 작성 및 분석을 실시해보고자 한다. 한편 주식회사 대농은 극심한 자금난을 견디다 못해 1997년 5월에 사실상의 부도기업인 부도유예협약 대상기업에 선정된 바 있다.

따라서 본 사례에서는 주식회사 대농의 1994년부터 1996년까지의 최근 3개년분의 현금흐름표를 공통형 현금흐름표로 작성해서 자금난에 봉착하게 된 원인을 분석해봄으로써 공통형 현금흐름표의 유용성을 실증해 보고자 한다. 특별히 주식회사 대농이 속한 산업의 우량기업인 태광산업주식회사를 비교대상기업으로 해서 부실기업과 건전기업의 현금흐름표상의 차이에 대해서도 살펴보고자 한다.

주식회사 대농의 1995년의 직접법과 간접법에 따른 현금흐름표를 공통형 현금흐름표로 작성한 것은 <표 4-1>와 <표 4-2>에 각각 제시되어 있다.

직접법의 경우 현금흐름의 총유입을 100%로 했을 때 유입액과 유출액을 구성하고 있는 각 항목의 구성비를 각각 백분율로 표시하여 작성한 것이다. <표 4-1>을 보면 현금흐름의 총유입액을 100%로 했을 때 유입의 구성비는 영업활동으로 인한 현금유입이 62.1%, 투자활동으로 인한 현금유입이

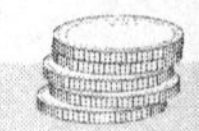

8.6%, 재무활동으로 인한 현금유입이 29.3%로 각각 구성되어 있다.

한편 유출의 구성비를 볼 것 같으면 영업활동으로 인한 현금유출이 71.0%, 투자활동으로 인한 현금유출이 13.8.%, 재무활동으로 인한 현금유출이 15.7%로 각각 구성되어 있으며, 이에 따라 총유출액이 100.5%나 되어 총유입액을 0.5%초과하고 있다.

각 항목의 구성비율을 볼 것 같으면 영업활동으로 인한 현금유입이 62.1% 인데 대해 영업활동으로 인한 현금유출은 71.0%로 유출이 더 많아 내부자금을 창출시키는 정상적인 영업활동이 이루어지고 있지 못하는 문제점이 극명하게 드러나고 있다.

영업활동으로 인한 현금유입이 영업활동으로 인한 현금유출보다 많을수록 내부창출여유자금이 충분해지기 때문에 이 자금으로 설비투자를 하거나 부채를 상환하고 배당금을 지급할 수 있게 된다. 바로 영업활동으로 인한 현금흐름이 충분한, 즉 내부자금의 창출능력이 충분한 기업이 건강한 기업의 징후인 것이다. 영업활동으로 인한 현금흐름이 부족할 경우 재무활동을 통한 추가자금조달의 필요성이 불가피해지며, 이런 현상이 계속될 경우 과도한 부채의존경영으로 인해 심각한 자금난에 봉착할 가능성이 높아지게 된다.

주식회사 대농은 영업활동으로 인한 현금유입이 부족함에 따라 재무활동을 통해서 자금을 조달하고 있는데 자금조달원천의 비중을 보면 총유입액 가운데 단기차입이 6.5%, 장기차입이 18.3%, 자기자본이 4.5%로 되어 있어 부채의존도가 심화되고 있음을 알 수 있다.

재무활동으로 인한 현금유출항목 중 단기차입금의 상환으로 인한 현금유출이 15.4%나 차지하고 있는 것만 보아도 이 기업이 부채에 얼마나 의존하고 있는지를 잘 알 수 있다. 자금난을 겪고 있는 상황에서 배당을 해서는 안되는데 이 회사는 총유입액의 0.2%의 배당을 하고 있다. 이는 부채를 조달해서 배당하고 있는 셈으로 자금난을 가중시키는데 일조하고 있는 것이라 하겠다.

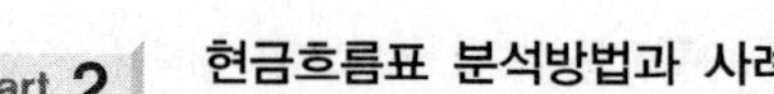

결국 주식회사 대농은 영업활동으로 인한 현금흐름이 부족하고 이에 따라 부채의존도가 심화되고 있어 자금난을 겪고 있다는 사실이 공통형 현금흐름표에 잘 나타나고 있음을 알 수 있다.

간접법의 경우 현금흐름의 총유입을 100%로 하는데 현금흐름의 총유입은 영업활동으로 인한 현금흐름과 투자활동으로 인한 현금유입 그리고 재무활동으로 인한 현금유입을 모두 합산한 것이다. 만약 영업활동으로 인한 현금흐름이-인 경우에는 현금유입액 계산에서 제외되며, 현금유출항목이 되게 된다.

<표 4-2>에 나타난 간접법의 공통형 현금흐름표를 보면 총유입은 투자활동으로 인한 현금유입 22.7%와 재무활동으로 인한 현금유입 77.3%를 합해서 100%로 되어 있다. 유출은 영업활동으로 인한 현금흐름 23.6%, 투자활동으로 인한 현금유출 36.6%, 재무활동으로 인한 현금유출 41.3%를 모두 합해서 101.5%로 유입액의 1.5%나 초과 유출이 되어 있다.

간접법의 공통형 현금흐름표에서도 직접법의 공통형 현금흐름표와 마찬가지로 영업활동으로 인한 현금흐름이-로 내부자금의 창출능력에 큰 문제점을 안고 있다는 것과 이에 따라 부채의존도가 심화되고 있음에 따라 극심한 자금난이 초래되었다는 사실을 잘 보여주고 있다.

〈표 4-1〉 **공통형 현금흐름표(직접법)**

1995년 1월 1일부터 1995년 12월 31일까지

주식회사 대농 (단위 : 백만원)

과 목	유 입 액	유 출 액	비율(%)	비 율(%)
Ⅰ. 영업활동 현금흐름				
매출대금	377,365		60.9	
이자수입	6,966		1.1	
배당금수입	386		0.1	
매입 및 종업원에대한지급		370,941		59.9
이자비용의 지급		64,699		10.4
법인세비용의 지급		4,425		0.7
	384,717	440,065	62.1	71.0

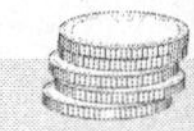

Ⅱ. 투자활동 현금흐름				
유동자산의 감소	40,420		6.5	
투자자산의 감소	12,452		2.0	
유형자산의 감소	405		0.1	
유동자산의 증가		38,566		6.2
투자자산의 증가		22,476		3.6
유형자산의 증가		24,874		4.0
	53,277	85,916	8.6	13.8
Ⅲ. 재무활동 현금흐름				
유동부채의 증가	40,313		6.5	
고정부채의 증가	113,241		18.3	
자본의 증가	28,011		4.5	
이연자산의 증가		330		0.1
유동부채의 감소		95,186		15.4
고정부채의 감소		165		
배당금의 지급		1,316		0.2
	181,565	96,997	29.3	15.7
Ⅳ. 총현금흐름	619,559	622,978	100.0	100.5
Ⅴ. 현금의 감소		(3,419)		(0.5)

〈표 4-2〉 공통형 현금흐름표(간접법)

1995년 1월 1일부터 1995년 12월 31일까지

주식회사 대농 (단위 : 백만원)

과 목	금 액		유입(%)	유출(%)
Ⅰ.영업활동 현금흐름		(55,348)		23.6
당기순이익	3,510			
현금유출이 없는 비용등 가산	21,418			
현금유입이 없는 수익등 차감	(1,377)			
영업활동으로 인한 자산·부채의 변동				
영업활동으로 인한 자산의 감소	4,484			
영업활동으로 인한 부채의 증가	2,366			
영업활동으로 인한 자산의 증가	(72,630)			
영업활동으로 인한 부채의 감소	(13,119)			

Ⅱ.투자활동 현금흐름		(32,638)		
투자활동으로 인한 현금유입액	53,278		22.7	
유동자산의 감소	40,420		17.2	
투자자산의 감소	12,452		5.3	
유형자산의 감소	405		0.2	
투자활동으로 인한 현금유출액	(85,916)			36.6
유동자산의 증가	(38,566)			16.4
투자자산의 증가	(22,476)			9.5
유형자산의 증가	(24,874)			10.6
Ⅲ.재무활동 현금흐름		84.568		
재무활동으로 인한 현금유입액	181,565		77.3	
유동부채의 증가	40,313		17.2	
고정부채의 증가	113,241		48.2	
자본의 증가	28,011		11.9	
재무활동으로 인한 현금유출액	(96,997)			41.3
이연자산의 증가	(330)			0.1
유동부채의 감소	(95,186)			40.5
고정부채의 감소	(165)			0.1
배당금의 지급	(1,316)			0.6
			100%	101.5%
Ⅳ.현금의 감소		(3,419)		(1.5)

2) 3년분 공통형 현금흐름표에 의한 분석

주식회사 대농과 태광주식회사의 1994년부터 1996년까지의 현금흐름표는 <표 4-3>과 <표 4-4>에 제시되어 있다. 현금흐름은 회계기간에 따라 기복이 있을 수 있으며, 또한 현금흐름상태를 일시적으로 양호한 것처럼 보이기 위한 일시적인 기간조정을 행할 수 있다. 이러한 조정은 당해 기간의 현금흐름을 증가시키지만 다음 기간에는 반대의 영향을 미치게 된다. 따라서 현금흐름의 분석은 최소한 3년 내지 5년간의 장기간의 추세분석을 해야 올바른 분석을 할 수 있다.

미국에서 현재 3년분의 비교현금흐름표를 공시하도록 하고 있는 것도 이런 점 때문이다. 또한 회사에 따라서는 3년분의 비교현금흐름표와 함께 3년분의 합산액을 공시하여 현금흐름패턴의 기간간 불안정성이 배제된 올바른 현금흐름분석이 가능하도록 하고 있다. 이에 따라 본 사례에서도 3년분의 비교현금흐름표와 함께 3년분의 합산액을 이용하여 현금흐름분석을 시도해 보았다.

주식회사 대농과 태광산업주식회사의 3개년도 및 3년치 합산분에 대한 공통형 현금흐름표를 작성한 결과가 <표 4-5>과 <표 4-6>에 나타나 있다.

<표 4-5>에 나타난 대농의 3년간의 공통형 현금흐름표를 분석한 결과는 다음과 같다. 먼저 영업활동으로 인한 현금흐름을 보면 3년 모두 - 를 기록하고 있어 내부자금창출능력이 매우 취약해지고 있음을 보이고 있다. 특히 1996년에는 -55.2%의 대폭 감소된 모습을 보이고 있어 심각한 자금난에 봉착한 것으로 추정된다. 3년간 영업활동으로 인한 현금흐름이 -의 하향추세를 보이고 있으며 평균적으로 -34.9%를 나타내고 있어 심각한 자금난을 겪고 있음을 잘 보여주고 있다.

영업활동으로 인한 현금흐름이 계속 감소함에 따라 투자활동으로 인한 현금흐름의 비중은 별로 높지가 않다. 1994년과 1995년에는 투자활동으로 인한 현금유입액보다 유출액이 많았던 것이 1996년에 와서는 반대로 유입액이 많은 것으로 나타나서 자금난의 심각함에 대한 일면을 엿보게 해준다.

또한 영업활동으로 인한 현금흐름이 계속 감소함에 따른 부족자금은 거의 대부분 재무활동을 통해서 조달되고 있음을 보여주고 있다. 자금조달의 원천을 보면 자기자본보다는 타인자본에 의존하는 비중이 커지고 있으며, 타인자본의경우도 기간이 장기인 고정부채를 통한 현금유입은 감소추세를 보이는 것과 대조적으로 기간이 1년 미만인 유동부채, 즉 단기차입을 통한 현금유입이 증가추세를 보이고 있어 지급능력을 계속 악화시키고 있음을 보여주고 있다. 이렇게 내부자금의 창출능력이 계속 악화되고 있음에도 불구하고 일정 수준의 배당금이 지급되고 있는 상황은 이 기업의 자금난을 더욱 더 가중시키는데 한 몫 하고 있음을 알 수 있다.

결국 3년간의 공통형 현금흐름표는 대농이 치명적인 재무적 위험에 직면할 수밖에 없었던 원인을 극명하게 보여주고 있는 것이다.

〈표 4-3〉 **현금흐름표**

주식회사 대농 (단위 : 백만원)

과 목	1996	1995	1994	합 산
Ⅰ.영업활동 현금흐름				
1.당기순이익	(293,169)	3,510	3,594	
2.현금의 유출이 없는 비용 등의 가산	232,605	28,268	30,390	
3.현금의 유입이 없는 수익 등의 차감	(70,903)	(87,126)	(77,981)	
계	(131,467)	(55,348)	(43,997)	(230,812)
Ⅱ.투자활동 현금흐름				
1.투자활동으로 인한 현금유입액	73,112	53,277	38,277	164,667
유동자산의 감소	33,693	40,420	26,285	100,398
투자자산의 감소	37,975	12,452	9,847	60,274
유형자산의 감소	1,444	405	2,145	3,994
2.투자활동으로 인한 현금유출액	(55,666)	(85,916)	(57,230)	(198,812)
유동자산의 증가	33,595	38,566	22,501	(94,662)
투자자산의 증가	9,541	22,476	15,506	(47,523)
유형자산의 증가	12,530	24,874	19,223	(56,627)
계	17,446	(32,638)	(18,953)	(34,145)
Ⅲ.재무활동 현금흐름				
1.재무활동으로 인한 현금유입액	165,066	181,565	149,415	496,046
유동부채의 증가	93,995	40,313	55,543	189,851
고정부채의 증가	71,071	113,241	93,743	278,055
자본의 증가		28,011	129	28,140
2.재무활동으로 인한 현금유출액	(44,384)	(96,997)	(101,941)	(243,322)
유동부채의 감소	(37,611)	(95,186)	(100,253)	(233,050)
고정부채의 감소	(5,664)	(165)	(552)	(6,381)
배당금의 지급	(907)	(1,316)	(856)	(3,079)
기타	(202)	(330)	(280)	(812)
계	120,682	84,568	47,474	252,724
Ⅳ.현금의 증가(감소)	6,661	(3,417)	(15,476)	(12,233)

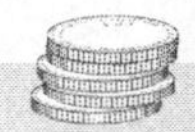

〈표 4-4〉 **현금흐름표**

태광산업주식회사 (단위 : 백만원)

과 목	1996	1995	1994	합 산
Ⅰ.영업활동 현금흐름				
1.당기순이익	29,092	17,902	84,295	131,289
2.현금의 유출이 없는 비용 등의 가산	184,406	174,839	166,350	525,595
3.현금의 유입이 없는 수익 등의 차감	(55,432)	(139,311)	(49,059)	(243,802)
계	(158,066)	53,430	201,586	413,082
Ⅱ.투자활동 현금흐름				
1.투자활동으로 인한 현금 유입액	30,225	6,392	44,175	80,792
유동자산의 감소	1,529	2,573	107	4,209
투자자산의 감소	20,346	3,142	7,746	31,234
유형자산의 감소	8,350	677	36,322	45,349
2.투자활동으로 인한 현금유출액	(411,055)	(176,534)	(257,614)	(845,204)
유동자산의 증가	(42,476)	(28,018)	(1,931)	72,425
투자자산의 증가	(39,051)	(8,460)	(11,425)	58,936
유형자산의 증가	(329,528)	(140,056)	(244,258)	713,842
계	(380,830)	(170,142)	(213,439)	(764,412)
Ⅲ.재무활동 현금흐름				
1.재무활동으로 인한 현금유입액	240,084	531,487	53,036	824,607
유동부채의 증가	113,995	512,813	52,084	678,892
고정부채의 증가	126,089	18,674	952	144,763
자본의 증가				952
2.재무활동으로 인한 현금유출액	(17,165)	(430,629)	(10,116)	457,911
유동부채의 감소	(620)	(428,960)		(429,580)
고정부채의 감소	(230)		(114)	(344)
자본의 감소	(15,222)		(9,188)	(24,411)
배당급의 지급	(1,093)	(1,669)	(814)	(3,576)
계	222,919	100,857	42,920	366,696
Ⅳ.현금의 증가(감소)	155	(15,856)	31,067	15,366
Ⅴ.기초의 현금	22,033	37,889	6,822	
Ⅵ.기말의 현금	22,188	22,033	37,889	

〈표 4-5〉 공통형 현금흐름표

주식회사 대농 (단위 : %)

과 목	합산	1996	1995	1994
Ⅰ.영업활동 현금흐름	(34.9)	(55.2)	(23.6)	(23.4)
Ⅱ.투자활동 현금흐름				
1.투자활동으로 인한 현금 유입액	24.9	30.7	22.7	20.4
유동자산의 감소	15.2	14.1	17.2	14.0
투자자산의 감소	9.1	16.0	5.3	5.2
유형자산의 감소	0.6	0.6	0.2	1.2
2.투자활동 현금유출액	(30.1)	(23.4)	(36.6)	(30.5)
유동자산의 증가	(14.3)	(14.1)	(16.4)	(12.0)
투자자산의 증가	(7.2)	(4.0)	(9.6)	(8.3)
유형자산의 증가	(8.6)	(5.3)	(10.6)	(10.2)
Ⅲ.재무활동 현금흐름				
1.재무활동으로 인한 현금유입액	75.1	69.3	77.3	79.6
유동부채의 증가	28.7	39.5	17.2	29.6
고정부채의 증가	42.1	29.8	48.2	50.0
자본의 증가	4.3		11.9	
2.재무활동으로 인한 현금유출액	(36.8)	(18.6)	(41.5)	(54.3)
유동부채의 감소	(35.3)	(15.8)	(40.5)	(53.4)
고정부채의 감소	(1.0)	(2.4)	(0.1)	(0.3)
배당금의 지급	(0.5)	(0.4)	(0.6)	(0.5)
기 타	-		(0.1)	
Ⅳ. 현금의 증가(감소)	(1.8)	2.8	(1.5)	(8.2)

〈표 4-6〉 공통형 현금흐름표

태광산업주식회사 (단위 : %)

과 목	합산	1996	1995	1994
Ⅰ.영업활동 현금흐름	31.3	36.9	9.0	67.5
Ⅱ.투자활동 현금흐름				
1.투자활동으로 인한 현금 유입액	6.1	7.1	1.1	14.8

유동자산의 감소	0.3	0.4	0.4	
투자자산의 감소	2.4	4.7	0.6	2.6
유형자산의 감소	3.4	2.0	0.1	12.2
2.투자활동으로 인한 현금유출액	(64.1)	(95.9)	(29.9)	(86.2)
유동자산의 증가	(5.5)	(9.9)	(4.7)	(0.6)
투자자산의 증가	(4.5)	(9.1)	(1.4)	(3.8)
유형자산의 증가	(54.1)	(76.9)	(23.7)	(81.8)
Ⅲ.재무활동 현금흐름				
1.재무활동으로 인한 현금유입액	62.6	56.0	89.9	17.7
유동부채의 증가	51.5	26.6	86.7	17.4
고정부채의 증가	11.0	29.4	3.2	
자본의 증가	0.1			0.3
2.재무활동으로 인한 현금유출액	(34.8)	(4.0)	(72.8)	(3.4)
유동부채의 감소	(32.6)	(0.1)	(72.5)	
고정부채의 감소				
자본의 감소	(1.9)	(3.6)		(3.1)
배당금의 지급	(0.3)	(0.3)	0.3	(0.3)
Ⅳ.현금의 증가(감소)	1.1	0.1	(2.7)	10.4

<표 4-6>에 나타난 태광산업의 3년간의 현금흐름표를 분석한 결과는 다음과 같다. 먼저 영업활동으로 인한 현금흐름을 보면 1994년에 67.5%의 큰 폭의 증가를 보였다가 1995년에 9.0%로 큰 폭의 감소를 보였으며, 1996년에는 36.9%의 증가를 보이고 있다. 3년에 걸쳐 영업활동으로 인한 현금흐름은 기복이 심한 증감변동을 일으키고 있으나, 평균적으로 보았을 때 31.3%를 영업활동을 통해서 내부자금을 창출시키고 있음을 보여주고 있다.

투자활동에 따른 현금유입액은 1994년에 14.8%를 기록했다가 1995년에는 1.1%로 대폭 감소하였고 1996년에는 7.1%의 증가를 보임으로써 3년 평균 6.1%의 높지 않은 비중을 보이고 있다.

재무활동에 따른 현금유입액은 영업활동으로 인한 현금흐름이 매우 높았던 1994년에 17.7%를 기록했다가 영업활동으로 인한 현금흐름이 매우 낮았던 1995년에는 89.9%로 대폭 증가하였고 1996년에는 56.0%의 증가를 보임으로써 3년 평균 62.6%란 자금원천 중의 가장 높은 비중을 보이고 있다. 재무활동에 따른 현금유입액은 거의 전적으로 장・단기부채에 의존하고 있는데, 이는 우리나라의 우량기업이나 부실기업 불문하고 대부분의 기업이 차입경영에 의존하고 있다는 모습을 단적으로 잘 보여주는 사례인 것이다.

투자활동으로 인한 현금유출을 보면 1994년에 86.2%를 기록했다가 영업활동으로 인한 현금흐름이 매우 저조했던 1995년에는 29.9%로 대폭 감소하였고 1996년에는 95.9%의 대폭 증가를 보임으로써 3년 평균 64.1%의 높은 비중을 보이고 있다. 특히 투자활동에 따른 현금유출액의 대부분은 고정자산의 증가에 기인한 것임을 보여주고 있다.

재무활동에 따른 현금유출액은 영업활동으로 인한 현금흐름이 매우 높았던 1994년에 3.4%를 기록했다가 1995년에는 72.8%로 대폭 증가하였고 1996년에는 4.0%의 증가를 보임으로써 3년 평균 34.8%의 높지 않은 비중을 보이고 있다. 특히 배당금의 지급이 0.3%로써 내부창출자금이 없는 대농의 평균 0.5%수준보다 낮은 점이 눈에 띈다.

결론적으로 현금흐름표상에 나타난 두 기업의 차이점은 영업활동으로 인한 현금흐름과 투자활동으로 인한 현금흐름에서 나타나고 있다. 즉 우량기업인 태광산업은 내부자금창출능력이 훨씬 양호하며, 이 내부창출자금에다 외부차입자금을 합쳐서 큰 폭으로 고정자산에 투자함으로써, 미래의 현금창출능력을 향상시키고자 노력을 하고 있다. 반면에 대농은 영업활동을 통해서 내부자금이 창출되지 못함으로써 부족자금을 전적으로 외부차입자금에 의존하고 있으며, 이렇게 조달된 외부차입자금도 영업활동과 차입금 상환에 대부분 사용됨에 따라 고정자산에 대한 투자는 저조하게 나타나고 있다. 이에 따라 대농은 현재의 자금난이 심각한 지경에 이르렀을 뿐만 아니라 미래의 현금창출능력도 기대하기가 어려운 형편에 처해 있다고 판단된다.

한편 <표 4-7>과 <표 4-8>은 기업회계기준 양식에 따른 공통형 현금흐름표인 <표 4-9>과 <표 4-9>를 유입-유출양식(종전의 재무상태변동표의

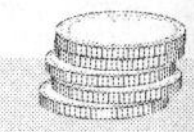

원천-운영양식과 같음)으로 재작성한 것이다. 유입-유출양식은 3가지 기업활동별로 발생한 유입액과 유출액 및 순현금흐름액을 나타내는 기업회계기준의 양식과는 달리 유입액은 유입액별로 유출액은 유출액별로 모아서 각각의 총현금흐름을 나타내는 양식으로 정보이용자 입장에서 볼 때 더 이해하기 쉬운 방법이라고 생각된다.

유입-유출양식을 보면 <표 4-8>의 태광산업과는 달리 대농은 <표 4-7>에 나타난 것처럼 3년 내내 영업활동으로 인한 현금흐름이 유입에 나타나지 않고 유출에만 나타남으로써 영업활동상의 현금창출능력에 심각한 문제가 있으며, 이에 따라 초래된 부족자금을 주로 차입자금에 의존해서 가까스로 연명해 오고 있었음을 확연히 식별할 수 있게 해주고 있다.

따라서 이 양식에 따른 3 내지 5개년도분의 공통형 현금흐름표를 작성해서 사업보고서에 첨부하여 회계정보이용자의 현금흐름표에 대한 이해를 증진시키게 하는 방안도 고려할만 하다고 생각된다.

〈표 4-7〉 **공통형 현금흐름표**

주식회사 대농 (단위 : %)

과 목	합산	1996	1995	1994
유 입				
Ⅰ. 투자활동으로 인한 현금유입액	24.9	30.7	22.7	20.4
유동자산의 감소	15.2	14.1	17.2	14.0
투자자산의 감소	9.1	16.0	5.3	5.2
유형자산의 감소	0.6	0.6	0.2	1.2
Ⅱ. 재무활동으로 인한 현금유입액	75.1	69.3	77.3	79.6
유동부채의 증가	28.7	39.5	17.2	29.6
고정부채의 증가	42.1	29.8	48.2	50.0
자본의 증가	4.3		11.9	
유 입 합 계	100.0	100.0	100.0	100.0
유 출				
Ⅰ. 영업활동 현금흐름	34.9	55.2	23.6	23.4
Ⅱ. 투자활동으로 인한 현금유출액	30.1	23.4	36.6	30.5
유동자산의 증가	14.3	14.1	16.4	12.0

투자자산의 증가	7.2	4.0	9.6	8.3
유형자산의 증가	8.6	5.3	10.6	10.2
Ⅲ. 재무활동으로 인한 현금유출액	36.8	18.6	41.5	54.3
유동부채의 감소	35.3	15.8	40.5	53.4
고정부채의 감소	1.0	2.4	0.1	0.3
배당금의 지급	0.5	0.4	0.6	0.5
기 타			0.1	
유 출 합 계	101.8	97.2	101.5	108.2

〈표 4-8〉 공통형 현금흐름표

태광산업주식회사 (단위 : %)

과 목	합산	1996	1995	1994
유 입				
Ⅰ.영업활동 현금흐름	31.3	36.9	9.0	67.5
Ⅱ. 투자활동으로 인한 현금유입액	6.1	3.1	1.1	14.8
유동자산의 감소	0.3	0.4	0.4	
투자자산의 감소	2.4	4.7	0.6	2.6
유형자산의 감소	3.4	2.0	0.1	12.2
Ⅲ. 재무활동으로 인한 현금유입액	62.6	56.0	89.9	17.7
유동부채의 증가	51.5	26.6	86.7	17.4
고정부채의 증가	11.0	29.4	3.2	
자본의 증가	0.1			0.3
유 입 합 계	100.0	100.0	100.0	100.0
유 출				
Ⅰ. 투자활동으로 인한 현금유출액	64.1	95.9	29.9	86.2
유동자산의 증가	5.5	9.9	4.7	0.6
투자자산의 증가	4.5	9.1	1.4	3.8
유형자산의 증가	54.1	76.9	23.7	81.8
Ⅱ. 재무활동으로 인한 현금유출액	34.8	4.0	72.8	3.4
유동부채의 감소	32.6	0.1	72.5	
고정부채의 감소	1.9	3.6		3.1
배당금의 지급	0.3	0.3	0.3	0.3
유 출 합 계	98.9	99.9	102.7	89.6

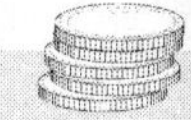

4. 재무제표의 종합적인 분석을 통한 신용분석 사례

다음 사례는 미국에서 설립역사가 가장 오래되었으며, 규모도 가장 큰 소매 백화점인 Montgomery Ward & Co의 실제 재무제표를 이용한 것이다.

이 회사는 1988년에 경영자에 의해서 은행으로부터 $3.8(단위:10억)을 차입해서 인수되었으며, 당신의 은행과 35년 동안이나 거래를 유지해오고 있다 하자. 1997년 초에 이 회사의 경영자는 당신의 은행에게 신용대출한도를 $1.0(단위: 10억)에서 $2.0(단위: 10억)으로 상향조정을 해줄 것을 신청하였다. 신용대출 승인과정의 한 절차로써 당신의 은행은 최근 5년 분의 영업활동에 관련된 재무정보를 제공해줄 것을 요청하였다. 이 회사의 사업년도가 1996년 12월 31일로 종료되기 때문에 1996년의 최종 확정된 재무적 결과자료를 이용할 수가 없다. 그래서 신용분석에 필요한 1991에서 1995년까지의 자료가 제공되었으며, 이는 다음과 같다.

요약손익계산서(지수표시)

	91년(백만)	92년(%)	93년(%)	94년(%)	95년(%)
매출액	$5,655.0	102.21	106.14	124.46	125.29
매출원가	4,103.0	102.53	107.90	123.86	125.74
매출총이익	1,552.0	101.35	101.48	126.03	124.10
판매비와 관리비	1,243.0	103.14	102.49	129.53	137.25
영업이익					
감가상각비차감전	309.0	94.17	97.41	111.97	71.20
감가상각비	95.0	102.11	103.16	114.74	125.26
영업이익	214.0	90.65	94.86	110.75	47.20
이자비용	75.0	68.00	58.67	80.00	125.33
경상이익	19.0	36.84	5.26	10.53	15.79
특별항목	17.0	0.00	0.00	0.00	0.00
법인세차감전순이익	175.0	85.71	91.43	102.29	5.71
법인세비용	40.0	125.00	147.50	155.00	(2.50)
당기순이익	$135.0	74.07	74.81	86.67	8.15

공통형요약손익계산서

	91년(%)	92년(%)	93년(%)	94년(%)	95년(%)
매출액	100.00	100.00	100.00	100.00	100.00
매출원가	(72.56)	(72.79)	(73.76)	(72.21)	(72.82)
매출총이익	27.44	27.21	26.24	27.79	27.18
판매비와 관리비	(21.98)	(22.18)	(21.23)	(22.88)	(24.08)
영업이익					
감가상각비차감전	5.46	5.03	5.01	4.92	3.11
감가상각비	(1.68)	(1.68)	(1.63)	(1.55)	(1.68)
영업이익	3.78	3.35	3.38	3.37	1.43
이자비용	(1.33)	(0.88)	(0.73)	(0.85)	(1.33)
경상이익	0.34	0.12	0.02	0.03	0.04
특별항목	0.30	0.00	0.00	0.00	0.00
법인세차감전순이익	3.09	2.59	2.67	2.55	0.14
법인세비용	(0.74)	(0.87)	(0.98)	(0.88)	0.01
당기순이익	2.38	1.72	1.69	1.67	0.15

요약재무상태표(지수표시)

	91년(백만)	92년(%)	93년(%)	94년(%)	95년(%)
현금및현금성자산	$623.0	18.94	25.04	10.75	11.24
매출채권	73.0	93.15	90.41	161.64	257.53
재고자산	1,000.0	103.80	124.20	162.50	177.00
매입채무	1,227.0	98.61	110.68	140.10	147.03

공통형요약재무상태표

	91년(%)	92년(%)	93년(%)	94년(%)	95년(%)
자 산					
현금및현금성자산	16.08	3.44	14.07	1.48	1.43
매출채권	1.88	1.98	1.72	2.60	3.85
재고자산	25.81	30.24	32.39	35.79	36.24
자산총계	100.00	100.00	100.00	100.00	100.00
부채와 자본					
매입채무	31.66	35.25	35.41	37.86	36.94
비유동부채	13.94	5.97	7.35	6.48	9.17
부채합계	84.26	83.89	84.17	83.22	82.08
자본합계	15.74	16.11	15.83	16.78	17.92
부채와 자본총계	100.00	100.00	100.00	100.00	100.00

요약현금흐름표 (단위: 백만달러)

	91년	92년(%)	93년(%)	94년(%)	95년(%)
영업활동					
당기순이익	$135.0	$100.0	$101.0	$117.0	$11.0
비현금조정항목					
감가상각비	95.0	97.0	98.0	109.0	119.0
이연법인세	(16.0)	32.0	25.0	29.0	(7.0)
유형자산처분익	0.0	0.0	0.0	0.0	(11.0)
매출채권의 (증)감	21.0	8.0	5.0	(40.0)	(70.0)
재고자산의 (증)감	(73.0)	(38.0)	(204.0)	(243.0)	(145.0)
이연법인세	(8.0)	(34.0)	(1.0)	5.0	(9.0)
기타	70.0	(10.0)	105.0	179.0	(58.0)
영업활동현금흐름	224.0	155.0	129.0	156.0	(182.0)
투자활동					
투자자산의 증가	(751.0)	(707.0)	(688.0)	(691.0)	(803.0)
투자자산의 처분	729.0	698.0	669.0	671.0	775.0
유가증권의 순변동액	55.0	146.0	(8.0)	16.0	2.0
자본적지출액	(128.0)	(146.0)	(142.0)	(184.0)	(122.0)

유형자산의 처분	3.0	7.0	3.0	4.0	39.0
타회사의 인수	0.0	0.0	0.0	(120.0)	0.0
기타	2.0	2.0	3.0	0.0	0.0
투자활동현금흐름	(90.0)	0.0	(163.0)	(304.0)	(109.0)
재무활동					
주식발행대금	-	1.0	1.0	78.0	193.0
자기주식 구입	(7.0)	(97.0)	(11.0)	(9.0)	(98.0)
배당금지급액	(13.0)	(19.0)	(23.0)	(24.0)	(4.0)
장기차입금 차입액	0.0	0.0	100.0	168.0	205.0
장기차입금 상환액	(137.0)	(403.0)	(18.0)	(275.0)	(17.0)
단기차입금 변동액	-	-	-	144.0	16.0
기타	3.0	2.0	2.0	1.0	0.0
재무활동현금흐름	(154.0)	(516.0)	51.0	83.0	295.0
현금및현금성자산증감	($20.0)	($361.0)	$17.0	($65.0)	$ 4.0

비율자료요약

	91년	92년	93년	94년	95년
주당현금흐름	4.98	4.31	4.46	5.10	2.94
재고자산회전율	4.26	4.13	3.88	3.55	3.04
매출채권회전률	67.72	81.99	89.58	76.50	46.31
총자산회전률	1.47	1.58	1.65	1.68	1.50
매출채권회수기간	5	4	4	5	8
재고자산보유기간	85	87	93	102	118
영업순환주기	90	92	97	106	126
수익성					
매출액세차감전순이익률	3.09	2.60	2.67	2.54	0.14
매출액순이익률	2.39	1.73	1.68	1.66	0.16
자산이익률	3.48	2.91	2.63	2.58	0.23
자기자본이익률	25.96	18.08	16.64	17.03	1.57
안전성					
이자보상비율	3.33	3.94	4.64	3.98	1.11
부채 대 자산비율(%)	16.13	6.41	7.87	9.98	13.29
총자산 대 보통주 자본	7.45	6.21	6.32	6.61	6.98
비유동부채 대 자본	46.98	27.04	31.72	27.84	33.86
비유동부채 대 보통주자본	103.85	37.07	46.46	42.79	64.00

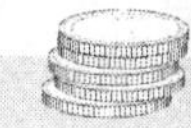

1996년의 재무제표가 최종적으로 확정된 것은 아니지만 경영자는 1996년 12월 31일로 종료되는 사업년도의 재무제표에 보고될 것으로 예상되는 다음과 같은 정보를 추가로 제공하였다(단위는 백만달러 생략).

매출수익총액 $6,620 (1995년은 $7,085)
당기순손실 $237(1995년은 당기순이익 $11)
영업활동 현금흐름 −$356(1995년은 −$182)
투자활동 현금흐름 −$148(1995년은 −$109)
재무활동 현금흐름 $499(1995년은 $295)

단기차입금 $588가 1996년 재무활동 현금흐름의 주된 원천임.
1996년의 현금흐름 증감분은 −$5임.
이제 여러분이 이 회사 거래은행의 대출심사 책임자라고 할 때 신용 대출 한도액의 상향조정안을 승인할 것인지에 대해 재무제표의 분석을 통해서 결정한다고 하자. 그리고 최종 결정을 내리기 전에 참고해야 할 추가정보에는 무엇이 있는지도 생각해보자.

1) 재무제표 분석과정

(1) 손익계산서 분석

지수형태의 손익계산서와 공통형 손익계산서가 보여주는 정보를 분석해보면 이 회사의 수익성이 양호하지가 못하다. 손익계산서 분석결과를 정리하면 다음과 같다.

① 이 회사의 매출액이 1991년부터 1995년까지 매년 증가하고 있지만, 매출원가도 증가하고 있다. 사실 매출원가의 증가율이 5년 동안의 매출액증가율을 약간 능가하고 있는 것이 수익성 악화의 한 원인이 되

고 있음을 보요주고 있다.

② 이 회사의 판매비와 관리비는 최근 2년(94년과 95년)에 걸쳐서 급격히 증가하고 있음을 보여주고 있다. 판매비와 관리비의 5년 동안의 증가율인 37.25%는 매출액총성장율인 25.29%를 훨씬 초과하고 있어, 수익성 악화의 주된 원인임을 알 수 있다.

③ 공통형 손익계산서에서도 당기순이익이 1991년 2.38%에서 1995년 0.15%로의 감소원인이 주로 판매비와 관리비의 증가에 있음을 보여주고 있다.

(2) 재무상태표 분석

손익계산서 정보와 마찬가지로 재무상태표 분석에 의해서 밝혀진 정보도 이 회사가 재무적으로 양호한 상태가 아님을 보여주고 있다. 재무상태표 분석결과를 정리하면 다음과 같다.

① 이 회사의 현금은 91년에서 92년까지 약 80% 정도 급감하고 있다. 92년에서 93년 사이에는 현금이 약간 증가하고 있지만 94년에 다시 급격히 감소하고 있다.

② 91년에서 95년까지 걸쳐서 이 회사의 매출채권과 재고자산은 매우 큰 폭으로 증가하였다. 매출채권은 총 157.53% 증가하였으며, 재고자산은 77.0% 증가하였다. 재고자산의 증가분은 동일한 기간동안의 47.03% 증가한 매입채무의 증가에 의해서 가능하였던 것으로 보여진다.

③ 91년에서 95년까지 기간에 걸쳐서 회사의 현금상태가 감소되고 있는 상황을 설명해주는 원인 중의 하나는 재고자산 증가분 중 일부를 신용거래를 기피하는 거래처의 요구에 따라 현금구입하고 있기 때문인 것으로 추정된다. 매출채권의 증가율도 최근의 낮은 현금수준을 설명해주고 있다.

④ 공통형 재무상태표는 총자산 대비 현금비율이 계속해서 감소하고 있

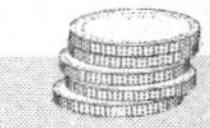

음을 보여주고 있다. 반면에 매출채권과 재고자산의 비율은 증가하고 있다. 이러한 점은 앞서 논의한 추세분석결과와도 일치되고 있음을 확인할 수 있다.

(3) 현금흐름표 분석

다른 재무제표의 분석결과와 마찬가지로 현금흐름표에서도 이 회사가 재무상의 곤경에 빠져있음을 보여주는 확실한 추가적 정보를 제공되고 있다. 현금흐름표의 분석결과를 정리하면 다음과 같다.

① 93년을 제외하고는 이 회사의 영업활동으로 인한 현금흐름이 매년 감소되고 있음을 보여주고 있다. 사실 가장 최근인 95년에는 영업활동에서 현금을 창출하지 못하고 오히려 $182(백만)를 영업활동에 사용하는 상황이 돼 버렸으며, 이것이 현금흐름 사정 악화의 주된 원인으로 작용되고 있다.

② 95년에는 이 회사는 투자활동에 사용된 현금흐름이 94년 -$304(백만)에서 95년 -$109(백만)으로 대폭 삭감되었다. 이러한 삭감의 주된 원인은 회사의 현금흐름사정이 여의치 못함에 따른 자본적 지출의 축소, 신규 확장투자의 중지 등에서 찾을 수 있다.

③ 95년도에 이 회사는 재무활동을 통해 현금을 조달하고 있다. 재무활동으로 인한 현금흐름이 91년과 92년에 −를 보였지만, 93년에서 95년까지의 기간에는 +의 증가추세를 보이고 있다. 예를 들어 93년에서 95년까지의 기간에는 현금을 조달하기 위해 주식발행을 증가시키고 있다. 또한 91년 92년 및 94년에 각각 $137(백만), $403(백만), $107(백만)씩 장기차입금을 상환시킨 반면에, 93년과 95년에는 각각 $82(백만)와 $188(백만)의 장기차입금을 증가시켰다.

④ 5년을 전체적으로 볼 때, 91년에서 95년까지의 5년 중 3개 연도에서 현금흐름의 감소가 나타나고 있다. 더욱이 현금흐름의 증가를 보인 93년과 95년의 경우에 있어서도 그 금액은 매우 적은 편이라고 말할

수 있다. 91년, 92년, 94년의 현금흐름 감소액의 합계액인 $446과 비교하면 93년과 95년의 현금흐름 증가액 합계액 $21(백만)는 매우 적은 금액이라고 할 수 있다.

(4) 재무비율 분석

다양한 재무비율분석 결과도 이 회사가 자산관리능력, 이익창출능력 및 지급능력이 양호한 상황이 아님을 뒷받침해주고 있다. 재무비율의 분석결과를 정리하면 다음과 같다.

① 주당현금흐름이 94년 5.10에서 95년 2.94로 약 42% 감소되었다.

② 재고자산회전률이 과거 5년에 걸쳐서 계속 하락추세를 보이고 있다. 이 점은 이 회사가 소비자의 현재 욕구를 충족시키지 못하는 유행에 뒤지거나 품질이 떨어지는 제품이나 상품을 보유·판매함으로써 자산관리의 비효율성이 존재하고 있다는 징후로 받아들일 수 있다.

③ 재고자산회전율이 하락추세를 보임에 따라 재고자산보유기간도 계속 증가추세를 보이고 있으며, 그 결과로 영업순환주기도 계속 증가추세를 나타내고 있다. 이는 이 회사의 유동성이 계속 악화되고 있다는 신호인 것이다.

④ 이 회사는 5개 연도기간에 걸쳐서 수익성이 매년 악화되고 있다. 예를 들어 매출액세차감전순이익률이 91년 3.09%에서 95년 0.14%로 대폭 하락하였다 또한 91년의 자산이익률이 3.48%로 매우 저조한 상태였는데, 95년에 가서는 더욱 악화되어서 0.23%를 기록하고 있다.

⑤ 95년 이전까지 3.0 이상을 보이던 이자보상비율이 95년에는 1.11수준으로 떨어져 영업이익으로 겨우 이자비용을 감당하는 수준임을 보여주고 있다.

⑥ 그 밖의 안전성을 나타내는 비율을 보면 이 회사가 최근들어 부채의 존도가 매우 높아졌음을 알 수 있으며, 이에 따라 재무적 건전성이나 장기지급능력이 매우 취약한 상태에 처해 있는 것으로 보인다.

(5) 1996년도의 잠정적 결과에 대한 분석

96년도의 잠정적인 재무적 결과를 분석해볼 때, 개선의 징후를 전혀 발견할 수 없고 오히려 더 악화되어 매우 심각한 위기 상황에 빠져들어가고 있음을 알 수 있다. 96년도 재무자료의 분석결과를 정리하면 다음과 같다.

① 이 회사는 95년도 소폭의 흑자에서 96년도 $237(백만)이란 큰 폭의 적자로 전환되었다.

② 매출수익이 95년 $7,085(백만)에서 96년 $6,620(백만)으로 7%정도 감소되었다.

③ 영업활동 현금흐름이 95년도에 이어서 96년도에도 −를 기록하고 있어 현금의 내부창출능력이 급속도로 악화되고 있음을 보여주고 있다. 즉 영업활동 현금흐름이 95년도의 −$182(백만)에서 96년도에 −$356(백만)으로 큰 폭의 적자를 기록하여 심각한 유동성 위기를 초래할 가능성이 높아지고 있다.

④ 96년의 최종적인 현금흐름을 보면 −$5(백만)라는 현금흐름의 감소가 예상되는데, 이 정도의 금액마저도 $500(백만) 정도의 단기차입금을 조달했기 때문에 가능한 것이라고 말할 수 있다. 이 회사와 같이 이익창출능력과 현금흐름의 내부창출능력이 상실되어 심각한 위기 상황에 처해 있는 회사라면 영업활동에 필요한 현금을 창출하는 수단으로써 단기차입금에 의존하면서 계속 생존해 간다는 것은 기대하기가 어렵다.

(6) 신용대출한도 승인에 대한 의사결정

이상의 분석결과를 종합해보면 이 회사에 대해 신용대출한도 증가를 승인해줄 강력한 재무적 증거를 찾아볼 수가 없다. 즉 이 회사의 과거 수 개연도의 재무제표 자료의 분석 결과는 이 회사가 심각한 재무상의 위기 속으로 빠져 들어가고 있다는 징후를 잘 보여주고 있기 때문에 추가대출을

승인하는 것은 매우 위험하다고 판단된다. 다만 이 회사의 재고자산이나 다른 자산의 담보가능성이 충분히 있는 경우에 한해서 제한적으로 고려해 볼 수는 있을 것이다.

참고적으로 이 회사는 실제로 1997년 초에 파산신청을 하였음을 밝혀 둔다.

2) 최종 의사결정시 고려사항

과거 5년분의 재무제표 분석에 대한 종합적인 결과와 함께 다음과 같은 사항을 고려해서 최종 의사결정을 내려야 한다.

(1) 회사를 희생시킬 경영자의 전략적 계획

(2) 96년도의 최종 재무제표

(3) 계속기업으로서의 존속가능성에 대한 이 회사의 외부감사인의 감사 의견

(4) 이 회사가 속한 소매업종의 전문 재무분석가의 보고서

(5) 소매업종에 속한 다른 기업의 재무제표.

이는 이 회사의 재무적 위기가 이 회사에만 한정된 것인지, 아니면 이 업종에 전반적으로 발생하고 있는 현상인지를 파악하는데 참고자료가 된다.

(위 사례는 Revsine, Colline & Johnson의 Financial Reporting & Analysis, 1999, pp.270~3에 있는 사례문제를 정리한 것임)

Chapter 05

문제연습을 통해 분석 실력 다지기

1. 현금흐름표분석 문제

예제 5-1

다음은 (주)야망의 20×7년 동안의 현금흐름에 관련된 자료이다.

현금의 기초잔액	₩50,000
기계장치 처분대금 유입액	38,000
토지 구입대금 지급액	14,000
주주에 대한 배당금 지급액	35,000
기계장치 구입대금 지급액	30,000
자기주식 구입대금 지급액	25,000
매입과 종업원에 대한 지출액	130,000
이자비용에 대한 지출액	10,000
법인세비용에 대한 지출액	10,000

물음

(1) 이 회사의 현금흐름표(직접법)를 기업회계기준에서 요구하는 방

식대로 작성하시오.

(2) 현금흐름을 3가지 범주로 구분해서 현금흐름표를 작성하는 목적을 분석가의 관점에서 기술하시오.

(3) 현금흐름 중 어떤 항목이 다르게 분류될 수 있는지를 기술하시오.

(4) 이 회사의 20×7년도 현금증감분이 이 회사의 성과지표로써 의미를 지니고 있는지에 대해 평가하시오. (미CFA시험 기출문제)

예제 5-2

다음은 (주)도약의 20×7년 동안의 현금흐름에 관련된 자료이다.

매출로부터의 현금유입액	260,000
기계장치 처분대금 유입액	30,000
토지 구입대금 지급액	8,000
주주에 대한 배당금 지급액	37,000
기계장치 구입대금 지급액	40,000
자기주식 구입대금 지급액	32,000
매입과 종업원에 대한 지출액	120,000
이자비용에 대한 지출액	12,000

물음

(1) 이 회사의 현금흐름표(직접법)를 기업회계기준에 의해 작성하시오.

(2) 분석의 목적상 더 적합한 방식으로 현금흐름표를 작성하시오.

(3) 이 회사의 잉여현금흐름을 계산하시오. (미CFA시험 기출문제)

예제 5-3

다음은 (주)수퍼테크의 현금흐름표이다.

현금흐름표

(주)수퍼테크	20×7.1.1~20×7.12.31	(단위:1,000원)
영업활동 현금흐름		55
당기순이익	389	
조정항목		
감가상각비	131	
매출채권 증가	(287)	
재고자산 증가	(104)	
선급비용 증가	(70)	
매입채무 감소	4	
투자활동 현금흐름		(1,559)
기계장치의 취득	(1,255)	
토지의 취득	(304)	
재무활동 현금흐름		1,000
장기차입금의 차입	800	
주식의 발행	300	
배당금의 지급	(100)	
현금의 증가		5,000

물음

(1) 이 회사가 3가지 활동 중에서 현금을 가장 많이 사용한 활동은 어디이며, 이것이 의미하는 바는 무엇인가?

(2) 이 회사가 3가지 활동 중에서 현금을 가장 많이 조달한 활동은 어디이며, 이 활동을 통해서 조달한 현금은 장기적인 관점에서 적절한 현금원천이라고 말할 수 있는가?

예제 5-4

이재왕 씨는 그의 친구와 함께 (주)강풍에 투자할 것을 고려중이다. 다음은 (주)강풍의 요약현금흐름표이다.

현금흐름표

(주)수퍼테크	20×7.1.1~20×7.12.31	(단위:1,000원)
영업활동 현금흐름		1,620
당기순이익	1,608	
조정항목		
감가상각비	218	
매출채권 증가	(341)	
재고자산 증가	81	
선급비용 증가	(100)	
매입채무 감소	154	
투자활동 현금흐름		(1,200)
건물의 취득	(1,000)	
토지의 취득	(200)	
재무활동 현금흐름		(100)
장기차입금의 차입	(350)	
주식의 발행	350	
배당금의 지급	(100)	
현금의 증가		320

물음

(1) 이 회사가 3가지 활동 중에서 현금을 가장 많이 사용한 활동은 어디이며, 이것이 의미하는 바는 무엇인가?

(2) 이 회사가 3가지 활동 중에서 현금을 가장 많이 조달한 활동은 어디이며, 이 활동을 통해서 조달한 현금은 장기적인 관점에서 적절한 현금원천이라고 말할 수 있는가?

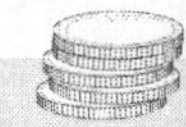

예제 5-5

이재왕 씨는 그의 친구와 함께 (주)강풍에 투자할 것을 고려중이다. 다음은 (주)강풍의 요약현금흐름표이다.

현금흐름표

영업활동 현금흐름		₩155,030
투자활동 현금흐름		(66,000)
기계장치의 처분	₩12,000	
유형자산의 구입	(78,000)	
재무활동 현금흐름		(92,000)
장기차입금의 상환	(65,000)	
배당금의 지급	(27,000)	
현금의 감소		₩(2,970)
기초의 현금		5,320
기말의 현금		₩2,350

물음

당신의 친구는 이 회사의 현금흐름표상의 현금이 감소된 것을 보고 매우 걱정을 하였다. 당신의 친구는 이 회사와 같이 설립된 지 오래된 회사가 -의 현금흐름을 보이는 것은 회사가 심각한 상황에 빠졌다는 신호라는 것을 회계관련 책자에서 읽은 적이 있다면서 투자대상에서 제외하자고 주장하였다. 당신의 친구 주장에 동의하는지 당신의 의견을 제시하시오.

예제 5-6

당신은 기업분석을 담당하고 있다. 당신에게 배정된 (주)샛별의 요약 현금흐름표는 다음과 같다.

현금흐름표

영업활동 현금흐름		₩620,000
투자활동 현금흐름		(900,000)
유형자산의 처분	₩300,000	
유형자산의 구입	(1,200,000)	
재무활동 현금흐름		450,000
주식의 발행	₩2,000,000	
사채의 상환	(1,300,000)	
배당금의 지급	(250,000)	
현금의 증가		₩170,000

물음

(1) 이 회사의 현금의 원천 및 그 비중과 현금의 용도와 그 비중을 분석하시오.

(2) 투자자 입장에서 보았을 때 이 회사의 위험도는 증가 또는 감소했는지를 설명하시오.

(3) 이 회사는 이번 연도에 회사규모가 확장 또는 축소되었는지를 설명하시오. 유형자산에 대한 투자자금은 어떻게 조달했는지도 함께 설명하시오.

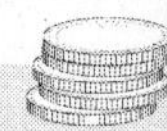

예제 5-7

당신은 기업분석을 담당하고 있다. 당신에게 배정된 (주)새벽별의 요약현금흐름표는 다음과 같다.

현금흐름표

영업활동 현금흐름		₩165,000
투자활동 현금흐름		(800,000)
기계장치의 처분	₩200,000	
투자유가증권(A회사)의 구입	(1,000,000)	
재무활동 현금흐름		700,000
주식의 발행	₩500,000	
장기차입금의 차입	800,000	
사채의 상환	(400,000)	
배당금의 지급	(200,000)	
현금의 증가		₩65,000

물음

현금흐름표를 보고 금년도에 현금이 증가하게 된 이유를 자세히 설명하시오. 또한 이 회사의 미래 전망을 어떻게 평가할 것인지에 대한 당신의 의견을 기술하시오.

예제 5-8

당신은 투자자로부터 (주)돌풍의 20×7년도 현금흐름표를 토대로 이 회사가 현재수준의 배당금 지급능력을 유지할 수 있는지를 분석해달라는 의뢰를 받았다. 다음은 (주)돌풍의 요약현금흐름표이다.

현금흐름표

영업활동 현금흐름		₩50,000
투자활동 현금흐름		(115,000)
유가증권의 처분	₩40,000	
대여금의 회수	12,000	
기계장치의 처분	75,000	
유가증권의 구입	(65,000)	
대여금의 대여	(17,000)	
유형자산의 구입	(160,000)	
재무활동 현금흐름		100,000
단기차입금의 차입	45,000	
사채의 발행	100,000	
주식의 발행	50,000	
단기차입금의 상환	(55,000)	
배당금의 지급	(40,000)	
현금의 증가		₩35,000
기초의 현금		20,000
기말의 현금		₩55,000

추가로 제공된 정보는 다음과 같다.

(1) 이 회사의 영업활동 현금흐름은 비교적 정상적인 금액이다. 과거 3년 동안의 영업활동 현금흐름은 별 차이가 없다.

(2) 이 회사의 투자활동 현금흐름은 이례적으로 높은 금액이다. 그 이유는 이번 연도에 생산시설을 첨단시설로 교체하였기 때문이다. 이 회사의 정상적인 투자활동으로 인한 현금유출액은 매년 ₩45,000 정도로, 이 금액은 기존의 노후 시설을 대체하는데 소요되는 금액이다. 장기적으로 볼 때 유가증권과 대여금 거래는 이 회사의 투자활동 현금흐름에 매우 근소한 영향을 끼칠 것으

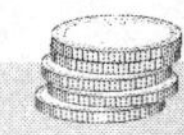

로 예상된다.

(3) 이 회사의 이번 연도의 재무활동 현금흐름은 사채와 주식의 발행으로 인해 이례적으로 높은 금액이 계상되었다. 생산시설교체 자금으로 사용하기 위해 사채와 주식이 발행되었다. 정상적인 연도에서는 재무활동에 단기차입금과 배당금에 관련된 거래만 나타나고 있다.

물음

(1) 이 회사의 과거성과만을 놓고 볼 때 ₩40,000 의 연간 배당금 지급은 안정적이라고 생각하는가? 다시 말해 현금상태에 부담을 주지 않고 매년 이 금액 수준의 배당금 지급이 가능하다고 생각하는가? 또한 이 회사가 앞으로 배당금 지급액을 증가 또는 감소시킬 가능성에 대해 어떻게 생각하는가?

(2) 현금흐름표상에 나타난 이례적인 사건이 이 회사의 미래 배당금 지급능력을 분석하는데 영향을 미치는지에 대해서 설명하시오.

예제 5-9

당신은 기업분석을 담당하고 있다. 다음은 당신에게 배정된 (주)뭇별의 현금흐름표의 일부분이다.

현금흐름표

영업활동 현금흐름		₩110,000
당기순이익	₩50,000	
감가상각비	12,000	

투자유가증권처분손실	1,000
구조조정비용	105,000
토지처분손실	20,000
사채상환이익	(70,000)
매출채권의 증가	(8,000)

물음

이 회사는 다음 연도 초에 사채 상환을 할 것을 계획하고 있었다. 그러나 이번 회계연도 말경에 사업을 구조조정 하겠다는 결정이 이루어진 후에 이 회사의 경영자는 금년에 사채를 상환하는 것이 좋겠다고 갑자기 결정하였다. 이러한 결정이 내려지게 된 배경을 설명하시오.

예제 5-10

다음은 (주)푸른산의 현금흐름표이다.

현금흐름표

(주)푸른산	20×7년 1월 1일 ~ 12월 31일	(단위: 천원)
Ⅰ. 영업활동 현금흐름		22,000
당기순이익	40,000	
감가상각비	35,000	
매입채무의 증가	22,000	
매출채권의 증가	(23,000)	
재고자산의 증가	(36,000)	
선급비용의 증가	(12,000)	
기타미지급비용의 감소	(4,000)	

Ⅱ. 투자활동 현금흐름		86,000
유형자산 처분	86,000	
Ⅲ. 재무활동 현금흐름		(115,000)
장기차입금의 상환	(115,000)	
Ⅳ. 현금의 감소		(7,000)
Ⅴ. 기초의 현금		15,000
Ⅵ. 기말의 현금		8,000

물음

(1) 영업활동에서 창출된 현금흐름은 얼마이며, 당기순이익과 영업활동 현금흐름 간의 차이를 발생시킨 원인을 설명하시오.

(2) 이 회사는 현금을 어디에 사용하였는가?

(3) 이 회사의 현금흐름정보 내용을 평가하시오.

예제 5-11

다음은 (주)파란하늘의 현금흐름표이다.

현금흐름표

(주)파란하늘	20×7년 1월 1일 ~ 12월 31일	(단위: 천원)
Ⅰ. 영업활동 현금흐름		356,000
당기순이익	170,000	
감가상각비	101,000	
투자자산처분이익	(60,000)	
유형자산처분손실	20,000	

매출채권의 증가	(180,000)	
재고자산의 감소	12,000	
선급비용의 증가	(5,000)	
매입채무의 증가	300,000	
기타미지급비용의 감소	(17,000)	
이연법인세의 증가	15,000	
Ⅱ. 투자활동 현금흐름		(570,000)
투자자산의 처분	110,000	
유형자산의 처분	70,000	
대여금의 대여	(50,000)	
유형자산의 취득	(700,000)	
Ⅲ. 재무활동 현금흐름		235,000
장기차입금의 차입	600,000	
주식발행대금	90,000	
장기차입금의 상환	(380,000)	
배당금의 지급	(75,000)	
Ⅳ. 현금의 증가		21,000
Ⅴ. 기초의 현금		50,000
Ⅵ. 기말의 현금		71,000

물음

당기순이익과 영업활동 현금흐름 간의 차이를 발생시킨 원인과 이 회사 현금흐름의 질을 평가하시오.

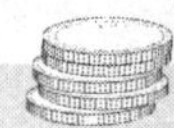

예제 5-12

한투자 씨는 세계투자신탁의 간판급 기업분석가이다. 그녀는 현금흐름패턴을 분석하면 회사에 대한 중요한 정보를 얻을 수 있다고 주장한다. 특히 그녀는 현금흐름표의 3가지 경영활동의 현금흐름추세에 관심을 갖고 분석한다. 그녀는 이 정보가 손익계산서상의 당기순이익추세보다 더 가치 있는 정보를 제공해준다고 굳게 믿고 있다. 그녀는 (주)한심의 과거 3년 동안의 다음과 같은 현금흐름패턴을 가지고 그녀의 주장을 증명하고 있다.

	20×5	20×6	20×7
당기순이익	+	+	−
영업활동 현금흐름	+	−	−
투자활동 현금흐름	+	+	+
재무활동 현금흐름	+	+	+

물음

한투자 씨의 분석결과는 어떤 것이었을까? 또한 현금흐름의 패턴이 우수한 분석적 정보를 제공한다는 주장에 동의하는지 여러분의 의견을 제시하시오.

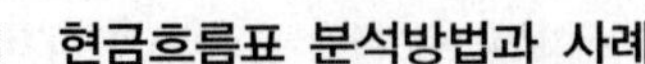

예제 5-13

다음은 (주)테크나라의 현금흐름표이다.

현금흐름표

㈜테크나라	20×7.1.1~20×7.12.31	(단위:1,000원)
영업활동 현금흐름		1,000
당기순이익	6,000	
조정항목		
감가상각비	4,000	
유형자산처분손실	3,000	
매출채권 증가	(6,000)	
재고자산 감소	2,000	
매입채무 감소	8,000	
투자활동 현금흐름		2,000
기계장치의 매각	15,000	
토지의 취득	(13,000)	
재무활동 현금흐름		2,000
주식의 발행	3,000	
배당금의 지급	(1,000)	
현금의 증가		5,000

물음

이사회에서는 다음 달 열릴 주주총회에서의 발표내용을 검토중이다. 이사 중 나잘란 이사께서 현금흐름표를 보더니 3가지 경영활동에서 +의 현금흐름을 창출할 수 있었던 점을 부각시키는 것이 좋겠다고 말하였다. 이 말에 동의하는지 여부를 타당한 사유를 들어 여러분의 의견을 제시하시오.

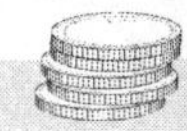

예제 5-14

다음은 동종업종의 경쟁관계에 있는 3 회사의 현금흐름표이다.

현금흐름표

	알파회사	베타회사	감마회사
영업활동 현금흐름	₩80,000	₩70,000	₩(34,000)
투자활동 현금흐름			
유형자산의 처분			36,000
유형자산의 취득	(38,000)	(35,000)	
재무활동 현금흐름			
차입금의 차입			33,000
차입금의 상환	(7,000)		
현금의 증가	₩35,000	₩35,000	₩35,000
평균자산총계	₩800,000	₩650,000	₩400,000

물음

(1) 3회사 중 어느 회사의 현금흐름상태가 가장 우량한지 설명하시오.

(2) 알파회사와 베타회사의 총자산현금이익률을 비교하시오.

예제 5-15

(주)팜테크는 생명공학분야에 종사하는 벤처기업이다. 이 회사가 성공적으로 개발한 성인병치료제의 매출신장속도는 대단히 빠른 상황이다. 이에 따라 이 회사는 생산량을 큰 폭으로 늘리기 위해서 생산시설을 계속 확충하고 있다. 이 회사의 사장은 이익이 증대되고 있음에도 불구하고 현금잔액이 감소되고 있으며, 당년도의 부채가 2배나 증가된 현상

에 대해 걱정을 하고 있다. 이 회사의 사장은 새로 전문경영자를 영입해서 현금부족을 초래한 원인을 규명하고 이를 타개할 방안을 강구하도록 지시하였다. 다음은 현금부족의 원인을 규명하기 위해 작성한 이 회사의 현금흐름표이다.

현금흐름표

㈜팜테크	20×7년 1월 1일 ~ 12월 31일	(단위: 천원)
Ⅰ. 영업활동 현금흐름		(1,660)
당기순이익	1,600	
감가상각비	1,050	
매입채무의 증가	300	
이연법인세의 증가	120	
기타 유동부채의 증가	70	
매출채권의 증가	(3,100)	
재고자산의 증가	(1,450)	
선급비용의 증가	(250)	
Ⅱ. 투자활동 현금흐름		(8,650)
유형자산 취득	(7,000)	
무형자산(특허권) 취득	(1,400)	
기타자산 취득	(250)	
Ⅲ. 재무활동 현금흐름		10,000
장기차입금의 증가	8,000	
보통주 발행	2,000	

물음

(1) 당기순이익과 영업활동 현금흐름 간의 차이를 발생시킨 원인을 설명하시오.

(2) 경영자가 현금부족을 극복할 방안을 기술하시오.

예제 5-16

당신은 기업분석을 담당하고 있다. 다음은 당신에게 배정된 (주)새시대의 현금흐름표이다.

현금흐름표

	20×7	20×6
영업활동 현금흐름		
당기순이익	205,000	170,000
현금유출이 없는 비용		
감가상각비	110,000	90,000
무형자산상각비	15,000	13,000
영업활동과 관련이 있는 자산 부채의 변동		
매출채권의 증가	(25,000)	(8,000)
재고자산의 증가	(18,000)	(7,000)
기타유동자산의 증가 또는 감소	(2,000)	12,000
매입채무의 증가	60,000	40,000
기타유동부채의 증가	10,000	10,000
	355,000	320,000
투자활동 현금흐름		
유형자산의 처분	75,000	40,000
투자유가증권의 취득	(400,000)	(20,000)
유형자산의 구입	(275,000)	(420,000)
	(600,000)	(400,000)
재무활동 현금흐름		
차입금의 차입	400,000	
보통주의 발행		350,000
차입금의 상환	(100,000)	(100,000)
배당금의 지급	(100,000)	(100,000)
	200,000	150,000
현금의 증가 또는 감소	(45,000)	70,000
기초의 현금	80,000	10,000

기말의 현금	35,000	80,000

기타정보		
자산총계	2,500,000	2,010,000
부채총계	1,330,000	960,000
유동성장기부채	100,000	100,000
보통주의 가중평균 사외유통주식수	300,000	300,000

물음

(1) 이 회사는 수명주기상 어디에 속한다고 보는가?

(2) 채권자 입장에서 이 회사의 지급능력에 대해 평가하시오. 현금흐름비율을 계산하여 여러분의 주장을 뒷받침할 것.

예제 5-17

다음은 가전제품 판매업체인 (주)모모가전의 현금흐름표이다.

현금흐름표

㈜모모가전	20×7년 1월 1일 ~ 12월 31일	(단위: 천원)
Ⅰ. 영업활동 현금흐름		12,165,338
당기순이익	1,127,664	
감가상각비(무형자산상각비 포함)	2,290,185	
유형자산처분손실	7,377	
매출채권의 감소	1,540,275	
재고자산의 감소	815,162	
선급비용의 감소	254,183	
미수법인세환급금의 감소	1,500,482	

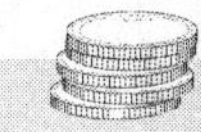

이연법인세차의 증가	(511,600)	
기타자산의 감소	506,721	
매입채무의 증가	3,102,873	
기타미지급비용의 증가	1,532,016	
이연법인세의 증가	15,000	
Ⅱ. 투자활동 현금흐름		(1,608,943)
유형자산의 취득	(1,608,943)	
Ⅲ. 재무활동 현금흐름		(10,524,991)
장기차입금의 차입	3,600,000	
주식발행대금	8,988	
장기차입금의 상환	(200,980)	
단기차입금(당좌차월)의 상환	(13,933,009)	
Ⅳ. 현금의 증가		31,404
Ⅴ. 기초의 현금		19,481
Ⅵ. 기말의 현금		50,885

물음

이 회사는 당기순이익에 비해 영업활동 현금흐름이 대단히 많게 보고되고 있다. 이 회사의 영업활동 현금흐름 수준이 미래에도 유지될 수 있을 지에 대해 평가하시오.

예제 5-18

1980년대에 설립된 V회사는 곰 인형을 전문으로 디자인 및 생산해서 판매하는 유명한 회사이다. 이 회사의 매출액은 최근에 몇 년 계속해서 50% 이상을 초과할 정도로 급증하는 모습을 보이고 있다. 이러한 급성장은 현금흐름에 대해 중요한 의미를 지니게 된다. 다음은 이 회사의 최근 현금흐름표이다.

현금흐름표

(단위: 달러)

	1994	1993
영업활동 현금흐름		
당기순이익	17,523	838,955
현금유출이 없는 비용		
감가상각비	316,416	181,348
이연법인세비용	(69,524)	(146,590)
영업활동과 관련이 있는 자산 부채의 변동		
매출채권의 증가	(38,267)	(25,947)
재고자산의 증가	(1,599,014)	(1,289,293)
선급비용 및 기타유동자산의 증가	(444,794)	(113,205)
기타자산	(24,240)	(83,044)
매입채무의 증가(감소)	2,017,059	(284,567)
미지급비용의 증가	61,321	170,755
미지급이자의 감소		(58,219)
미지급법인세비용의 증가		117,810
기타유동부채의 증가		(8,960)
영업활동 현금흐름	236,480	(700,957)
투자활동 현금흐름	(2,102,892)	(4,422,953)
재무활동 현금흐름	(315,353)	9,685,435
현금의 증가 또는 감소	(2,181,765)	4,561,525

기타정보		
유동부채	4,055,465	1,995,600
부채총계	4,620,085	2,184,386
매출액	20,560,566	17,025,856

물음

(1) 이 회사는 1994년의 당기순이익은 1993년도에 비해 현저하게 감소되었으며, 반면에 영업활동으로 인한 현금흐름은 1994년에는 +인데 비해 1993년은 큰 폭의 −를 나타내고 있다. 이러한 상반된 현상이 발생하게 된 원인에 대해 설명하시오.

(2) 현금흐름비율 계산결과를 이용해서 이 회사의 장・단기 지급능력(유동성과 안전성)과 이익창출능력(수익성)에 대해 평가하시오.

예제 5-19

(주)저녁노을의 사장인 기가찬 씨는 지난 2년간의 성과에 대해서 매우 걱정을 하고 있다. 콘트롤러는 기업이 이익을 내고 있다고 보고하였지만, 사장은 현금을 너무 지나치게 사용하고 있는 점을 지적하였다. 그래서 콘트롤러는 사장에게 다음과 같이 현금흐름표를 작성하여 제출하였다.

<u>현금흐름표</u>

㈜저녁노을	20×7.1.1~20×7.12.31	(단위:1,000원)
영업활동 현금흐름		(20,000)
당기순이익	100,000	
조정항목		
감가상각비	40,000	
유형자산처분이익	(90,000)	
매출채권 증가	(20,000)	
재고자산 증가	(30,000)	

매입채무 감소	(20,000)	
투자활동 현금흐름		75,000
유형자산의 매각	120,000	
유형자산의 구입	(45,000)	
재무활동 현금흐름		(115,000)
사채의 상환	(80,000)	
배당금의 지급	(35,000)	
현금의 감소		(60,000)

물음

사장의 다음 의문 사항을 해결할 수 있도록 답변을 하시오.

(1) 사장은 현금흐름표를 검토하고서 이 보고서가 회사의 현재 및 장래의 전망에 관해 어떤 정보를 제공하고 있는지를 알고 싶다고 했다.

(2) 사장은 이 회사가 금년에 당기순이익을 내고 있지만, 당기에 상환해야 할 채무를 상환하는데 곤란을 겪은 이유가 무엇인지를 알고 싶다고 말하였다.

(3) 이 회사 사장은 20×8년 중에 은행으로부터 차입을 추진할 계획을 가지고 있다고 하면서 차입금 규모를 추정해보라고 하였다. 이 회사 사장은 20×8년도의 현금증감액은 ₩0 수준이 되기를 원하고 있다.

예제 5-20

다음은 컴퓨터, 항공기 및 기타 고가의 자산을 구입해서 다른 기업에 대여해주는 두 기업의 현금흐름표이다. 두 기업의 자산규모는 비슷하다. 한투자 씨는 두 기업중 한 기업의 주식을 구입하고자 현금흐름표 이외 이용가능한 모든 정보를 이미 분석하였다. 분석결과 어떤 기업의 주식을 구입할 것인지의 의사결정은 현금흐름표의 정보에 달려있다고 결론지었다.

현금흐름표

(대전리스회사) (단위: 천원)

	20×7년		20×6년	
Ⅰ. 영업활동 현금흐름		51,000		70,000
당기순이익	37,000		74,000	
당기순이익가감항목	14,000		(4,000)	
Ⅱ. 투자활동 현금흐름		86,000		76,000
유형자산의취득	(13,000)		(3,000)	
유형자산의처분	86,000		79,000	
투자자산의처분	13,000		-	
Ⅲ. 재무활동 현금흐름		(132,000)		(119,000)
단기차입금의차입	73,000		19,000	
장기차입금의차입	31,000		42,000	
단기차입금의상환	(181,000)		(148,000)	
장기차입금의상환	(55,000)		(32,000)	
Ⅳ. 현금의증가(감소)		5,000		27,000
Ⅴ. 기초의현금		31,000		4,000
Ⅵ. 기말의현금		36,000		31,000

현금흐름표

(천안리스회사) (단위: 천원)

	20×7년		20×6년	
Ⅰ. 영업활동 현금흐름		98,000		71,000
당 기 순 이 익	79,000		71,000	
당기순이익가감항목	19,000		-	
Ⅱ. 투자활동 현금흐름		(108,000)		(73,000)
유 형 자 산 의 취 득	(121,000)		(91,000)	
투 자 자 산 의 처 분	13,000		18,000	
Ⅲ. 재무활동 현금흐름		19,000		(6,000)
장 기 차 입 금 의 차 입	76,000		43,000	
단 기 차 입 금 의 상 환	(15,000)		(40,000)	
배 당 금 의 지 급	(12,000)		(9,000)	
Ⅳ. 현 금 의 증 가(감소)		9,000		(8,000)
Ⅴ. 기 초 의 현 금		72,000		80,000
Ⅵ. 기 말 의 현 금		81,000		72,000

물음

두 회사의 상대적 강・약점을 설명하고, 어떤 회사의 주식에 투자를 할 것인지 결정하시오.

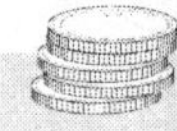

예제 5-21

다음 두 기업의 회계자료를 가지고 물음에 답하시오.

	K-mart	Wal-mart
	손익계산서자료	
매 출 액	$34,025	$82,494
매출원가	25,992	65,586
판매비와 관리비	7,701	12,858
이자비용	494	706
이자수익	572	918
법인세비용	114	1,581
당기순이익	$296	$2,681
	재무상태표자료(기말잔액)	
유동자산	$9,187	$15,338
유형자산(순액)	7,842	17,481
자산합계	17,029	32,819
유동부채	5,626	9,973
고정부채	5,371	10,120
자 본	6,032	12,726
부채와 자본합계	$17,029	$32,819
	재무상태표자료(기초잔액)	
자산합계	$17,504	$26,441
부채와 자본합계	6,093	10,753
	기타자료	
평균매출채권	$1,570	$695
평균재고자산	7,317	12,539
영업활동으로 인한 현금흐름	351	3,106
자본적지출액	600	3,734
평균유동부채	5,720	10,110
평균총부채	11,230	20,160

물음

두 기업의 장·단기 지급능력과 수익성을 다음 비율의 계산결과를 통

해 비교・평가하시오.

① 유동비율	② 매출채권회전율
③ 평균회수기간	④ 재고자산회전율
⑤ 평균재고보유기간	⑥ 매출액순이익률
⑦ 총자산회전률	⑧ 총자산이익률(투자수익률)
⑨ 자기자본이익률	⑩ 부채비율(부채대 자기자본비율)
⑪ 이자보상비율	⑫ 현금흐름유동부채보상비율
⑬ 매출액현금흐름이익률	⑭ 현금흐름부채보상비율
⑮ 자본적지출액보상비율	

예제 5-22

Amazon.com의 경이적인 성장은 전통적인 소매업체에 대해 두려움을 가져다주었다. Amazon.com의 주식가격은 놀랄만한 수준으로 치솟았다. 그러나 경제신문에서는 종종 이 회사가 이익을 보고한 적이 없다는 점을 지적하고 있다. 다음의 재무정보는 Amazon.com의 1998년도 재무제표에서 발췌한 것이다.

(단위: 천달러)	1998	1997
유동자산	424,254	137,709
자산합계	648,460	149,844
유동부채	161,575	44,551
부채합계	509,715	121,253
영업활동 현금흐름	31,035	687
자본적 지출액	28,333	7,603
배당금 지급액	0	0
당기순손실	(124,546)	(31,020)
매출액	609,996	147,787

물음

(1) Amazon.com의 1998년도 유동비율과 현금흐름유동부채보상비율을 계산하고, 이 회사의 유동성에 대해 설명하시오.

(2) Amazon.com의 1998년도 부채대 자산비율과 현금흐름총부채보상비율을 계산하고, 이 회사의 장기지급능력에 대해 설명하시오.

(3) Amazon.com의 1998년도 잉여현금흐름과 자본적 지출액보상비율을 계산하고, 이 회사의 확장에 필요한 현금흐름의 내부 창출능력에 대해 설명하시오. 지금까지 이 회사는 규모가 큰 창고를 취득하는 것을 피해 왔으며, 대신에 다른 회사의 창고를 사용해 왔다. 그러나 고객의 만족을 증진시키기 위해서 자체의 창고를 건축할 가능성이 높아지고 있다. 이렇게 할 경우 회사의 확장에 필요한 현금흐름의 내부 창출능력에 대한 당신의 판단이 변경되는지 설명하시오.

(4) Amazon.com의 1997년에서 1998년으로의 영업활동 현금흐름과 당기순손실의 변화가 함축하고 있는 의미를 설명하시오.

(5) 이상의 물음에 기초해서 Amazon.com의 경이적인 주식가격이 정당화될 수 있는지에 대해 설명하시오.

예제 5-23

완구제조업체인 M사에 있어서 20×7년은 최고의 한 해였다. 실제로 그 회사의 역사상 가장 좋은 해였다. 그러나 그 회사의 대차대조표를 검토한 결과 현금잔액이 20×6년의 ₩506(억원)에서 20×7년에 ₩239(억원)으로 감소되었음이 밝혀지고 있다. ₩267(억원)의 현금감소는 비율

로 계산해서 53%에 해당하는 것이다. 다음과 같은 자료가 이 회사의 재무제표에서 발췌된 것이다.

(단위: 십만원)	20×7	20×6
현금	237,002	506,113
유가증권	20,581	17,468
매출채권	762,024	580,313
재고자산	339,143	219,993
기타유동자산	182,675	146,863
유동자산합계	1,543,523	1,470,750
유동부채합계	915,881	783,329
영업활동 현금흐름	343,439	303,344
투자활동 현금흐름	(526,497)	(88,804)
재무활동 현금흐름	(86,053)	(16,369)

물음

(1) M사는 보유현금의 감소결과로써 유동성의 현저한 저하를 겪고 있는지를 설명하시오. 유동비율과 현금흐름유동부채보상비율을 계산해서 당신의 의견을 뒷받침하시오. 20×6년도의 유동부채 기말잔액은 ₩529,389(십만 원)이다.

(2) 위의 자료를 가지고 이 회사의 현금이 감소되게 된 원인과, 이 점에 대해 경영자와 투자자가 관심을 가져야 할지에 대해 기술하시오.

예제 5-24

P&G 회사는 다양한 소비자용품을 제조・판매하는 회사다. 다음은 이 회사의 5개 연도 현금흐름표이다.

현금흐름표

P&G 회사 (단위: 백만달러)

	7년도	8년도	9년도	10년도	11년도
영업활동					
당기순이익	1,872	2,027	2,211	2,645	3,046
감가상각비	1,051	1140	1,134	1,253	1,358
기타	(126)	(38)	501	327	460
매출채권의 (증가)감소	23	(9)	40	(225)	17
재고자산의 (증가)감소	160	97	25	(401)	202
선급비용의 (증가)감소	(1)	79	(7)	(309)	(115)
매입채무의 증가(감소)	278	(54)	335	287	(366)
기타유동부채의 증가(감소)	(232)	97	(590)	(9)	(444)
영업활동 현금흐름	3,025	3,338	3,649	3,568	4,158
투자활동					
유형자산의 취득	(1,911)	(1,911)	(1,841)	(2,146)	(2,179)
유가증권의 변동액		(306)	23	96	(331)
기타투자거래	(949)	587	(190)	(313)	44
투자활동 현금흐름	(2,860)	(1,630)	(2,008)	(2,363)	(2,466)
재무활동					
단기차입금의 증가					242
장기차입금의 증가	1,608	1,001	414	449	339
보통주의 발행	71	77	36	66	89
단기차입금의 감소	(156)	(277)	(281)	(429)	0
장기차입금의 감소	(433)	(939)	(797)	(510)	(619)
자기주식의 구입	(49)	(55)	(14)	(114)	(432)

배당금 지급	(788)	(850)	(949)	(1,062)	(1,202)
기타	(26)	(119)	1	50	(63)
재무활동 현금흐름	227	(1,162)	(1,590)	(1,550)	(1,646)
현금의 증감액	392	546	51	(345)	46
기초 현금	1,384	1,776	2,322	2,373	2,028
기말 현금	1,776	2,322	2,373	2,028	2,074
매출액 증감율	8.6%	3.8%	(0.04%)	10.2%	5.4%

물음

P&G회사의 5개 연도 현금흐름표를 분석하시오.

예제 5-25

Texas Instruments사는 다양한 산업에서 사용되고 있는 반도체를 주로 생산하고 있다. 이 회사의 제조과정은 자본집약적이다. 이 산업의 과잉시설로 인해 11연도에는 반도체가격이 폭락하였다. 다음은 Texas Instruments의 5개 연도 현금흐름표이다.

현금흐름표

Texas Instruments (단위: 백만달러)

	7년도	8년도	9년도	10년도	11년도
영업활동					
당기순이익	247	476	691	1,088	(46)
감가상각비	610	617	665	756	904
기타	(44)	32	68	(23)	126

매출채권의 (증가)감소	(111)	(258)	(197)	(870)	250
재고자산의 (증가)감소	50	(88)	(60)	(253)	245
선급비용의 (증가)감소	1	(3)	(9)	9	9
매입채무의 증가(감소)	(16)	37	330	677	(404)
기타유동부채의 증가(감소)	64	121	44	283	(286)
영업활동 현금흐름	801	934	1,532	1,677	798
투자활동					
유형자산의 취득	(429)	(730)	(1,076)	(1,439)	(2,063)
유가증권의 변동액	(354)	19	(47)	343	175
기타투자거래	48	0	0	0	(163)
투자활동 현금흐름	(735)	(711)	(1,123)	(1,096)	(2,051)
재무활동					
단기차입금의 증가	92	35	40	12	288
장기차입금의 증가	150	14	1	24	871
보통주의 발행	25	100	110	111	35
단기차입금의 감소	(61)	(72)	(41)	0	(2)
장기차입금의 감소	(117)	(15)	(88)	(12)	(199)
자기주식의 구입	(146)	(150)	0	0	0
배당금 지급	(98)	(86)	(79)	(111)	(129)
기타	(7)	(1)	4	9	(17)
재무활동 현금흐름	(162)	(175)	(53)	33	847
현금의 증감액	(96)	48	356	604	(406)
기초 현금	452	356	404	760	1,364
기말 현금	356	404	760	1,364	958
매출액 증감율	9.7%	14.6%	21.0%	27.3%	(12.9)%

물음

Texas Instruments의 5개 연도 현금흐름표를 분석하시오.

예제 5-26

CIC는 나무를 재배해서 자본집약적인 시설을 이용해서 다양한 종이 제품을 생산하고 있다. 종이제품의 판매는 경제상황과 조업도 수준에 영향을 받는다. 최근에 이 업종의 회사들은 공장을 이전하고 있으며, 첨단가공시설을 갖추고 있다. 다음은 CIC의 5개 연도분 현금흐름표이다.

현금흐름표

CIC (단위: 백만달러)

	7년도	8년도	9년도	10년도	11년도
영업활동					
당기순이익	14	(156)	63	772	141
감가상각비	411	443	459	471	502
기타	(142)	1	21	187	(77)
매출채권의 (증가)감소	(11)	(28)	(71)	(78)	65
재고자산의 (증가)감소	(5)	(14)	22	(73)	(34)
선급비용의 (증가)감소	5	(3)	(1)	(6)	(5)
매입채무의 증가(감소)	(10)	(61)	5	118	(38)
기타유동부채의 증가(감소)	(4)	19	30	62	(116)
영업활동 현금흐름	258	201	528	1,453	438
투자활동					
유형자산의 처분	174	305	39	181	43
유형자산의 취득	(718)	(606)	(329)	(624)	(582)
유가증권의 변동액	(58)	107	33	(98)	98
기타투자거래	(9)	(18)	0	(10)	(113)
투자활동 현금흐름	(611)	(212)	(257)	(551)	(554)
재무활동					
장기차입금의 증가	770	1,383	425	826	834
장기차입금의 감소	(440)	(1,308)	(622)	(951)	(645)
자기주식의 구입	0	0	0	(550)	(199)

배당금 지급	(46)	(46)	(46)	(32)	(19)
기타	(7)	1	7	31	3
재무활동 현금흐름	277	30	(236)	(676)	(26)
현금의 증감액	(76)	19	35	226	(142)
기초 현금	113	37	56	91	317
기말 현금	37	56	91	317	175
매출액 증감율	2.9%	2.9%	4.9%	31.1%	(15.7)%

물음

CIC의 5개 연도분 현금흐름표를 분석하시오.

예제 5-27

Montgomery Ward사는 소매 백화점 체인점을 경영하고 있다. 이 회사는 12연도 1/4분기 중에 도산하였다. 이 회사는 9연도 중에 스포츠 용품과 전자제품을 할인 판매하는 회사를 인수하였다. 11연도 중에는 자동차클럽을 인수하였다. 10연도에는 우선주를 발행하였으며, 발행대금 중 일부는 우선주를 구입하는데 사용하였다. 다음은 Montgomery Ward사의 5개 연도분 현금흐름표이다.

현금흐름표

Montgomery Ward					(단위: 백만달러)
	7년도	8년도	9년도	10년도	11년도
영업활동					
당기순이익	100	101	109	(9)	(237)
감가상각비	97	98	109	115	122

기타	32	25	(5)	(111)	(184)
매출채권의 (증가)감소	9	(9)	(38)	(54)	(32)
재고자산의 (증가)감소	(38)	(204)	(229)	(112)	225
선급비용의 (증가)감소	36	(58)	(39)	(32)	27
매입채무의 증가(감소)	(17)	148	291	85	(222)
기타유동부채의 증가(감소)	(64)	28	(45)	(64)	(55)
영업활동 현금흐름	155	129	153	(182)	(356)
투자활동					
유형자산의 취득	(146)	(142)	(184)	(122)	(75)
유가증권의 변동액	137	(27)	(4)	(14)	20
기타투자거래	9	6	(113)	27	(93)
투자활동 현금흐름	0	(163)	(301)	(109)	(148)
재무활동					
단기차입금의 증가	0	0	144	16	588
장기차입금의 증가	0	100	168	205	0
보통주의 발행	1	1	78	193	3
장기차입금의 감소	(403)	(18)	(275)	(17)	(63)
자기주식의 구입	(97)	(11)	(9)	(98)	(20)
배당금 지급	(19)	(23)	(24)	(4)	(9)
기타	2	2	1	0	0
재무활동 현금흐름	(516)	51	83	295	499
현금의 증감액	(361)	17	(65)	4	(5)
기초 현금	442	81	98	33	37
기말 현금	81	98	33	37	32
매출액 증감율	2.0%	3.7%	17.2%	(0.05)%	(10.0)%

물음

Montgomery Ward사의 5개 연도분 현금흐름표를 분석하시오. 이 회사가 도산하게 된 징후를 확인해보시오.

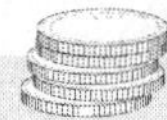

예제 5-28

Ciprico, Inc.은 컴퓨터 부품을 개발·제조하여 판매하는 회사이다. 이 회사는 컴퓨터제조회사에 부품을 납품하고 있다. 다음은 Ciprico, Inc. 사의 5개 연도분 현금흐름표이다. 8년도는 미국경제가 불황에 빠져있을 때이다.

현금흐름표

Ciprico, Inc. (단위: 백만달러)

	7년도	8년도	9년도	10년도	11년도
영업활동					
당기순이익	427	(1,778)	(320)	396	3,444
감가상각비	626	725	691	712	841
기타	134	358	398	383	402
매출채권의 (증가)감소	(138)	83	(1,077)	(894)	(1,440)
재고자산의 (증가)감소	(561)	663	51	(742)	(1,912)
선급비용의 (증가)감소	(5)	10	(43)	47	(146)
매입채무의 증가(감소)	(7)	39	813	866	627
기타유동부채의 증가(감소)	172	(44)	52	237	1,655
영업활동 현금흐름	648	56	565	1,005	3,481
투자활동					
유형자산의 취득	(656)	(719)	(612)	(683)	(1,997)
유가증권의 변동액	(102)	70	107	97	(22,591)
기타투자거래	(421)	39	264	143	8
투자활동 현금흐름	(1,179)	(610)	(241)	(443)	(24,580)
재무활동					
보통주의 발행	83	44	38	707	31,100
장기차입금의 감소	(28)	(5)	(12)	(20)	(28)
재무활동 현금흐름	55	39	26	687	31,072
현금의 증감액	(476)	(515)	350	1,249	9,973

기초 현금	2,817	2,341	1,826	2,176	3,425
기말 현금	2,341	1,826	2,176	3,425	13,398
매출액 증감율	25.7%	(31.3)%	42.4%	21.7%	71.7%

물음

Ciprico, Inc.사의 5개 연도분 현금흐름표를 분석하시오.

예제 5-29

다음은 미국의 대규모 전문소매업체인 Best Buy Company의 현금흐름표이다.

현금흐름표

	2000	1999	1998
영업활동			
당기순이익	347,070	216,282	81,938
현금유출이 없는 비용			
감가상각비와 기타	109,541	78,367	71,584
영업활동 관련 자산 부채의 변동			
매출채권의 증가	(56,900)	(36,699)	(16,121)
재고자산의 증가 또는 감소	(137,315)	14,422	71,271
기타유동자산의 증가 또는 감소	(11,005)	(4,251)	(3,278)
매입채무의 증가	302,194	249,094	147,340
기타유동부채의 증가	206,643	145,216	97,709
영업활동 현금흐름	760,228	662,431	450,443
투자활동			
유형자산의 구입	(361,024)	(165,698)	(72,063)

기타자산의 취득	(39,090)	(83,869)	
기타자산의 매각			49,764
투자활동 현금흐름	(400,114)	(249,567)	(22,299)
재무활동			
차입금의 차입	0	0	10,000
보통주의 발행	32,229	20,644	14,869
차입금의 상환	(29,946)	(165,396)	(22,694)
자사주의 매입	(397,451)	(2,462)	0
재무활동 현금흐름	(395,168)	(147,214)	2,175
현금의 증가 또는 감소	(35,054)	265,650	430,319

다음 자료는 이 회사의 사업보고서에 있는 자료이다.

"이 회사가 개설한 점포수는 1997년의 272개, 1998년의 284개, 1999년의 311개 및 2000년의 357개이다. 각 점포는 상품매입대금(벤더 파이낸싱에 의한 차액), 리스자산개량비용, 비품과 설비자산 구입비로 들어갈 순운전자본이 약 4백만달러가 필요하게 된다. 점포당 개설준비비용으로 약 60만달러가 발생되며, 발생시에 비용으로 처리된다"

물음

(1) 현금흐름표를 사용해서 3년 동안의 당기순이익과 영업활동 현금흐름을 비교하고, 이 두 지표간의 매년 및 연도간의 차이를 설명하시오.

(2) 3년 동안 신규 점포 개설이 이 회사의 순운전자본에 얼마나 영향을 미쳤는가? 이 회사의 실제 순운전자본 변동액과 신규점포개설에 소요되는 순운전자본을 비교하고, 그 차이에 대해 설명하시오.

(3) 3년 동안의 재고자산의 연간 변동분과 이 변동분을 위해 어떤 식

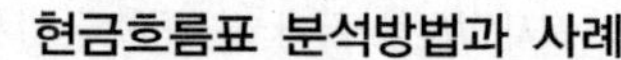

으로 자금조달했는지를 설명하시오.

(4) 현금흐름표 상의 투자활동과 재무활동을 통해서 얻을 수 있는 정보를 설명하시오.

예제 5-30

다음은 (주)석양과 (주)희망의 5년분 현금흐름표와 손익계산서 및 재무상태표이다. 이 두 회사는 수 년간 자금사정이 좋지가 못해서 주로 부채에 의존해서 회사를 운영해 오고 있다. 금년에 들어서 두 회사는 당신의 은행에 또다시 대출신청을 하였다. 재무제표를 분석한 결과를 가지고 어떤 회사에 대출을 허용할 것인지를 결정하시오.

현금흐름표

㈜석양 (단위: 백만원)

	20×3년	20×4년	20×5년	20×6년	20×7년
영업활동					
매출대금 회수액	1,165	1,210	1,327	1,587	1,807
영업비 지급액	1,130	1,187	1,326	1,672	1,843
이자비용 지급액	15	19	16	21	51
법인세 지급액	23	19	9	9	3
영업활동현금흐름	(3)	(15)	(24)	(115)	(90)
투자활동					
유형자산 구입액	(14)	(17)	(37)	(30)	(33)
재무활동					
주식발행	5	5	8	3	3
단기차입금의 차입	64	65		153	62

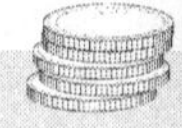

장기차입금의 차입			23		
단기차입금의 상환			(8)		
장기차입금의 상환	(2)	(2)	(2)		
자기주식의 취득	(22)	(14)		(10)	
배당금 지급	(20)	(21)	(21)	(21)	(22)
재무활동현금흐름	25	33	76	125	139
현금의 증감	8	1	15	(20)	16

손익계산서

㈜석양 (단위: 백만원)

	20×3년	20×4년	20×5년	20×6년	20×7년
수익					
매출액	1,220	1,265	1,384	1,655	1,861
비용					
매출원가	818	843	931	1,125	1,277
판매비와 관리비	298	320	363	434	504
감가상각비	9	10	11	12	14
이자비용	15	19	16	21	51
법인세 지급액	38	33	27	26	6
비용합계	1,178	1,225	1,348	1,852	1,852
당기순이익	42	40	36	37	9

재무상태표

㈜석양 (단위: 백만원)

	20×3년	20×4년	20×5년	20×6년	20×7년
현금	34	35	50	30	46
매출채권	365	420	477	545	599
재고자산	227	265	304	405	458
유동자산합계	626	720	831	980	1,103

유형자산	120	137	174	204	237
감가상각누계액	(40)	(50)	(61)	(73)	(87)
자산총계	706	807	944	1,111	1,253
매입채무	104	118	125	113	104
단기차입금	181	246	238	391	453
미지급법인세	81	95	113	130	133
유동부채 합계	366	459	476	634	690
장기차입금	48	46	143	143	239
부채총계	414	505	619	777	929
보통주 자본	81	72	80	73	76
이익잉여금	211	230	245	261	248
자본합계	292	302	325	334	324
부채와 자본총계	706	807	944	1,111	1,253

현금흐름표

㈜희망 (단위: 백만원)

	20×3년	20×4년	20×5년	20×6년	20×7년
영업활동					
매출대금 회수액	1,110	1,659	2,163	2,809	3,679
영업비 지급액	1,214	1,702	1,702	2,895	3,778
이자비용 지급액	11	13	23	29	41
법인세 지급액	13	15	16	29	35
영업활동현금흐름	(128)	(71)	(93)	(144)	(175)
투자활동					
유형자산 구입액			(20)	(10)	
재무활동					
주식발행	10		5	45	30
단기차입금의 차입	80	52	91	3	60

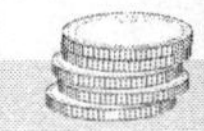

장기차입금의 차입	40	23	20	125	50
재무활동현금흐름	130	75	116	173	140
현금의 증감	2	4	3	19	35

손익계산서

㈜희망 (단위: 백만원)

	20×3년	20×4년	20×5년	20×6년	20×7년
수익					
매출액	1,339	1,731	2,261	2,939	3,841
비용					
매출원가	1,039	1,334	1,743	2,267	2,930
판매비와 관리비	243	312	398	524	721
감가상각비	10	10	12	14	15
이자비용	11	13	23	29	41
법인세 지급액	13	20	27	31	42
비용합계	1,316	1,689	2,203	2,865	3,749
당기순이익	23	42	58	74	92

재무상태표

㈜희망 (단위: 백만원)

	20×3년	20×4년	20×5년	20×6년	20×7년
현금	28	32	35	54	19
매출채권	249	321	419	549	711
재고자산	303	391	510	672	873
유동자산합계	580	744	964	1,275	1,603
유형자산	200	200	220	230	230
감가상각누계액	(10)	(20)	(32)	(46)	(61)

자산총계	770	924	1,152	1,459	1,772
매입채무	102	134	177	235	309
단기차입금	138	190	281	284	344
미지급법인세	20	25	36	38	45
유동부채 합계	260	349	494	557	698
장기차입금	40	63	83	208	258
부채총계	300	412	577	765	956
보통주 자본	440	440	445	490	520
이익잉여금	30	72	130	204	296
자본합계	470	512	575	694	816
부채와 자본총계	770	924	1,152	1,459	1,772

2. 현금흐름표분석 문제 해답

해답 5-1

(1)

현금흐름표

영업활동 현금흐름		₩110,000
매출 등 수익활동으로부터의 유입액	₩260,000	
매입 및 종업에 대한 유출액	(130,000)	
이자지급액	(10,000)	
법인세지급액	(10,000)	

투자활동 현금흐름		(6,000)
기계장치의 처분	38,000	
기계장치의 구입	(30,000)	
토지의 구입	(14,000)	
재무활동 현금흐름		(60,000)
자기주식의 구입	(25,000)	
배당금의 지급	(35,000)	
현금의 증가		₩44,000
기초의 현금		50,000
기말의 현금		₩94,000

(2) 영업활동 현금흐름(CFO)은 수익성뿐만 아니라, 영업활동을 통한 현금창출능력을 측정하는 지표이다. 성과에 대한 측정지표로 사용될 경우, 영업활동 현금흐름은 당기순이익보다 왜곡 표시될 가능성이 낮다. 재무분석가들은 CFO를 당기순이익의 대체물로 생각하지는 않지만, 보고된 순이익의 질을 평가하는 지표로 활용하고 있다. 순이익은 많게 보고되었으나 CFO가 낮게 보고된 회사는 지나치게 공격적인 수익인식정책을 사용하였을 가능성이 높다. CFO를 지속적으로 창출할 수 있는 회사의 능력은 기업의 재무적 건강도를 나타내는 신호 중의 하나이다. 재무분석가들은 미래의 현금상태와 잠재적인 유동성 또는 지급능력 상실의 문제를 파악하기 위해서 CFO의 추세를 살펴보게 된다.

투자활동 현금흐름은 회사가 잉여현금을 어떻게 투자하고 있는지를 보여준다. 재무분석가들은 기업이 계속해서 성장할 수 있는 능력을 파악하여야 하며, 투자활동으로 인한 현금흐름이 투자활동의 관리 상황에 대한 유용한 지표를 제공해준다. 투자활동에는 생산능력을 유지하고 그리고 확장하는데 얼마만큼의 자본적 지출이 이루어졌는지에 대한 내용이 포함되어 있다. 투자활동으로 인한 현금흐름의 감소는 미래의 성장속도가 저하될 것이란 신호로 해석된다.

재무활동 현금흐름은 기업의 자금조달에 대한 원천을 나타내준다. 차입이든 자기자본에 의한 조달이든, 외부자금조달이 필요한 기업에 있어서 재무활동에 나타나 있는 내용은 재무적 레버리지에 관한 경영자의 선호도를 전달해준다. 부채에 의한 자금조달은 미래 기간에 원금과 이자지급이 필요함을 말해주며, 자기자본에 의한 자금조달은 미래의 주당순이익이 희석화되는(또는 낮아지는) 원인이 된다. 영업활동으로 인한 현금흐름이 투자소요액을 초과하는 기업에 있어서, 재무활동으로 인한 현금흐름은 그 초과액이 부채를 상환하거나, 배당금을 증가시키거나, 또는 자사주를 매입하는데 사용되고 있는지를 알 수 있게 해준다.

(3) 이자지급액은 분석의 목적상 재무활동으로 인한 현금유출로 분류할 수 있다. 이러한 분류는 재무 레버리지 의사결정의 효과를 영업활동의 결과에서 분리해낸다. 또한 이 회사와 재무 레버리지가 다른 회사와의 비교가능성을 높여주게 된다.

(4) 현금의 증감액은 자체는 분석상의 의미를 지니지 못한다. 현금의 증감액(또는 현금의 기말잔액)은 자금조달에 대한 경영자의 의사결정에 영향을 받는다. 예를 들어 기업은 결산일 바로 직전에 은행에서 차입하여 거액의 현금잔액을 보여줄 수 있다.

해답 5-2

(1)

현금흐름표

영업활동 현금흐름		₩128,000
매출 등 수익활동으로부터의 유입액	₩260,000	
매입 및 종업에 대한 유출액	(120,000)	
이자지급액	(12,000)	
투자활동 현금흐름		(18,000)
기계장치의 처분	30,000	
기계장치의 구입	(40,000)	
토지의 구입	(8,000)	
재무활동 현금흐름		(69,000)
자기주식의 구입	(32,000)	
배당금의 지급	(37,000)	
현금의 증가		₩41,000

(2)

현금흐름표

영업활동 현금흐름		₩140,000
매출 등 수익활동으로부터의 유입액	₩260,000	
매입 및 종업에 대한 유출액	(120,000)	
투자활동 현금흐름		(18,000)
기계장치의 처분	30,000	
기계장치의 구입	(40,000)	
토지의 구입	(8,000)	
재무활동 현금흐름		(81,000)
이자지급액	(12,000)	
자기주식의 구입	(32,000)	
배당금의 지급	(37,000)	
현금의 증가		₩41,000

(3) 분석의 목적에 따라 잉여현금흐름은, 이자지급액이 영업활동에 포함될 수도 있고, 포함되지 않을 수도 있기 때문에 두 가지로 계산될 수 있다. 그리고 산식의 차이에 따라 다음과 같이 여러 가지의 잉여현금흐름이 계산될 수 있다.

①

	이자지급액 포함	이자지급액 제외
영업활동 현금흐름	₩128,000	₩140,000
투자활동 현금흐름	(18,000)	(18,000)
잉여현금흐름	₩110,000	₩122,000

②

	이자지급액 포함	이자지급액 제외
영업활동 현금흐름	₩128,000	₩140,000
투자활동 현금흐름	(18,000)	(18,000)
배당금 지급액	(37,000)	(37,000)
잉여현금흐름	₩73,000	₩85,000

③

	이자지급액 포함	이자지급액 제외
영업활동 현금흐름	₩128,000	₩140,000
투자활동 현금유출	(48,000)	(48,000)
잉여현금흐름	₩80,000	₩92,000

④

	이자지급액 포함	이자지급액 제외
영업활동 현금흐름	₩128,000	₩140,000
투자활동 현금유출	(48,000)	(48,000)
배당금 지급액	(37,000)	(37,000)
잉여현금흐름	₩43,000	₩55,000

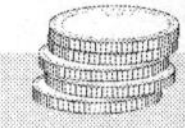

해답 5-3

(1) 이 회사가 3가지 활동 중에서 현금을 가장 많이 사용한 활동은 투자활동이다. 현금흐름표는 투자가 이루어졌다는 사실을 나타내고 있으며, 이는 단지 이 회사가 성장하고 있음을 의미하는 것일 뿐이지, 그 이상의 예를 들어 투자의 질에 대한 정보 같은 것을 제공하지는 못한다.

(2) 이 회사가 3가지 활동 중에서 현금을 가장 많이 조달한 활동은 재무활동이다. 이는 이 회사가 외부자금에 의존하고 있음을 보여주는 데, 회사가 빠른 속도로 성장하는 경우 이런 상황이 보통 불가피하게 나타난다. 그러나 재무활동을 통해 조달한 현금은 장기적인 관점에서 가장 적절한 현금원천이라고 말할 수 없다. 장기적으로 볼 때, 영업활동에서 현금이 창출되어야 한다.

해답 5-4

(1) 이 회사가 3가지 활동 중에서 현금을 가장 많이 사용한 활동은 투자활동이다. 현금흐름표는 투자가 이루어졌다는 사실을 나타내고 있으며, 이는 단지 이 회사가 성장하고 있음을 의미하는 것일 뿐이지, 그 이상의 예를 들어 투자의 질에 대한 정보 같은 것을 제공하지는 못한다.

(2) 이 회사가 3가지 활동 중에서 현금을 가장 많이 조달한 활동은 영업활동이다. 이는 이 회사가 영업활동을 통한 내부창출자금에 의존하고 있음을 보여주는 데, 영업활동을 통해 조달한 현금은 계속적으로 발생시킬 수 있는 유일한 현금원천이기 때문에 장기적인 관점에서 가장 적절한 현금원천이라고 말할 수 있다. 따라서 이 회사는 가장 건전한 방식으로 현금을 창출해서 사용하고 있는 것이다.

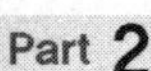

해답 5-5

설립된 지 오래된 회사(성숙기에 위치한 회사를 말함)가 −의 영업활동 현금흐름을 보이는 것은 위험한 상황에 처해 있다는 신호로 해석된다. 이러한 회사는 사실 영업활동에서 충분한 현금흐름을 창출해서 이를 투자활동에 사용하고 그리고 남은 현금으로 배당금 지급, 부채상환 등에 사용할 수 있을 정도가 되어야 한다. 이 회사의 현금흐름표를 자세히 볼 것 같으면 바로 그러한 패턴을 보이고 있음을 알 수 있다. 결국 당신의 친구는 현금잔액의 감소액을 영업활동으로 인한 현금흐름과 혼동하는 잘못을 저지르고 있는 것이기 때문에 친구의 주장은 잘못된 것이다. 현금의 최종적인 증감액은 별로 중요한 정보가 되지 못한다. 가장 중요한 정보는 영업활동으로 인한 정보라는 점을 유념할 필요가 있다.

해답 5-6

(1) 이 회사의 현금 원천 및 그 비중과 현금용도 및 비중은 다음과 같이 공통형 현금흐름표의 작성을 통해 나타낼 수 있다.

공통형 현금흐름표

계정과목	유입액	유출액	유입액(%)	유출액(%)
Ⅰ. 영업활동				
영업활동 현금흐름	620,000		21.23	
Ⅱ. 투자활동				
1. 유형자산의 처분	300,000		10.27	
2. 유형자산의 구입		1,200,000		41.10
투자활동 현금흐름	300,000	1,200,000	10.27	41.10
Ⅲ. 재무활동				

1. 주식의 발행	2,000,000		68.49	
2. 사채의 상환		1,300,000		44.52
3. 배당금의 지급		250,000		8.56
재무활동 현금흐름	2,000,000	1,550,000	68.49	53.08
Ⅳ. 현금유입액 및 유출액	2,920,000	2,750,000	100.00	94.18
Ⅴ. 현금의 증가(감소)	170,000			5.82

한편 이 회사의 현금 용도합계액을 기준으로 비중을 계산하면 다음과 같다.

	금액	비중
유형자산의 구입	₩1,200,000	43.6%
사채의 상환	1,300,000	47.3%
배당금의 지급	250,000	9.1%
현금의 용도합계	₩2,750,000	100.0%

(2) 이 회사는 위험도를 감소시켰다. 이 회사는 ₩1,300,000의 사채를 상환하였으며, 또한 주식을 ₩2,000,000이나 추가로 발행하였기 때문에 재무구조가 개선되었으며, 이에 따라 재무적 위험이 감소되게 된 것이다.

(3) 이 문제에서 총자산에 대한 정보가 제공되고 있지 않기 때문에 유형자산에 얼마나 투자되고 있는지를 알 수가 없다. 그러나 신규로 유형자산을 ₩1,200,000 구입하였으며, 반면에 유형자산의 처분이 ₩300,000 이루어져, 결과적으로 유형자산에 대한 투자액이 ₩900,000인 것을 알 수 있다. 이 순투자액이 기존의 자산에 대한 감가상각비와 비교해서 훨씬 많은 금액이라면 회사규모가 확장된 것으로 볼 수 있다. 이 회사의 현금흐름표상에 기존의 자산에 대한 감가상각비를 제시하지 않고 있기 때문에 순투자액

과 감가상각비를 비교할 수 없지만, 순투자액이 영업활동으로 인한 현금흐름을 많이 초과하고 있기 때문에 회사규모가 확장된 것일 가능성이 높은 것으로 추정할 수 있다.

유형자산에 대한 투자자금은 영업활동 현금흐름이 ₩620,000으로 유형자산의 순투자액 ₩900,000을 충당할 수 없으므로 재무활동을 통해서 나머지 부족한 금액을 조달하고 있다.

해답 5-7

이 회사의 현금흐름표를 공통형 현금흐름표로 작성해보면 현금흐름의 증가원인이 명확해진다.

공통형금흐름표

계정과목	유입액	유출액	유입액(%)	유출액(%)
Ⅰ. 영업활동				
영업활동 현금흐름	165,000		9.91	
Ⅱ. 투자활동				
1. 기계장치의 처분	200,000		12.01	
2. 투자유가증권(A회사)의 구입		1,000,000		60.06
투자활동 현금흐름	200,000	1,000,000	12.01	60.06
Ⅲ. 재무활동				
1. 주식의 발행	500,000		30.03	
2. 장기차입금의 차입	800,000		48.05	24.02
3. 사채의 상환		400,000		12.01
3. 배당금의 지급		200,000		12.01
재무활동 현금흐름	1,300,000	600,000	78.08	36.04
Ⅳ. 현금유입액 및 유출액	1,665,000	1,600,000	100.00	96.10
Ⅴ. 현금의 증가(감소)	65,000			3.90

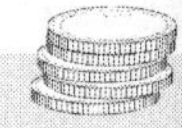

이 회사의 현금흐름표를 보면, 영업활동에서 창출되는 현금흐름이 충분하지 못하기 때문에 투자유가증권의 구입과 사채상환 및 배당금 지급에 필요한 부족현금을 확보하기 위해서 일부 기계를 처분하여 현금을 조달하였으며, 또한 재무활동을 통해 즉, 주식 발행과 장기차입금의 차입에 의해 현금이 조달되었다. 이에 따라 결과적으로 현금흐름이 증가되게 된 것이다.

한편 영업활동과 재무활동에서 창출된 현금흐름의 대부분이 A회사에 투자되고 있음을 알 수 있다. 이러한 투자가 A회사를 인수 또는 합병할 의도를 가지고 수행된 것이라면, A회사에 대한 투자가 (주)새벽별의 전체적인 수익성에 미치는 영향을 평가하기 위해 A회사의 재무제표를 검토하여야 한다. 또한 (주)새벽별이 신규로 설비투자를 하지 않고, 오히려 기존의 기계장치를 처분하고 있다는 점과 주식을 발행하고, 장기차입금을 차입해서 타기업의 인수 또는 합병에 착수하고 있는 점을 보면, 이 회사가 기업의 수명주기상 쇠퇴기에 접어들면서 대규모의 조직개편 작업을 진행하고 있는 것으로 추정된다. 이러한 점들의 성공여부가 이 회사의 미래의 수익성에 영향을 끼칠 것으로 판단된다.

해답 5-8

(1) 이 회사의 정상적인 상황에서 ₩45,000의 현상유지에 필요한 자본적 지출 및 ₩40,000의 배당금 지급을 전제로 했을 때의 잉여현금흐름을 계산해보면 － ₩35,000(₩50,000 － ₩45,000 － ₩40,000 = － ₩35,000)이 된다. 계산된 잉여현금흐름이 －로 나타나고 있기 때문에 이 회사는 배당에 필요한 현금을 영업활동에서 창출한 현금으로 모두 충당하지 못하고 대부분을 투자나 재

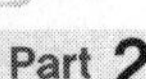

무활동을 통해서 조달된 현금으로 지급하고 있는 상황이다. 따라서 ₩40,000의 배당금 지급은 안정적인 수준이 될 수 없음을 알 수 있다. 결국 ₩40,000의 배당금 지급은 영업활동에서의 현금창출능력에 비추어볼 때 지나치게 과다한 것으로, 매년 이 수준의 배당금 지급이 이루어질 경우 투자 및 재무활동에 의존할 수밖에 없기 때문에 회사의 현금흐름상태에 큰 부담을 줄 것으로 예상된다.

따라서 영업활동에서의 현금창출능력이 앞으로 대폭 개선되지 않는 한, 현재의 배당금 수준을 유지하는 것은 문제가 있기 때문에 배당금 지급수준을 낮추는 방안을 고려해야 한다.

(2) 현재 현금흐름표상에 나타난 이례적인 요인 2가지가 이 회사의 미래 배당금 지급능력을 평가하는데 고려되어야 한다. 첫째로 이 회사는 당해 연도에 유형자산을 구입하는데 이례적으로 대규모 금액을 지출하였다. 이러한 자본적 지출은 영업활동 현금흐름의 창출수준을 현재보다 더 높은 수준으로 증가시킬 것이다. 둘째로 이 회사는 사채와 주식을 발행해서 자금을 조달했다. 이에 따라 사채에 관련된 이자지급액은 미래의 영업활동 현금흐름을 감소시키는 쪽으로 작용할 것이며, 주식의 추가적 발행은 이 회사가 현재 수준의 주당 배당액을 유지한다면 배당금 총지급액을 증가시키는 쪽으로 작용할 것이다.

결국 이례적인 투자 및 재무활동이 유형자산에 대한 신규투자가 이자지급액과 배당금 지급액의 증가분을 능가할 정도의 현금흐름을 창출시킬 경우에만 배당금 지급능력을 개선하는데 기여하게 될 것이다.

해답 5-9

이 회사가 사채를 예정된 상환연도보다 앞당겨서 금년도에 상환한 배경은 이 회사가 당기순손실을 보고하게 될 상황에 직면하게 된 점을 들 수 있다. 이 회사가 보고한 당기순이익은 ₩50,000이지만, 사채의 조기상환으로 인한 사채상환이익이 ₩70,000인 것을 고려하면, 이 회사는 사실상 ₩20,000의 당기순손실이 발생한 상황인 것이다. 결국 ₩20,000의 당기순손실을 흑자로 전환시키기 위해 이 회사의 경영자는 사채의 조기상환이란 방법을 이용한 것이다.

해답 5-10

(1) 이 회사의 영업활동에서 창출시킨 현금흐름은 ₩22,000이다. 영업활동 현금흐름과 당기순이익간의 차이는 주로 감가상각비, 매출채권과 재고자산의 증가 및 매입채무의 증가로 인해서 발생된 것이다.

(2) 영업활동에서 창출시킨 현금흐름과 투자활동에서 창출시킨 현금흐름이 차입금을 상환하는데 사용되었다.

(3) 이 회사는 바람직한 방향으로 경영되고 있지 못하다. 영업활동 현금흐름은 당기순이익보다 훨씬 적은 금액을 보여주고 있다. 재고자산의 증가는 이 회사가 매입한 재고자산을 잘 판매하고 있지 못하며, 매출채권의 증가는 고객으로부터 대금을 회수하는 데 어려움을 겪고 있음을 의미하고 있다. 또한 매입채무의 증가는 거래처에 대금지급을 제 때 지급하지 못하고 있음을 의미한다. 현재의 현금소요액을 충당하고자 유형자산을 매각처분하는 것도 경영을 잘못하고 있다는 신호이다. 이 회사는 부채를 상환하기 위해서는

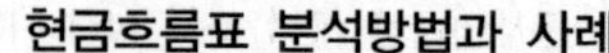

분명히 영업활동에서 창출할 수 있는 현금보다 더 많은 현금을 필요로 하였던 것이다. 이에 따라 부채상환에 필요한 현금소요액을 조달하기 위해서 불가피하게 유형자산을 매각처분하였던 것이다. 장기적으로 볼 때, 부채를 상환하기 위해 자산을 매각처분하는 방식으로는 회사를 존속시키가 어렵다.

해답 5-11

당기순이익과 영업활동 현금흐름의 대폭적인 차이는 주로 매입채무 ₩300,000의 증가로 인한 것이다. 매입채무가 기본적으로 재고자산과 마찬가지로 변동되지 않았다면, 영업활동에서는 현금흐름을 별로 창출시키지 못했을 것이다. 그리고 회사는 심각한 현금부족상황에 직면하였을 것이다.

특별히 영업활동에서 창출된 현금이 유형자산의 구입에 사용된 것에 주목할 필요가 있다. 결국 이 회사는 단기자금의 원천(즉, 매입채무의 증가)을 통해서 조달한 현금을 장기자산의 구입에 사용한 것이다. 따라서 이 회사가 영업활동에서 상당한 금액의 현금흐름을 창출시켰지만, 이 현금흐름의 질은 의문의 여지를 갖고 있는 것이다.

이 회사의 재무활동을 보면, 자기자본보다는 장기차입금으로 조달한 현금이 회사확장에 사용되고 있음을 알 수 있다. 따라서 이 회사의 부채수준이 큰 폭으로 증가하여 지급능력에 대한 위험도가 증가될 가능성이 높다.

해답 5-12

현금흐름패턴에 대한 추세분석이 당기순이익의 추세분석보다 우수한 분석적 정보를 제공한다는 주장에 동의한다. 이 회사의 당기순이익 추세를 살펴보면 20×6년까지 흑자를 시현하고 있고 20×7년에 적자로 전환되었기 때문에 20×6년까지는 수익성에 문제가 없는 것으로 보인다. 그러나 현금흐름표상의 3가지 활동별 현금흐름패턴을 보면 20×5년에 이미 이 회사의 3가지 활동별 현금흐름이 모두 +로 나타나 현금흐름에 이상이 발생하고 있음을 보여주고 있다. 이런 현금흐름의 이상은 20×6년에 개선되기보다는 오히려 악화된 모습을 보이고 있다. 이런 현상은 20×7년에도 지속되고 있을 뿐만 아니라 당기순이익도 적자로 돌아서 이 회사는 상당히 심각한 상황에 직면하였음을 알게 해준다.

따라서 현금흐름패턴에 대한 분석적 정보가 당기순이익보다 회사의 재무적 곤경에 대한 예보능력이 우수한 정보를 제공한다는 것을 알 수 있다.

해답 5-13

3가지 경영활동에서 창출된 현금흐름이 모두 +라는 점을 부각시키자는 의견에 동의할 수 없다. 정상적인 기업의 현금흐름을 보면 투자활동으로 인한 현금흐름은 대개 −를 보인다. 왜냐하면 정상적인 기업은 매년 기존 설비의 개량과 대체 및 기업확장에 필요한 설비투자를 하기 때문이다. 이 기업은 토지취득과 배당금 지급에 소요되는 자금을 영업활동에서 충분하게 창출시키지 못했기 때문에 보유기계장치를 매각한 대금과 주식을 발행하여 조달된 자금으로 충당하고 일부 금액을 보유하고 있다.

따라서 이사회에서는 현금흐름표에서 가장 중요한 부분인 영업활동 현금흐름에 초점을 맞추어서 주주들에게 영업활동에서 현금흐름을 충분하게 창출시키지 못한 이유와 앞으로의 대책을 설명할 수 있도록 준비를 하여야 할 것이다.

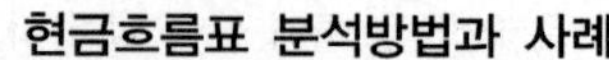

해답 5-14

(1) 이들 3회사의 현금흐름 증가액은 모두 ₩35,000으로 동일하다. 그러나 이들 회사의 현금흐름에 대한 원천과 운용은 아주 상이하다. 알파회사는 영업활동 현금흐름 ₩80,000을 창출하여 이를 가지고 유형자산을 ₩38,000에 취득하고 차입금 ₩7,000을 상환하고 있다. 베타회사는 영업활동 현금흐름 ₩70,000을 창출하여 이를 가지고 유형자산을 ₩35,000에 취득하는 데만 사용하고 있다. 감마회사는 영업활동 현금흐름을 창출하지 못하고 오히려 영업활동에서 ₩34,000을 사용하고 있다. 이에 따라 이 회사는 부족자금을 보충하기 위해서 보유하고 있는 유형자산을 ₩36,000에 처분하고 차입금 ₩33,000을 차입하여 결과적으로 현금의 증가 ₩35,000을 보고하고 있다.

이러한 현금흐름분석을 통해서 알파회사가 베타회사나 감마회사보다 미래의 의무를 이행할 수 있는 현금창출능력이 가장 우량한 회사라고 평가할 수 있다. 또한 알파회사의 영업활동을 통한 현금창출능력의 우수성은 미래의 성과에 대한 양호한 징조가 되고 있다. 반면에 감마회사 영업활동을 통한 현금창출능력의 부실은 미래의 성과에 대한 불길한 징조가 되고 있다. 물론 이러한 평가는 잠정적인 것으로서 재무상태표와 손익계산서가 제공하는 정보를 포함한 다른 정보에 의해서 뒷받침이 되어야 한다.

(2) • 알파회사의 총자산현금이익률 = ₩80,000÷₩800,000 = 0.1 (또는 10%)

• 베타회사의 총자산현금이익률 = ₩70,000÷₩650,000 = 0.108 (또는 10.8%)

해답 5-15

(1) 당기순이익 ₩1,600,000과 영업활동 현금흐름 ₩(1,660,000)간의 차이에 대한 주된 원인은 ₩1,450,000이나 되는 재고자산에 대한 과도한 투자와 ₩3,100,000이나 되는 큰 폭의 매출채권 증대에 있다. 영업활동과 관련된 자산에 대한 과도한 투자와 비교해서 매입채무는 매우 완만하게 증가되고 있다. 이에 따라 이 회사는 매출과 이익을 큰 폭으로 신장시키면서 현금부족현상이 초래되는 이른바 풍요속의 빈곤을 경험하고 있다고 말할 수 있다.

(2) ① 매입규모의 증대는 거래조건을 유리한 방향으로 변화시킬 수 있으며, 동시에 매입채무의 증대는 영업활동으로 인한 현금흐름을 증가시키는 작용을 한다.

② 이 회사는 자기자본의 수준을 확대할 필요가 있다. 이익이 증가하고 있고 회사가 성장산업에 속한 업종이기 때문에 주당순이익을 감소시키지 않으면서 주식을 발행할 수 있다.

③ 주식발행을 통한 자기자본의 확충은 추가 차입을 위한 양호한 토대를 마련할 수 있으며, 이에 따라 회사는 빠른 속도로 성장해가는 데 필요한 자금조달을 용이하게 할 수 있다.

④ 자기자본의 확충이 이루어진 후에는 회사는 배당성향을 낮추는 방안을 고려해야 한다. 이 회사와 같이 성장속도가 빠르고 수익성이 좋은 경우에 있어서 68%(₩1,090/₩1,600)라는 배당성향은 매우 높은 것이다. 현재의 이익창출기회가 주어진 상황에서 더 많은 이익을 회사에 유보시켜 재투자에 사용함으로써 미래에 더 많은 이익을 창출시키도록 하는 것이 바람직하다.

해답 5-16

(1) 이 회사는 수명주기상 성장단계에 있는 것으로 판단된다. 그 이유는 첫째, 매출증가 속도와 비례해서 매출채권과 재고자산의 증가폭이 커지고 있다는 점과 둘째, 현금흐름의 상당부분이 2개 연도의 투자활동에 사용되고 있다는 점에서 찾을 수 있다. 투자된 금액은 20×7년과 20×6년 각각 ₩600,000과 ₩400,000으로 20×7년과 20×6년의 감가상각비 ₩110,000과 ₩90,000을 훨씬 초과하고 있기 때문에 기업의 규모가 계속 확장되고 있다고 볼 수 있다. 그 내용을 보면, 20×7년에는 타회사의 소유권을 취득하는데 ₩400,000을 사용하였으며, 유형자산을 구입하는데 ₩275,000을 사용하였다. 20×6년에는 타회사를 취득하는데 단지 ₩20,000을 사용하였으며, 유형자산을 추가로 구입하는데 ₩420,000을 사용하였다.

(2) 이 회사의 배당금 지급능력과 부채상환능력을 계산해보면, 배당금보상비율과 부채상환액보상비율 모두가 20×6년과 20×7년 각각 3.20배와 3.55배로 나타나고 있어 대단히 양호하다고 말할 수 있다.

따라서 이 회사는 영업활동에서 창출한 현금흐름으로 배당금은 물론 당기에 상환해야 할 부채를 충분히 상환할 능력을 가지고 있음을 알 수 있다. 즉 이 회사는 2개 연도에서 영업활동을 통해 ₩300,000 이상을 창출시키고 있는 반면에 배당금과 부채를 지급하기 위해 필요한 현금은 ₩200,000 뿐이기 때문에 투자활동에 사용할 수 있는 현금흐름까지도 창출시키고 있는 양호한 상황에 처해 있는 것이다. 이에 따라 재무활동에서 추가로 조달한 현금은 기업의 확장을 위한 자금으로 전액 사용되게 되었다. 이 회사의 지급능력이 건전함은 잉여현금흐름의 계산결과에서도 확

인된다. 즉 이 회사의 2개 연도의 잉여현금흐름은 20×6년과 20×7년 각각 ₩130,000과 ₩145,000으로 모두 ₩100,000을 초과하고 있어 채권자의 입장에서 지급능력에 대해 걱정하지 않아도 될 건전한 회사로 평가된다. 단 잉여현금흐름계산시 기존설비의 대체투자분은 감가상각비에 해당하는 금액으로 보고 계산하였다.

해답 5-17

이 회사의 영업활동 현금흐름은 당기순이익보다 약 11배나 높게 보고되고 있다. 실무에서는 현금흐름이 왕이며, 순이익은 중요하지 않다는 말이 있는데, 이 말에 비추어 볼 때, 이 회사의 재무적 성과가 당기순이익이 나타내는 것보다 실제로 11배나 좋다는 것을 의미한다고 볼 수 있을 까? 이 회사의 현재 현금흐름 수준이 미래에도 유지될 수 있는지를 알기 위해서는 영업활동 현금흐름 수준을 높게 나타나도록 한 원천을 살펴볼 필요가 있다.

첫째 원천은 매출채권이다. 매출채권이 15억원 이상 감소하고 있는데, 이는 손익계산서에 계상된 매출액보다 더 많은 금액을 회수하였다는 것을 의미한다. 이것이 회사의 매출채권 회수노력을 개선한 결과라면 이는 긍정적인 신호로 받아들일 수 있다. 그렇다 하더라도, 회사가 성장하는 상황이라면 이러한 상황은 매년 반복될 가능성은 없을 것이다. 따라서 이러한 현상은 일시적인 것으로 보아야 할 것이다.

둘째 원천은 재고자산이다. 재고자산이 8억원 이상이나 감소하고 있는데, 그 원인을 추정해보자. 첫째로 재고자산의 감소가 기말의 예기치 못한 매출 때문일 가능성이다. 그러나 이 회사가 매출감소의 감소를 함께 겪고 있기 때문에 그럴 가능성은 없는 것으로 보여진다. 즉, 기말에

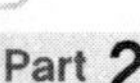

예기치 못한 큰 폭의 매출이 있었다면, 매출채권도 증가되어야 하기 때문이다. 더 중요한 것은 재고자산 수준은 미래의 수요에 대한 신호 역할을 한다는 것이다. 즉, 회사가 수요증대를 기대하고 있는 경우에는 재고자산을 증가시킬 것이고, 반대인 경우에는 감소시킬 것이다. 그러므로 또 다른 가능성을 생각해보면, 이 회사가 재고자산의 매입을 줄여서 당기의 현금을 증가시키고자 하였다는 것이다. 그러나 이는 다음 연도에 재고자산의 판매수준을 감소시키기 때문에 다음 연도의 현금창출 수준을 낮추는 결과를 가져온다. 아무튼 재고자산 수준은 회사가 성장하기 위해서는 계속해서 감소될 수는 없을 것이다. 여기서 중요한 점은 현금흐름이나 당기순이익 그 자체는 회사의 모든 상황을 알 수 있게 해주지 않는다는 것이다.

현금흐름을 증가시킨 셋째 원천은 매입채무이다. 매입채무가 30억원 이상 증가하고 있는데, 이와 같이 거래처로부터 신용구입을 증가시키고 있는 것은 반드시 부정적인 신호로 받아들일 필요는 없다. 왜냐하면, 거래처가 고객이 재무적 곤경을 겪고 있는데도 불구하고 신용을 확대해줄 이유가 없기 때문이다. 그러나 매입채무의 증가는 대개 재고자산의 수준이 증가할 때 발생한다. 따라서 이 회사의 재고자산 수준이 감소되고 있는 상황에서 매입채무가 증가하고 있는 원인을 살펴보아야 한다. 하나의 가능성으로 재무활동으로 인한 현금흐름을 보면 알 수 있듯이 이 회사는 당좌차월금을 당기에 상환하고 있는데, 이것이 그 원인일 가능성이 높다. 이에 따라 매입채무의 지급을 일시적으로 연기한 것으로 생각된다.

넷째 원천은 미수법인세환급금의 감소로부터 유입된 현금이다. 미수법인세환급금은 다음과 같은 경우에 계상된다. 첫째는 실제순이익이 예상순이익보다 적게 나타나서 회사가 세법에 따른 법인세액보다 초과해서 납부한 경우이며, 둘째는 최근에 적자가 발생해서 직전년도의 법인

세액을 환급받게 된 경우이다. 어떤 경우이든 이 회사는 최근 몇 년 동안 어려움을 겪고 왔다는 것을 의미한다.

이 회사의 영업활동 현금흐름의 주된 원천을 살펴본 결과, 이 회사의 영업활동 현금흐름 수준은 일시적인 것으로 미래에도 현재 수준을 유지하기는 어려울 것으로 평가된다. 결국 이 회사는 단기차입금의 상환자금을 마련하는데 초점을 맞춰서 현금흐름을 관리한 것이다.

한편 이 회사가 36억원의 장기차입에 성공한 것은 긍정적인 신호로 작용할 것이다. 무엇보다도, 이 회사는 채권자를 설득해서 돈을 차입할 수 있었다는 점이 중요하다. 둘째로 차입기간이 장기라는 점이다. 따라서 원금의 대부분은 가까운 기간내에 상환될 가능성이 없다. 따라서 이 회사는 앞으로 여러 기간에 걸쳐서 차입금을 회사의 운영자금으로 사용할 수 있게 되어 자금난에서 벗어날 가능성이 높아지게 될 것이다.

해답 5-18

(1) 이 회사는 1993년도의 당기순이익이 1994년의 당기순이익을 $821,432를 초과하고 있지만, 영업활동 현금흐름의 경우 1994년이 1993년보다 $937,437를 초과하고 있다. 이러한 상반된 현상은 영업활동 현금흐름을 계산하는데 관련된 항목을 통해 그 원인을 찾아볼 수 있다. 1994년의 영업활동 현금흐름을 +로 창출시키는 데 기여한 요인은 감가상각비와 매입채무의 증가이다. 특히 매입채무의 큰 폭의 증가가 전년도에 −의 영업활동 현금흐름이었던 것을 금년도에 +의 영업활동 현금흐름으로 반전시킨 주된 원인이라고 할 수 있다.

투자자나 채권자는 회사의 매입채무 증가($2,017,059)가 지급능력에 문제가 있어서 그런지에 대해서 상세히 분석하고자 할 것이다. 그러나 재고자산($1,599,014)이 증가하고 있다는 점에 주목할 필요가 있다.

(2)

- 단기지급능력(유동성)

유동부채보상비율: $\frac{\$236,480}{(\$4,055,465\ +\ \$1,995,600)/2} = 0.08$

- 장기지급능력(안전성)

총부채보상비율: $\frac{\$236,480}{(\$4,620,085\ +\ \$2,184,386)/2} = 0.07$

- 이익창출능력(수익성)

매출액현금이익률: $\frac{\$236,480}{\$20,560,566} = 0.12$

위의 3가지 비율의 측정치는 모두 낮게 나타나고 있다. 따라서 현재 상황에서 볼 때, 3가지 현금흐름비율에 입각한 이 회사의 장・단기 지급능력과 이익창출능력은 대단히 저조한 상태에 있는 것으로 평가된다. 그러나 이점은 회사가 수명주기상 초창기에 처해 있다는 점을 고려하면 놀랄만한 일은 아니다. 회사가 주력제품을 시장에 출시한 초기단계에 있을 경우에는 대체로 영업활동현금흐름을 현저할 정도로 창출시키기가 어렵다. 그러나 기업의 수명주기상 초기단계에 위치한 회사들이 안고 있는 높은 위험도 때문에, 현금부족으로 인한 재무적 곤경에 빠져 들어갈 가능성이 없음을 확실히 하기 위해서 회사의 현금상태에 대해 늘 철저히 감시하고 있어야 한다.

해답 5-19

(1) 현금흐름표는 당기의 배당금 지급액을 결정하고, 당해 연도의 투자 및 재무전략의 영향을 평가하는데 도움이 되는 척도인 당기의 유동성에 관한 정보를 제공한다. 또한 영업활동을 계속하고, 만기가 도래한 부채를 상환하고 그리고 배당금을 지급하는데 소요되는 추가적인 자금이 얼마나 될 것인지를 결정하는데 필요한 기업의 미래현금흐름(특히 영업활동 현금흐름)을 예측하기 위한 기준을 제공한다.

(2) 이 회사가 당기에 가득한 이익으로 만기가 도래한 부채를 상환할 수 없었던 주된 이유는 현금흐름표를 보면 쉽게 발견할 수 있다. 당기순이익 ₩100,000 중 대부분은 ₩90,000인 유형자산처분이익이다. 유형자산의 처분은 투자활동이기 때문에 유형자산처분이익에 해당하는 금액에 이 유형자산의 장부가액을 합해서 투자활동으로 인한 현금흐름란에 나타나 있다. 그리고 유형자산처분이익은 당기순이익 산정항목이지만 영업활동 현금흐름에는 영향을 미치는 항목이 아니기 때문에 당기순이익의 차감항목으로 처리되었다.

재무활동란을 보면 유형자산처분대금 ₩120,000 중 ₩80,000이 사채를 상환하는 자금으로 사용되었음을 알 수 있다. 또한 이 회사는 유형자산을 취득하기 위해 ₩45,000을 사용하였으며, 취득자금은 유형자산처분대금 중 나머지 금액인 ₩40,000과 회사의 이월자금 ₩5,000인 것으로 판단된다.

한편 이 회사는 당기에 배당금 ₩35,000을 지급하였으며, 매출채권과 재고자산이 각각 ₩20,000과 ₩30,000으로 증가하였다. 이에 따라 ₩85,000이나 되는 현금지출분이 발생하게 되었다. 이런 지출이 없었다면 당기의 만기도래 분 사채의 상환자금으로 사용되었을 것이다. 이 회사가 만기도래 분 부채를 상환하는데 곤란을 겪지 않기 위해서는 기존의 현금사용정책을 검토하고 새로운 대책을 마련해야 할 것이다.

(3) 이 문제의 정답은 없다. 가정을 어떻게 설정하느냐에 따라서 답은 달라지게 된다.

현 금 흐 름 표

(주)저녁노을	20×8.1.1~12.31	(단위 : 천원)
영업활동 현금흐름		(20,000)
당기순이익	10,000	
조정항목		
감가상각비	40,000	
매출채권증가	(20,000)	
재고자산증가	(30,000)	
매입채무감소	(20,000)	
투자활동 현금흐름		(45,000)
유형자산의 구입	(45,000)	
재무활동 현금흐름		65,000
배당금지급액	(35,000)	
차입금 차입액	100,000	
현금의 증가		0

20×8년의 차입금 추정액 ₩100,000은 다음과 같은 가정하에 산출된 것이다.

① 유형자산의 매각은 비경상적 사건이므로 20×8년에는 발생하지 않는다고 가정하며, 이 경우 당기순이익은 ₩10,000이 된다.

② 유동자산과 유동부채의 증감은 20×7년도와 동일하다고 가

정한다.

③ 기업을 유지 · 성장시키기 위해서는 유형자산의 대체 및 확장을 위한 투자가 필요하다. 이 기업의 유형자산에 대한 투자는 20×7년도와 동일하다고 가정한다.

④ 기업들은 대개 안정적인 배당을 하는 경향이 있다. 따라서 이 회사도 20×7년과 동일한 배당을 하는 것으로 가정한다.

이 문제는 추정현금흐름표의 유용성을 입증하기 위한 것이다. 위의 가정에 따른 추정현금흐름표를 보면 이 회사는 큰 폭의 외부자금에 의존하지 않을 수 없음을 알 수 있다. 이에 따라 이 회사의 사장은 20×8년도의 영업정책과 배당금정책에 변화가 필요하다는 것을 깨닫게 될 것이다.

해답 5-20

<대전리스회사의 약점>

① 영업활동 현금흐름이 투자활동 현금흐름보다 적게 나타나고 있다. 이는 이 회사가 유형자산을 매각 · 처분해서 현금자금의 많은 부분을 조달하고 있음을 보여주는 것이다. 여기서 중요한 문제는 유형자산이 미래에 제품을 생산하는데 반드시 필요한 자산임에도 불구하고 매각 · 처분되었다는 점이다.

② 차입규모가 높으며, 단기 차입의 비중이 높아지고 있다.
과도한 부채는 기업의 생존에 치명적일 수 있다. 왜냐하면 부채란 어차피 상활해야 할 자금으로서 자금난에 봉착할 경우 도산의 원인이 될 수 있기 때문이다.

③ 재무활동을 통해서 차입금 상환이 순조롭게 이루어지고 있지 못하

기 때문에 영업활동 뿐만 아니라 투자활동에서 조달된 현금자금까지도 거의 모두 차입금상환에 쓰이고 있다.

<천안리스회사의 강점>

① 영업활동 현금흐름의 비중이 제일 높다. 성공적인 기업은 영업활동 현금흐름의 비중이 월등하게 높은 것으로 알려지고 있다.

② 설비투자가 적정한 자금수준에서 증가추세를 보이고 있다. 적당한 설비투자는 미래의 현금창출능력이 높을 것이란 예상을 할 수 있게 해준다.

③ 차입의 정도가 높지 않으며, 차입금 상환에 쓰이고도 남을 정도이다.

④ 투자자에 대한 배당이 지속적으로 이루어지고 있다.

따라서 강점이 많은 천안리스회사에 투자하는 것이 바람직하다고 생각된다.

해답 5-21

① $\text{유동비율(K)} = \dfrac{\text{유동자산}}{\text{유동부채}} = \dfrac{9,187}{5,626} = 1.63$

$\text{유동비율(W)} = \dfrac{\text{유동자산}}{\text{유동부채}} = \dfrac{15,338}{9,973} = 1.53$

② $\text{매출채권회전율(K)} = \dfrac{\text{외상매출액(순매출액)}}{\text{평균매출채권잔액}} = \dfrac{34,025}{1,570} = 21.7$

$\text{매출채권회전율(W)} = \dfrac{\text{외상매출액(순매출액)}}{\text{평균매출채권잔액}} = \dfrac{82,494}{695} = 118.7$

③ $\text{평균회수기간(K)} = \dfrac{365}{\text{매출채권회전율}} = \dfrac{365}{21.7} = 16.8$

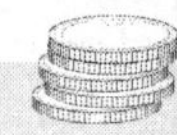

$$\text{평균회수기간(W)} = \frac{365}{\text{매출채권회전율}} = \frac{365}{118.7} = 3.07$$

④ $$\text{재고자산회전율(K)} = \frac{\text{매출원가액}}{\text{평균재고자산가액}} = \frac{25{,}992}{7{,}317} = 3.56$$

$$\text{재고자산회전율(W)} = \frac{\text{매출원가액}}{\text{평균재고자산가액}} = \frac{65{,}586}{12{,}539} = 5.23$$

⑤ $$\text{평균보유기간(K)} = \frac{365}{\text{재고자산회전율}} = \frac{365}{3.56} = 102.5$$

$$\text{평균보유기간(W)} = \frac{365}{\text{재고자산회전율}} = \frac{365}{5.23} = 69.8$$

⑥ $$\text{매출액순이익율(K)} = \frac{\text{당기순이익}}{\text{매출액}} = \frac{296}{34{,}025} = 0.008$$

$$\text{매출액순이익율(W)} = \frac{\text{당기순이익}}{\text{매출액}} = \frac{2{,}681}{82{,}494} = 0.032$$

⑦ $$\text{총자산회전율(K)} = \frac{\text{매출액}}{\text{평균자산총계}} = \frac{34{,}025}{(17{,}029 + 17{,}504)/2} = 1.97$$

$$\text{총자산회전율(W)} = \frac{\text{매출액}}{\text{평균자산총계}} = \frac{82{,}494}{(32{,}819 + 26{,}441)/2} = 2.78$$

⑧ $$\text{총자산이익율(K)} = \frac{\text{순이익}}{\text{매출액}} \times \frac{\text{매출액}}{\text{평균자산총계}}$$

$$= 0.008 \times 1.97 = 0.016$$

$$\text{총자산이익율(W)} = \frac{\text{순이익}}{\text{매출액}} \times \frac{\text{매출액}}{\text{평균자산총계}}$$

$$= 0.032 \times 2.78 = 0.089$$

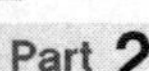

⑨ $자기자본이익율(K) = \frac{당기순이익 - 우선주배당금}{평균자기자본}$

$= \frac{296}{(6032+6093)/2} = 0.049$

$자기자본이익율(W) = \frac{당기순이익 - 우선주배당금}{평균자기자본}$

$= \frac{2681}{(12726+10753)/2} = 0.228$

⑩ $부채비율(K) = \frac{부채총액}{자본총액} = \frac{10,997}{6,032} = 1.82$

$부채비율(W) = \frac{부채총액}{자본총액} = \frac{20,093}{12,726} = 1.58$

⑪ $이자보상비율(K) = \frac{이자와법인세차감전순이익}{이자비용} = \frac{904}{494} = 1.83$

$이자보상비율(W) = \frac{이자와법인세차감전순이익}{이자비용} = \frac{4,968}{706} = 7.04$

⑫ $유동부채보상비율(K) = \frac{영업활동현금흐름}{평균유동부채} = \frac{351}{5,626} = 0.06$

$유동부채보상비율(W) = \frac{영업활동현금흐름}{평균유동부채} = \frac{3,106}{9,973} = 0.31$

⑬ $매출액현금흐름이익율(K) = \frac{영업활동현금흐름}{매출액} = \frac{351}{34,025} = 0.01$

$매출액현금흐름이익율(W) = \frac{영업활동현금흐름}{매출액} = \frac{3,106}{82,494} = 0.037$

⑭ $현금흐름부채보상비율(K) = \frac{영업활동현금흐름}{평균총부채} = \frac{351}{10,997} = 0.03$

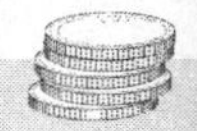

$$\text{현금흐름부채보상비율(W)} = \frac{\text{영업활동현금흐름}}{\text{평균총부채}} = \frac{3,106}{20,093} = 0.15$$

⑮ $$\text{자본적지출액보상비율(K)} = \frac{\text{영업활동현금흐름}}{\text{연간자본적지출액}} = \frac{351}{600} = 0.58$$

$$\text{자본적지출액보상비율(W)} = \frac{\text{영업활동현금흐름}}{\text{연간자본적지출액}} = \frac{3,106}{3,734} = 0.83$$

이상의 결과를 종합하면 다음과 같다.

항 목	K-mart	Wal-mart
유동비율	1.63	1.53
매출채권회전율	21.7	118.7
평균회수기간	16.8	3.07
재고자산회전율	3.56	5.23
평균재고보유기간	102.5	69.8
매출액순이익률	0.008	0.032
총자산회전률	1.97	2.78
총자산이익률	0.016	0.089
자기자본이익률	0.049	0.228
부채비율	1.82	1.58
이자보상비율	1.83	7.04
현금흐름유동부채보상비율	0.06	0.31
매출액현금흐름이익률	0.01	0.037
현금흐름부채보상비율	0.03	0.15
자본적지출액보상비율	0.53	0.83

먼저 유동성과 안전성을 보면 K-mart의 경우 수치적으로 나타난 유동비율은 Wal-mart에 비해 다소 앞서있으나 매출채권회전율, 재고자

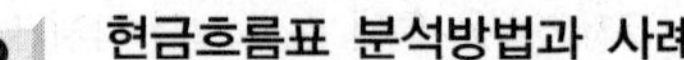

산회전율 등의 비율을 보면 Wal-mart에 비해 상당히 좋지 않은 것으로 나타나고 있다. 이는 많은 매출채권과 재고자산이 적기에 현금으로 전환되는데 어려움을 겪는다는 것으로 이로 인해 투자된 자금이 묶이게 되어 단기적인 유동성에 좋지 않은 결과를 초래하게 될 것이다. 또한 부채상환에 필요한 현금을 얼마나 영업활동에 의해 확보 할 수 있는가를 보여주는 현금흐름유동부채보상비율 및 현금흐름부채보상비율에 있어서도 K-mart에 비해 Wal-mart가 상당히 우수한 것으로 나타나고 있고, 이자보상비율의 경우도 K-mart가 영업이익으로 이자비용을 겨우 보상하는데 비해 Wal-mart는 7배 이상을 보상할 수 있는 것으로 나타나고 있어 Wal-mart의 부채상환능력과 이자지급능력이 매우 양호한 상태임을 보여주고 있다. 결국 Wal-mart가 K-mart보다 단기 및 장기 지급능력이 훨씬 양호한 것으로 평가할 수 있다.

또한 두 기업의 수익성을 나타내는 여러 지표(매출액순이익률, 자기자본이익률, 투자수익률)에 있어서도 Wal-mart가 월등히 우수한 수치를 보이고 있다. 또한 자본적지출액보상비율을 보더라도 Wal-mart의 경우 연간 자본적 지출액의 약 80% 이상(K-mart : 50%)을 영업활동을 통해서 창출한 현금으로 확보하고 있다. 따라서 당년도 경영실적을 보면 장·단기 지급능력 및 수익성 등 모든 면에서 Wal-mart의 경영상태 및 실적이 우수한 것으로 판단됨.

해답 5-22

(1)

① 유동비율 $\dfrac{\$424,254}{\$161,575} = 2.63$

② 유동부채보상비율 $\frac{\$31,035}{(\$161,575 + \$44,551)/2} = 0.30$

위의 두 비율값은 Amazon.com의 유동성에 관해 상반된 정보를 제공하고 있다. 유동비율은 매우 높게 나타나고 있는 반면에, 유동부채보상비율은 일반적인 기준값인 0.40(미국의 Casey와 Bartczak의 연구결과임)을 밑돌고 있다. 이러한 상반된 결과가 나타난 원인은 이 회사가 영업활동을 통한 현금의 내부창출능력이 빈약한 점을 보완하기 위해 외부자금을 매우 성공적으로 유치한 사실에서 찾을 수 있다.

(2)

① 부채대자산비율 $\frac{\$509,715}{\$648,460} = 0.79$

② 총부채보상비율 $\frac{\$31,035}{(\$509,715 + \$121,253)/2} = 0.10$

부채대자산비율값은 Amazon.com이 부채의존도가 높은 회사임을 보여주고 있다. 총자산의 79%가 자기자본이 아닌 부채로 조달되고 있는데, 부채의 담보가 되는 고정자산을 별로 보유하고 있지 않은 회사가 이와 같이 부채비중이 높다는 것은 매우 이례적인 것이다. 총부채보상비율은 일반적인 기준 값인 0.20(미국의 Casey와 Bartczak의 연구에서 제시된 결과임)을 밑돌고 있는데, 이는 이 회사가 부채상환에 필요한 현금을 영업활동을 통해 충분히 창출시키지 못하고 있음을 보여주고 있다.

(3) ① 잉여현금흐름 $31,035 − $28,333 −$0 = $2,702

② 자본적지출액보상비율 $\frac{\$31,035}{\$28,333} = 1.10$

Amazon.com은 +의 잉여현금흐름을 창출시키고 있다. 그리고 자본적지출액보상비율도 1.0을 약간 상회하고 있다. 두 측정값을 놓고 볼 때, 여유현금이 창출되고 있으며, 자본적 지출이 영업활동으로 인한 현금흐름 범위 내에서 이루어지고 있어, 영업활동을 통한 현금의 내부창출능력이 양호한 것으로 판단할 수 있다.

그러나 이 경우 이 회사가 초창기에는 회사소유 창고건물이 없이도 운영될 수 있다는 점을 고려하면 반드시 양호하다고 말할 수는 없다. 앞으로 더 성장하기 위해서는 회사확장을 위한 자본적 지출이 큰 폭으로 증대되어야 할 것이다. 이러한 점을 고려하면, 현재의 영업활동 현금흐름은 이러한 성장을 뒷받침할 정도로 충분하지는 않다. 따라서 영업활동을 통한 현금의 내부창출능력이 양호한 것으로 볼 수 없기 때문에 앞으로 회사확장에 필요한 자금은 외부자금에 의해 조달해야 할 것으로 보여진다.

(4) Amazon.com의 현금흐름표와 손익계산서는 이 회사의 미래전망에 관해 혼란스러운 신호를 보내고 있다. 영업활동 현금흐름은 1997년에 비해 1998년은 상당히 증가되었다. 이러한 점은 투자자에게 긍정적인 소식이 될 수 있다. 왜냐하면 기업의 활동을 지속하는데 필요한 영업활동을 통한 현금흐름이 충분히 창출되지 못하면 회사는 장기적으로 존속할 수 없기 때문이다.

그러나 1998년의 당기순손실이 1997년보다 더 커졌다는 사실은 투자자에게 부정적이 소식으로 작용될 것이다. 당기순손실의 폭이 더 커졌다는 점은 이 회사가 가까운 미래에 흑자로 전환되

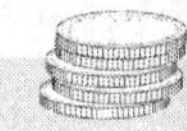

기가 어려울 것으로 예상하게 만들 것이다. 결국 이 회사가 계속 성장하기 위해서는 비용을 초과하는 수익창출방법을 제시하여야 할 것이다.

(5) 위의 측정값들은 Amazon.com에 대해서 많은 것을 알 수 있게 해주는 반면에, 주식가격이 합리적인 것인지에 대해서는 말해주지 않는다. 이 회사의 주식가격이 높게 형성되고 있는 것은 이 회사가 계속해서 경이적으로 빠르게 성장할 것이란 투자자의 기대를 반영한 것이다. 그러나 이러한 기대와는 달리 성장이 정체될 경우에는 주식가격이 급속히 하락할 것이다.

또한 이 회사의 높은 부채의존도는 이 회사에 대한 주식투자를 하는데 있어 위험이 존재하고 있음을 말해준다. 왜냐하면 이 회사가 계속 성장을 하지 못할 경우 부채상환에 어려움이 따를 것이기 때문이다.

해답 5-23

(1)

유동비율(×7년) $\frac{\$1,543,523}{\$915,881} = 1.69$

유동비율(×6년) $\frac{\$1,470,750}{\$783,329} = 1.88$

유동부채보상비율(×7년) $\frac{\$343,439}{(\$915,881 + \$783,329)/2} = 0.40$

$$\text{유동부채보상비율(×6년)} \ \frac{\$303,344}{(\$783,329 + \$529,389)/2} = 0.46$$

위의 두 비율 측정값은 이 회사의 유동성이 저하되었음을 보여준다. 이 회사의 유동자산과 영업활동 현금흐름이 ×6년도에 비해 증가하였지만, ×7년도의 현금감소를 보충하는데 충분하지 못하였던 것이다. 그러나 이러한 점이 이 회사의 유동성에 문제가 있다는 것을 의미하는 것은 아니고, 감소원인을 자세히 분석해 볼 필요가 있다는 의미로 받아들이면 될 것이다.

(2) 현금흐름표를 보면, 당해 기간 중에 회사가 현금을 창출시킨 원천과 현금을 사용한 용도를 알 수 있다. ×6년과 비교해 볼 때, 이 회사의 영업활동 현금흐름은 증가되고 있다. 그러나 ×7년의 가장 큰 변동은 투자활동에 사용된 현금의 대폭적인 증가이다. 또한 재무활동에서도 현금이 사용되고 있다. 재무활동에서의 현금사용은 부채를 상환하거나, 자사주를 구입한 것을 의미한다. 이러한 변동은 자세히 분석되어야 하지만, 이러한 변동은 긍정적인 쪽으로 평가될 수 있다. 영업활동 현금흐름의 증가는 영업활동을 통한 내부 현금창출능력이 향상되었다는 표시이기 때문에 긍정적인 신호로 받아들여질 수 있으며, 반면에 유형자산에 대한 투자증가는 이 회사가 미래 성장잠재력을 낙관적으로 보고 있음을 의미하는 것이다. 마지막으로 부채를 상환하고, 자사주를 구입하기 위해 현금을 사용하고 있다는 사실은 이 회사가 기존의 자원으로 확장에 필요한 자금을 마련할 수 있을 정도로, 유동성과 지급능력에 대해 자신감이 있음을 드러내고 있는 것으로 보여진다.

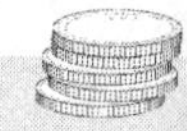

해답 5-24

P&G 회사는 성숙기에 위치한 회사로 상표인지도가 높은 소비자용품을 판매하고 있다. 5년에 걸쳐 매출성장율의 변동성이 있음에도 불구하고 당기순이익과 영업활동 현금흐름은 안정된 모습으로 증가하고 있다. 10년도에 영업활동 현금흐름이 약간의 감소세로 돌아선 것은 매출액의 증가수준을 뒷받침해주기 위한 매출채권과 재고자산의 증가 때문이다. 이 회사는 재고자산의 증가와 관련해서 매입채무를 증가시켰으나, 영업활동 현금흐름이 감소 쪽으로 돌아서는 것을 막는 데는 충분한 것은 아니었다.

영업활동 현금흐름은 매년 자본적 지출액을 초과하고 있는데, 이는 자본적 지출 수준이 높지 않는 성숙기에 처해 있는 회사의 전형적인 모습이다. 매년의 자본적 지출액은 감가상각비를 초과하고 있는데, 이는 유형자산에 대한 투자수준이 현상유지 이상으로 증가하고 있음을 의미한다.

이 회사가 매년 계속해서 장기차입을 통해 자금을 조달하고 있지만, 부채상환액이 신규차입액을 계속해서 초과하고 있다. 따라서 영업활동 현금흐름에서 투자활동에 사용하고 난 나머지 잉여현금흐름을 가지고 장기차입금을 감소시켜나가고 있다고 말할 수 있다. 이 회사는 또한 배당금 지급액을 증가시키고 있으며, 자기주식의 구입액도 증가시켜 나가고 있다.

해답 5-25

이 회사는 7년도와 10년도 사이에는 매출액이 안정적으로 신장되었고, 이에 따라 당기순이익과 영업활동 현금흐름도 증가되었다. 반도체의 제조과정은 자본집약적이다. 따라서 당기순이익에 가산되는 감가상

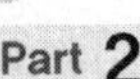

각비의 금액이 상대적으로 거액일 수밖에 없다. 영업활동 현금흐름은 주로 감가상각비 때문에 당기순이익을 초과하고 있다. 11년도의 매출액 감소로 인해 당기순손실이 발생하였으며, 이는 고정제조시설에 대한 규모의 불경제가 작용한데 따른 결과인 것이다. 또한 영업활동 현금흐름도 감소되었으나, 당기순손실에 가산된 감가상각비가 거액이기 때문에 +를 보이고 있다.

영업활동 현금흐름은 11년도를 제외하고서는 매년 자본적 지출액을 초과하고 있다. 이 회사는 잉여현금흐름을 배당금을 지급하고 자기주식을 구입하는 데 사용하고 있다. 이 회사는 11년도의 자본적 지출에 필요한 부족 자금을 장·단기 차입금을 증가시키고, 그리고 현금보유액을 줄이는 방식으로 해결하고 있다.

해답 5-26

이 회사의 매출액은 경제의 순환적 패턴에 영향을 받는다. 이 회사의 매출액 수준이 7년도와 8년도에는 정체되었으며, 9년도와 10년도에는 증가되었다가 11년도에 하락하는 모습을 보이고 있다. 따라서 우리는 이 회사 매출액 변동의 전체 순환주기를 관찰할 수 있게 된다. 영업활동 현금흐름을 산출하는데 있어서 당기순이익에 조정되는 주요항목은 감가상각비로 나타나고 있다. 영업활동에 관련된 자산과 부채의 변동액은 상대적으로 적은 비중을 차지하고 있다. 이에 따라 영업활동 현금흐름은 당기순이익과 동일한 추세를 보이고 있다.

이 회사는 매년 유형자산을 매각하고 있으며, 또한 고정자산을 새로 매입하고 있다. 이러한 패턴은 기존의 유형자산을 기술적으로 더 우수한 유형자산으로 대체하고 있는 것을 의미하는 것으로 보여진다. 매출액증가율이 −를 나타내거나, 정체된 기간에는 영업활동 현금흐름으로

자본적 지출액을 충당하지 못하고 있다. 오로지 9년도와 10년도에서만 이 영업활동 현금흐름으로 자본적 지출액을 충당할 수 있었다. 순자본적 지출액(유형자산 취득액에서 유형자산 처분액을 차감한 잔액을 말함.)을 계산해보면 대부분의 기간에서 그 기간의 감가상각비와 거의 일치되는 것을 발견할 수 있다. 이는 이 회사가 고정자산을 증가시키고 있지 못하다는 것을 말해주는 것이다. 즉, 5년 간을 놓고 보았을 때, 이 회사는 감가상각비의 총계가 $2,286(백만달러)인데 비해, 순자본적 지출액의 총계는 $2,117(백만달러)에 지나지 않고 있다.

이 회사는 매년 자본적 지출액의 일부분을 장기차입금을 조달해서 충당하고 있다. 그러나 장기차입금 증가액의 대부분은 장기차입금의 감소액(상환액)과 비슷하게 나타나고 있는데, 이는 새로 차입한 자금으로 만기가 도래한 기존의 차입금을 상환하는데 사용하고 있음을 말해주는 것이다. 즉, 5년 간을 전체로 보았을 때에 신규 장기차입금은 $4,238(백만달러)인데 비해, 상환된 장기차입금은 $3,966(백만달러)가 되고 있다. 한편 이 회사는 10년도에서 발생한 잉여현금흐름을 자기주식을 매입하는데 사용하고 있다. 그리고 11년도에서는 보유현금으로 자기주식을 매입한 것으로 보인다.

해답 5-27

이 회사는 5개 연도에 걸쳐서 현금흐름패턴을 살펴보면 도산을 향해서 치닫고 있는 모습이 명백하게 드러난다.

7년도의 경우 매출액이 더딘 속도로 증가하고 있다. 당기순이익은 +를 나타내고 있으며, 영업활동 현금흐름으로 자본적 지출액을 충당할 정도로 창출되고 있다. 또한 현금을 확보하기 위해서 유가증권을 매각하였다. 이 회사는 이렇게 확보한 현금에다 보유현금을 합해서 장기차입금 상환에 사용하고 있다. 7년도의 현금흐름패턴의 모습은 성숙기의 후기(매출신장율 정체, 단기차입금의 변동 미미, 장기차입금의 상환으로 특징지워짐)에 위치한 회사의 전형적인 모습이다.

8년도에는 매출액과 당기순이익이 소폭으로 증가되었다. 이 회사는 재고자산을 큰 폭으로 증가시켰는데, 이는 9년도의 매출액 신장율이 대폭 호전될 것을 기대하였기 때문일 것이며, 실제로 9년도에 그렇게 되었다. 이 회사는 재고자산을 증가시키는데 있어서 외상구입 방식을 이용하였으며, 이에 따라 현금유출을 방지할 수 있었다. 그러나 영업활동 현금흐름으로 자본적 지출액을 충당하지 못하여 장기차입을 할 수밖에 없었다.

9년도에는 매출액이 대폭 증가되었다. 그러나 당기순이익은 매출액처럼 급격하게 증가되는 않았다. 영업활동 현금흐름은 주로 재고자산의 증가액보다 매입채무의 증가액이 많았던 관계로 증가되었다. 그러나 영업활동 현금흐름은 자본적 지출액과 타회사의 인수를 충당하기에는 부족한 상태였다. 이에 따라 이 회사는 잉여현금흐름이 −를 보이게 되었다. 한편 이 회사는 9년도에 장기차입금을 상환하게 되었다. 이 상환자금을 마련하기 위해서 이 회사는 장·단기차입금을 증가시켰으며, 주식을 발행하였고, 보유현금 잔액을 감소시키게 되었다. 피인수회사는 단기자산(재고자산)과 장기자산(소매점포)을 가지고 있었으며, 장·단기자산의 결합은 회사 인수를 정당화시켰다. 그러나 매출액이 17.2% 증가에 비추어 당기순이익이 소폭 증가한 것은 피인수회사가 인수회수보다 수익성이 떨어지는 회사이거나, 인수회사의 수익성이 9년도에 악화되었기 때문인 것으로 보인다. 아마도 이 회사의 도산에 대한 씨앗은 9년도에 뿌려진 것 같다.

회사의 인수에도 불구하고 10년도에 들어서면서 매출액이 소폭 감소되었으며, 당기순손실도 발생하게 되었다. 영업활동 현금흐름도 이 회

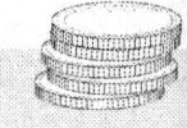

사가 이연법인세를 납부하고, 영업활동과 관련된 유동부채의 증가액보다 매출채권과 재고자산의 증가액이 더 많아짐으로써 －로 전환되게 되었다. 매출액의 소폭 감소에 비추어서 매출채권이 증가했다는 것은 이 회사가 매출액을 신장시키기 위해서 신용조건을 완화시키면서까지 판매촉진 활동을 했다는 의미로 받아들여 질 수 있다. 또한 매출감소에 비추어서 재고자산이 증가했다는 것은 이 회사의 재고통제시스템이 부실하다는 것을 의미한다. 비록 이 회사의 10년도의 자본적 지출이 감소되었을지라도 잉여현금흐름은 여전히 －를 보이고 있다. －의 잉여현금흐름을 보충하기 위해서 이 회사는 추가적으로 장기차입을 했으며, 주식을 발행하였다. 자본이 증가한 것은 상환된 우선주를 능가하는 우선주 신규발행 때문이었다. 이 회사는 9년도에 단기차입금 의존도가 매우 높았던 것과 대조적으로 10년도에는 장기자금에 의존도를 높이는 쪽으로 방향전환을 한 점은 주목할 만하다. 그러나 이 회사가 보통주 대신에 우선주를 발행한 것도 주목할 대상이다. 이는 아마도 시장에서 이 회사의 도산가능성이 높은 것으로 보고 있다는 신호일 수도 있다. 우선주는 도산시 보통주보다 우선권이 높다는 점을 생각하면 이해가 될 수 있을 것이다. 한편 이 회사는 10년도에 배당금 지급액을 대폭 삭감하였는데, 이는 이 회사가 심각한 자금난 속에 있다는 강력한 신호로 해석될 수 있다.

11년도에는 매출액이 대폭 감소되었으며, 대규모의 당기순손실이 발생하게 되었다. 이 회사는 재고자산을 축소시켰으며, 거래처로부터 계속해서 새로운 물품을 공급받기 위해서 거래처에 대금을 불가피하게 지급하였다. 그리고 이연법인세도 납부하였다. 이에 따라 영업활동 현금흐름은 큰 폭으로 －를 기록하게 되었다. 이 회사는 또한 자본적 지출을 축소해서 현금을 확보하고 하였다. 그러나 이 회사는 또 다른 회사의 인수에 참여하여 현금을 사용하였다. 잉여현금흐름은 11년도에도 여전히

-를 보였으며, 이로 인한 부족 자금을 충당하기 위해 이 회사는 추가적으로 단기차입을 시도하였다. 매출하락과 적자발생이란 상황의 관점에서 새로운 회사의 인수는 의미가 별로 없었다. 이러한 영업상의 부실문제에다 단기차입금에 의존하는 문제까지 합쳐져서 결국 이 회사는 극심한 자금난에서 벗어나지 못하고 도산의 운명을 맞이하게 되었다. 이 회사는 도산을 막기 위해 장기차입금이나 주식발행하는 것이 불가능했던 것 같다. 사실 이 회사가 단기차입을 할 수 있었다는 사실이 놀라울 따름이다.

해답 5-28

이 회사의 매출액 변화는 컴퓨터 제품의 순환적 소비와 신기술 도입의 효과를 설명해주고 있다. 8년도 매출액 성장율의 감소는 주로 경제가 불경기로 전환된 데 기인한다. 9년도 초의 매출액 성장율의 증가는 경제 상황의 호전과 신제품의 개발을 반영하고 있다. 당기순이익과 영업활동 현금흐름은 매출액이 증가함으로써 급격히 증가되는 모습을 보이고 있다. 매출채권은 매출액의 증가에 따라 증가하게 되었다. 8년도의 재고자산은 매출이 감소함에 따라 감소되었는데, 이는 효율적인 재고통제를 의미할 수도 있고 또는 매출감소를 야기시킨 제품의 부족현상을 의미하는 것일 수도 있다. 10년도와 11년도에서의 재고자산은 매출의 계속적인 성장에 대한 예상에 대처하기 위해 증가된 것으로 보여진다. 이 회사는 10년도와 11년도에서의 재고자산 증가를 위해 외상구매를 적절하게 활용한 것으로 보인다. 이는 매입채무가 큰 폭으로 증가되었기 때문에 그렇게 말할 수 있다. 영업활동 현금흐름은 8년도에서 11년도까지 큰 폭으로 증가된 모습을 보이고 있다.

투자활동을 보면 이 회사의 영업활동 현금흐름이 7년도에서 9년도까

지는 자본적 지출을 충당하기에 충분치 못했으나, 10년도와 11년도에 들어와서는 충분한 상태에 있음을 알 수 있다. 그런데 11년도를 제외하고는 자본적 지출액이 감가상각비와 별로 차이나지 않음을 보이고 있다. 이는 이 기간 중 이 회사가 제조시설을 확충하지 않았음을 의미하는 것인데, 그 이유는 이 회사가 초과시설을 가지고 있었거나, 외부위탁 생산방식(outsourcing)을 이용한 것으로 추정할 수 있다.

재무활동을 보면 이 회사는 5년에 걸쳐서 추가적인 장・단기 차입에 의한 자금조달을 하지 않고 있다. 이 회사는 7년도에서 9년도 사이에 주식발행을 통해 소폭의 자금을 조달하고 있는데, 이는 회사 임직원의 스톡옵션 행사에 따른 것으로 추정된다. 10년도에는 주식발행을 통한 자금의 의존도가 높은 편이었으며, 11년도에 들어서는 주식시장에서 대규모로 주식을 발행하여 자금을 조달하고 있다. 이렇게 주식시장에서 조달된 자금은 일부 유가증권에 투자하고, 나머지는 현금으로 보유하고 있다. 고도 기술 사업의 짧은 수명주기와 매출의 순환성을 고려해서, 이 회사는 부채의 사용을 최소화하고 대신에 자기자본의 의존도를 높이고 있는 것으로 보여진다.

해답 5-29

(1) 이 회사의 당기순이익은 1998년 약 82백만달러에서 2000년에 347백만달러 이상으로 3년에 걸쳐서 증가된 모습을 보이고 있다. 마찬가지로 영업활동 현금흐름도 3년에 걸쳐서 1998년 450백만달러에서 2000년에 760백만달러로 증가되었다. 3년 동안 영업활동에서 창출된 현금이 이 회사 현금흐름의 주된 원천이 되고 있다. 영업활동 현금흐름을 정확히 해석하기 위해서는 영업활동과 관련된 자산이 증가하면, 영업활동에서의 현금을 사용한 것이 되고,

반대로 감소하면 영업활동에서의 현금원천이 된다는 것과, 영업활동과 관련된 부채의 경우는 정반대가 된다는 점을 알고 있어야 한다.

이 회사 현금흐름표상의 영업활동 부분을 보면, 2000연도까지 매출채권이 계속 증가되고 있음을 알 수 있다. 또한 재고자산은 1999년과 19998년의 감소되고 있는 수준과 비교할 때 2000년에 들어와서 극적으로 대폭 증가되고 있다. 그러나 자세히 분석하면, 이 회사는 1998년에서 2000년까지 매년 재고자산을 증가시켜오고 있다. 여기서 주목해야 할 중요한 사실은 매년 매입채무의 증가분이 재고자산 증가로 인한 영업활동 현금흐름의 감소분을 상쇄시키기에도 충분히 남는 수준이라는 것이다. 그러나 이러한 추세가 회사에 긍정적인 뉴스일지 아니면 부정적인 뉴스일지를 정확히 파악해야 한다.

재고자산의 변동을 이해하기 위해서 신규 개설 점포수를 살펴보자.

	2000	1999	1998	1997
기말 현재 점포수	357	311	284	272
신규개설 점포수	46	27	12	

이 회사와 같은 소매회사들은 신규점포를 매입하거나, 신축하는 식으로 확장할 때 운전자본에 대한 긴급스러운 신규수요를 경험하게 된다.각각의 신규점포는 상품재고매입(밴더파이낸싱에 따른 차액), 리스자산 개량비 지출 및 비품과 설비구입을 위해 약 4백만달러의 운전자본이 요구되고 있다.

원래 밴더파이낸싱이란 거래처로부터 자금지원을 받아서 그 거래처에서 상품을 매입하는 자금조달방법을 말한다. 대개 거래처가 자사제품의 판매를 촉진시키기 위한 수단으로 밴더파이낸싱을

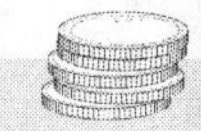

사용한다. 거래처가 제품을 외상으로 공급해주는 것도 이에 해당된다.

여기서 밴더파이낸싱에 따른 차액 4백만달러라는 것은 상품재고 및 기타자산에 대한 투자액에서 매입채무를 통해서 거래처가 연장해준 신용금액을 차감한 잔액을 의미한다.

신규점포들은 영업 첫 해에 연간 수익예상치에 도달했을 가능성이 없을 것이다. 따라서 신규점포에서 연간 목표 매출액에 도달하기 전까지는 매출채권과 재고자산의 증가가 계속될 것이며, 이는 영업활동으로 인한 현금흐름의 유출로 이어질 것이다.

(2) 신규점포개설로 인한 매 연도에 필요한 운전자본 소요액에 대한 예상금액을 계산해보자.

	2000	1999	1998
신규점포당 운전자본 소요액	$ 4,000	$ 4,000	$ 4,000
기간중의 신규개설 점포수	46	27	12
신규점포의 운전자본 총소요액	$184,000	$108,000	$48,000

위에서 계산한 금액과 동일 기간 동안의 운전자본의 실제변동액과 비교해보자.

순운전자본 변동액

	2000	1999	1998
매출채권	$56,900	$36,699	$16,121
재고자산	137,315	(14,422)	(71,271)
기타자산	11,005	4,251	3,278
매입채무	(302,194)	(249,094)	(147,340)
기타채무	(108,829)	(82,544)	(63,950)
미지급법인세	(97,814)	(62,672)	(33,759)
순운전자본의 감소	$(303,617)	$(367,782)	$(296,921)

위의 표에서의 각 금액은 현금흐름표의 영업활동 부분에 표시된 항목으로부터 계산한 것이다. 그러나 금액의 부호는 운전자본이 유동자산에서 유동부채를 차감해서 계산되기 때문에 현금흐름표상의 부호와는 반대로 되어 있다. 따라서 자산과 부채의 증가는 각각 +와 −의 부호를 가지게 된다. 물론 자산과 부채의 감소는 반대부호가 될 것이다.

2000년도까지 3년 동안에 85개의 신규점포로 큰 폭으로 성장된 상황에서 이 회사의 운전자본 소요액이 감소한 것은 놀라운 일이다.

46개의 신규점포가 개설된 2000년도를 살펴보면, 운전자본 소요액이 −이었으나, 1999년도와 비교하였을 때 64백만달러 이상으로 증가하였음을 알 수 있다. 이 것은 2000년도의 신규점포에 대한 운전자본 소요액 예상치인 184백만달러보다 훨씬 적은 금액이다. 따라서 이 회사의 전략이 보수적이며, 기존의 영업을 통해서 쉽게 현금조달이 가능할 것으로 결론을 내릴 수 있을 것 같다. 그러나 문제는 신규점포가 얼마나 영업이 잘 이루어지고 있는지를 신중하게 조사하여야 하는 점이다.

(3) 2000년도 동안에 46개의 점포가 신규 개설되었지만, 이 회사의 운전자본 예상증가액 184백만달러와 비교해 약 304백만달러가 감소되었다. 이는 주로 재고자산에 대한 외상매입(밴더파이낸싱)의 결과이다.

	2000
재고자산의 증가	$137,315
매입채무의 증가	302,194
매입채무에 의해 조달된 재고자산의 증가율	220%

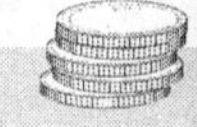

즉, 거래처가 2000년도에 재고자산의 모든 증가분에 대해 자금을 지원해 준 셈인 것이다. 이와 비슷한 벤더파이낸싱이 1999년과 1998년에도 발생되었다. 분석가가 파악해야 할 사항은 이러한 형태의 자금지원이 장기적으로도 가능한가 이다. 2000년도에 이 회사는 양호한 경영성과를 발생시켰다. 이 회사의 당기순이익은 1999년도 보다 60% 이상이 증가했으며, 이는 1998년도보다 164% 증가한 것이다.

영업활동 현금흐름을 보면, 이 회사가 2000년도의 재고자산 증가분을 상쇄시키는 수준 이상의 밴더파이낸싱을 이용하여 회사의 재무상태를 개선시키고자 상당한 노력을 했다는 것으로 추정할 수 있다. 1999년과 1998년에는 재고자산의 수준이 감소했으며, 이는 영업활동의 결과와 일치되지 않는 것처럼 보인다. 즉 이 회사는 이 기간을 통해서 매출의 급신장을 경험하였다. 그 결과로써 재고자산 수준의 증가가 매출성장율을 뒷받침하기 위해서 예상되었어야 한다. 그렇게 하지 못한 점은 경영자가 재고관리를 개선하고 재고수준을 통제하기 위한 프로그램을 실시하였음을 의미한다.

매출채권은 매년 증가하고 있는데, 이는 매출성장율과 일치되는 현상이다. 그러나 매출채권의 증가가 매출의 증가에 기인하는지, 또는 신용정책이나 신용조건의 변경에 기인하는 것인지를 확인해야 한다.

(4) 현금흐름표의 투자활동 부분을 보면, 이 회사는 2000년에 자본적 지출을 1999년의 166백만달러와 1998년의 72백만달러보다 훨씬 증가한 361백만달러를 보고하고 있다. 이는 이 회사가 확장프로그램을 계속 실시할 것이란 점을 의미한다.

이제 이 회사의 재무활동 부분에 초점을 맞춰 보자. 가장 중요한 문제는 이 회사가 확장을 위한 자금을 어떻게 조달하고 있느냐이다. 1998년에는 차입금과 보통주 발행대금으로 장기차입금 상환에 사용하였다. 1999년과 2000년에는 보유현금으로 장기차입금을 상환하고, 그리고 자사주를 매입하였다. 따라서 이 회사는 영업활동을 통해서 즉, 이익의 증가와 재고관리의 개선 및 밴더파이낸싱의 확대사용 등을 통해서 자금을 조달하고 있다는 것을 알 수 있다. 따라서 장기 자금소요 부분(점포의 신규개설로 인한 운전자본의 영구적 증가)과 기업확장 부분을 단기자금원천에서 조달한 자금으로 사용하는 것이 바람직할 것인지에 대해 반드시 확인하여야 할 것이다.

해답 5-30

두 회사 모두 신용위험을 가지고 있다. 두 회사 모두 수익성을 가지고 있지만, 두 회사의 영업활동 현금흐름은 －이면서 그 폭이 확대되고 있다. 현재의 추세가 계속된다면, 두 회사는 지급불능에 직면할 가능성이 높다. 그러나 두 회사의 대출신청을 즉시 기각하기 전에, 두 회사의 영업활동 현금흐름과 순이익이 왜 차이가 나고 있는지, 즉 두 회사가 영업을 잘못해서 그런지, 아니면 두 회사의 성장속도가 너무 빨라서 그런지, 그 이유를 분석해보는 것은 대단히 중요하다.

두 회사는 5년에 걸쳐서 매출액이 증가되고 있다. (주)석양은 50% 증가했고, (주)희망은 300% 이상 증가했다. 두 회사의 증가되고 있는 매출액이 현금회수가 실현될 수 있는 믿을 수 있는 금액일까? 두 회사가 매우 빠른 속도로 성장하고 있다면, 대출신청을 수락하는 것도 무방하다. 그러나 회사로 하여금 영업활동 현금흐름이 증가할 때까지 성장속도를 늦추는 쪽으로 속도조절을 하도록 하여야 한다.

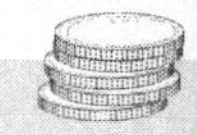

영업활동 현금흐름과 순이익의 차이가 신용위험도가 높은 매출액의 결과인지를 확인하는 한 가지 방법은 매출채권의 성장률이 매출액 성장률과 비례하고 있는지를 검토하는 것이다. 유사한 검토방법을 재고자산과 매입채무의 성장률에 대해서도 적용해볼 수 있다. 본 사례에서 (주)석양의 재고자산은 20×3년에서 20×7년까지 2배 증가하였다. 반면에 매출원가는 단지 56% 증가했을 뿐이다. 이 경우 재고자산의 증가는 심층분석할 대상의 하나가 된다.

한편 두 회사의 투자패턴을 보면 큰 차이가 있음을 발견할 수 있다. (주)석양은 매년 유형자산을 구입하고 있다. 반면에 (주)희망은 기간에 걸쳐서 유형자산에 대해 별로 지속적인 투자를 하고 있지 않다. 하지만 (주)희망이 더 빠른 속도로 성장하고 있다. 이러한 원인은 (주)희망이 자본집약적 회사가 아니거나, 부외금융기법을 사용하는 데서 찾을 수 있을 것이다.

또한 두 회사의 자금조달 패턴에서도 차이가 있음을 알 수 있다. 두 회사는 5년 간에 걸쳐서 총부채를 계속 큰 폭으로 증가시키고 있다. 재무상태표를 보면 20×3년도에 비해 20×7년도에는 총부채가 (주)석양의 경우 2.3배, (주)희망의 경우 3.2배 정도로 증가되어 있다. 이를 부채비율로 계산해보면 (주)석양은 1.4배에서 2.84배 정도로 높아졌지만, (주)희망은 0.64배에서 1.2배 정도로 (주)석양보다는 상대적으로 덜 증가된 모습을 보이고 있다. 따라서 (주)석양의 성장속도가 느린 것을 감안한다면, (주)석양의 부채부담은 더 급격히 확대될 것으로 보인다. 이러한 상황임에도 불구하고, (주)석양은 계속해서 배당금을 지급하고 자기주식을 매입하고 있다. 반면에 (주)희망은 배당금을 지급하지 않고 있으며, 주식을 발행하여 자금을 확보하는 노력을 기울이고 있다. 이 두 요인이 5년 간에 걸쳐서 자기자본을 큰 폭으로 확충시켰음을 재무상태표를 통해서 확인할 수 있다.

제공된 재무제표의 분석 결과만을 토대로 할 경우, (주)희망이 상대적으로 (주)석양보다 더 양호한 신용위험을 가지고 있는 것으로 보인다. (주)희망은 매출액과 당기순이익이 빠른 속도로 증가하고 있기 때문에 고속성장단계에 처한 회사임을 말해주고 있는 것이다. 반면에 (주)석양은 매출액의 증가속도가 완만하고, 당기순이익이 안정된 상태를 보이다가 감소추세로 바뀌고 있기 때문에 미래전망이 불투명한 회사라고 말할 수 있다. 따라서 추가적인 조사를 통해서 지금까지 분석한 내용을 변경시키지 않는 한, (주)희망에 대출을 허용하는 쪽으로 결정하는 것이 바람직할 것이다.

Part 3

현금흐름표 작성

Chapter **6_ 현금흐름표 작성방법 익히기**

Chapter **7_ 기업 내부에서 현금흐름표 활용하기**

Chapter 06

현금흐름표 작성방법 익히기

1. 현금흐름표상 현금의 정의

회계기준상 현금흐름표에서 現金이라 함은 현금과예금 및 현금성자산을 말한다.

현금과예금은 재무상태표상 현금과 예금으로 통화 및 통화대용증권과 당좌예금·보통예금·정기예금·정기적금 등으로서 1년내에 도래하는 예금을 말하며,

현금성자산이란 현금의 단기적 운용을 목적으로 한 유동성이 높은 유가증권으로서, 첫째 큰 거래비용 없이 현금으로 전환이 용이하고, 둘째 이자율변동에 따른 가치변동의 위험이 중요하지 않을 것 등의 조건을 충족하는 것(다만, 상환조건이 없는 주식 등은 제외한다)을 말한다. 현금성자산의 예를 들면 다음과 같다.

① 취득 당시 만기가 3개월 이내에 도래하는 채권

② 취득 당시 상환일까지의 기간이 3개월 이내인 상환우선주

③ 환매채(3개월 이내의 환매조건)

이후 본 장의 설명과정에서 현금계정은 현금흐름표상 현금을 의미한다.

2. 현금흐름에 미치는 영향에 따른 거래의 분류

1) 현금간의 거래

현금간의 거래는 현금 내용의 재분류일뿐 현금증감액에는 영향을 미치지 않는다. 이를 분개하면 다음과 같다.

(차) 현 금 계 정 ×××   (대) 현 금 계 정 ×××

2) 현금과 비현금간의 거래

현금과 비현금간의 거래는 현금의 유입과 유출을 발생시킨다. 현금계정이 차변에 기입되는 경우 현금의 증가가 이루어지며, 현금계정이 대변에 기입되는 경우 현금의 감소가 이루어진다. 이를 분개로 정리하면 다음과 같다.

① 현금의 유입 : (차) 현금계정 ××× (대) 비현금계정 ×××
② 현금의 유출 : (차) 비현금계정 ××× (대) 현 금 계 정 ×××

3) 비현금간의 거래

비현금간의 거래란 차변과 대변의 모든 계정이 비현금계정으로 기입되는 것으로 예를 들면, 상품의 장기신용거래, 현물출자로 인한 유형자산의 취득, 미처분이익잉여금의 처분으로 인한 이익준비금이나 임의적립금의 적립, 미처리결손금의 보전, 잉여금의 자본전입으로 인한 무상증자, 주식배당 등을 들 수 있다. 이러한 비현금간의 거래는 현금흐름에 영향을 미치지 않

는다. 이를 분개하면 다음과 같다.

(차) 비현금계정 ××× (대) 비현금계정 ×××

현금과 비현금간의 거래로 인하여 현금이 변동하므로, 이러한 거래만을 경영활동별로 구분하여 반영·보고한 것이 현금흐름표이다. 이때 현금과 비현금간의 거래에서 현금계정의 상대계정과목은 현금증감액의 발생원인을 설명하면서 동시에 비현금계정의 증감 내용을 설명하게 된다. 따라서 현금흐름표는 현금증감액을 포함한 대부분의 재무상태의 변동 내용을 설명하지만, 비현금간의 거래에서 발생한 재무상태의 변동원인은 설명되지 않으므로 이를 위해 회계기준에서는 비현금간의 거래 중 중요한 거래는 현금흐름표에 주석으로 표시하고 있다. 이와 같이 현금흐름표란 결국 비교재무상태표를 이용하여 산출된 각 계정과목의 증감액(재무상태의 변동액)을 총액으로 분석하여 현금과의 관련 여부에 따라 현금흐름표의 본문이나 주석사항으로 재분류한 것으로 이해할 수 있다.

3. 기업활동별 현금흐름

1) 영업활동 현금흐름

營業活動이란 일반적으로 제품의 생산과 상품 및 용역의 구매·판매활동을 말하며, 투자활동과 재무활동에 속하지 아니하는 거래를 모두 포함한다. 영업활동으로 인한 현금유입에는 제품 등의 판매에 따른 현금유입(매출채권의 회수 포함), 이자수익과 배당금수익, 기타 투자와 재무활동에 속하지 아니하는 거래에서 발생된 현금유입이 포함된다. 영업활동으로 인한 현금 유출에는 원재료, 상품 등의 구입에 따른 현금유출(매입채무의 결제 포함), 기타 상품과 용역의 공급자와 종업원에 대한 현금지출, 법인세비용(유형자산의 처분에 따른 특별부가세 제외)의 지급, 이자비용, 기타 투자와 재무활동에 속하지 아니하는 거래에서 발생된 현금유출이 포함된다.

한편 이자수익과 배당금수익은 투자활동으로 그리고 이자비용은 재무활동으로 분류하는 것이 가능하다는 점을 유념할 필요가 있다. 본서에서는 이들 거래를 모두 영업활동으로 분류해서 설명할 것이다.

2) 투자활동 현금흐름

投資活動이란 현금의 대여와 회수활동, 매도가능금융자산・투자자산과 유형자산 및 무형자산의 취득과 처분활동 등을 말한다.

투자활동으로 인한 현금의 유입에는 대여금의 회수, 단기투자자산의 처분, 투자자산과 유형자산 및 무형자산의 처분 등이 포함된다. 투자활동으로 인한 현금의 유출에는 현금의 대여, 단기투자자산의 취득, 투자자산과 유형자산 및 무형자산의 취득에 따른 현금유출로서 취득 직전 또는 직후의 지급액(자본화되는 이자비용 포함) 등이 포함된다.

3) 재무활동 현금흐름

財務活動이란 현금의 차입과 상환활동, 신주발행이나 배당금의 지급활동 등과 같이 부채 및 자본계정에 영향을 미치는 거래를 말한다.

재무활동으로 인한 현금의 유입에는 장・단기차입금의 차입, 어음・사채의 발행, 주식의 발행 등이 포함된다. 재무활동으로 인한 현금의 유출에는 배당금의 지급, 유상감자, 자기주식의 취득, 차입금의 상환, 자산의 취득에 따른 부채의 지급 등이 포함된다.

이상에서 설명한 경영활동을 구분하여 각 활동별 세부적인 거래를 기업회계기준에 따라 정리하면 다음 <표 6-1>과 같다.

〈표 6-1〉 **경영활동별 거래 내용**

활 동 별	현금유입	현금유출
영업활동	① 재고자산(용역) 판매, 매출채권회수 ② 이자수입* ③ 배당금수입*	① 재고자산 구입, 매입채무 결제 ② 판매비와 관리비 지급 ③ 이자비용 지급** ④ 법인세비용 지급
투자활동	① 대여금 회수 ② 단기투자자산 처분 ③ 투자・유형・무형자산 처분 ④ 미수금 회수	① 금전대여 ② 단기투자자산 취득 ③ 투자・유형・무형자산의 취득에 따른 직전 또는 직후의 지급액(자본적 지출포함)
재무활동	① 금전차입, 사채발행 ② 유상증자(자기주식 처분)	① 차입금 상환, 미지급금 지급 ② 유상감자(자기주식 취득) ③ 배당금 지급

* 투자활동으로 분류 가능 ** 재무활동으로 분류 가능

이상의 내용에서 이자비용・이자수익 및 배당금수익은 손익계산서상 금융비용과 기타수익으로 분류된다. 그러나 국제회계기준에 따르면 현금흐름표에서는 이자 지급은 영업활동 또는 재무활동으로 분류할 수 있으며, 이자와 배당금의 수취는 영업활동 또는 투자활동으로 분류할 수 있다. 법인세의 지급은 영업활동으로 분류되지만 투자활동 또는 재무활동에 기인한 법인세비용은 투자활동 또는 재무활동으로 분류된다.

또한 금전 대여와 대여금 및 미수금의 회수는 투자활동으로, 금전의 차입과 미지급금 및 차입금의 지급은 재무활동으로 분류되고 있는 점에 유의하여야 한다.

이상의 거래 결과는 재무상태표에 반영되므로 현금계정 이외의 재무상태표상 주요계정을 경영활동별로 분류하면 다음 <표 6—2>와 같다.

〈표 6—2〉 **재무상태표계정의 경영활동별 분류**

자산계정	활 동	부채와 자본계정	활 동
단기매매금융자산	영 업	매입채무	영 업
매도가능금융자산	투 자	차입금	재 무
매출채권	영 업	미지급금	재 무
대여금	투 자	선수금	영 업
미수금	투 자	미지급비용	영 업
미수수익	영 업	선수수익	영 업
재고자산	영 업	미지급법인세	영 업
선급금	영 업	사채	재 무
선급비용	영 업	장기차입금	재 무
투자자산	투 자	충당부채	영 업
유형자산	투 자	자본금	재 무
무형자산	투 자	자본잉여금	재 무
개발비	투 자		

4. 현금흐름표의 양식

현금흐름표는 영업활동 현금흐름의 표시방법에 따라 직접법과 간접법으로 나누어진다. 직접법은 영업활동에서 현금을 수반하여 발생한 수익 또는 비용항목을 총액으로 표시하는 방법을 말하며, 간접법은 당기순이익(손실)에 현금의 유출이 없는 비용 등을 가산하고 현금의 유입이 없는 수익 등을 차감하여 표시하는 방법을 말한다.

간접법의 경우 일반기업회계기준과 국제회계기준에 따라 양식에 차이가 있다. 두 기준에 따른 현금흐름표의 양식을 살펴보고자 한다.

먼저 직접법과 간접법에 의한 현금흐름의 표시방법 간의 차이를 명확하게 이해할 수 있도록 도표로 나타내면 각각 다음 <표 6-3>, <표 6-4>와 같다.

〈표 6-3〉 직접법에 의한 현금흐름

구분	현금유입액		현금유출액		
영업활동 →	① 현금매출(매출채권 회수 포함) ② 이자수익 유입액 ③ 배당금수익 유입액 등	−	① 현금매입(매입채무지급 포함) ② 종업원에 대한 유출 ③ 이자비용, 법인세비용 유출 등	=	영업활동현금흐름 증가(감소)액
					+
투자활동 →	① 대여금회수 ② 단기투자자산의 처분 ③ 투자자산의 처분 ④ 유형자산의 처분 ⑤ 무형자산의 처분 등	−	① 현금의 대여 ② 단기투자자산의 취득 ③ 투자자산의 취득 ④ 유형자산의 취득 ⑤ 무형자산의 취득 등	=	투자활동 현금흐름 증가(감소)액
					+
재무활동 →	① 단기·장기차입 ② 사채 발행 ③ 유상증자 등	−	① 차입금의 상환 ② 사채의 상환 ③ 유상 감자 ④ 배당금의 지급 등	=	재무활동 현금흐름 증가(감소)액
					‖
					당기의 현금증가(감소)액

〈표 6-4〉 간접법에 의한 현금흐름 : 국제회계기준

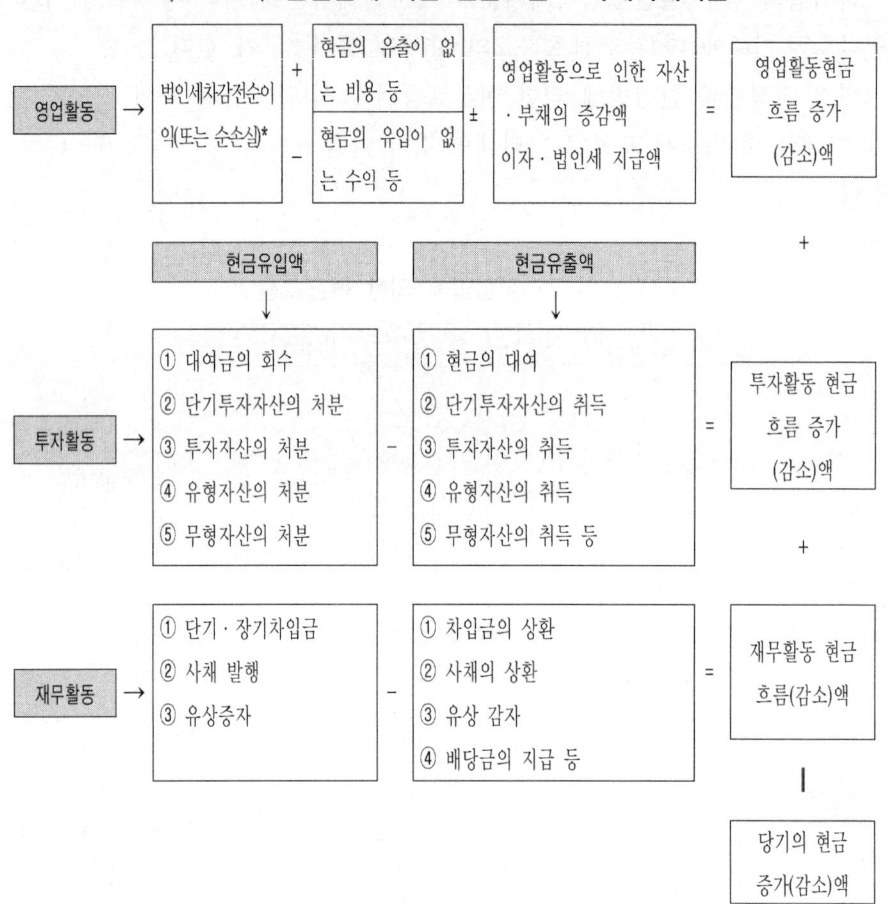

* 일반기업회계기준에서는 법인세차감전순이익 대신에 당기순이익을 사용하고 있다. 그러나 이 경우 조정항목에 이자지급액과 법인세지급액이 별도 항목으로 나타나지 않는다는 점을 주의하여야 한다.

위의 내용을 반영한 회계기준에 따른 현금흐름표의 양식을 살펴보면 다음과 같다.

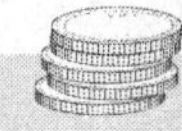

1) 직접법에 의한 현금흐름표의 양식

현금흐름표

(회사명)	20×8. 1. 1~12. 31	(단위 : 원)
Ⅰ. 영업활동 현금흐름		×××
가. 매출 등 수익활동으로부터의 유입액	×××	
나. 공급자 및 종업원에 대한 유출액	(×××)	
다. 이자수익 유입액	×××	
라. 배당금수익 유입액	×××	
마. 이자비용 유출액	(×××)	
바. 법인세 등 유출액	(×××)	
Ⅱ. 투자활동 현금흐름		×××
1. 투자활동으로 인한 현금유입액	×××	
2. 투자활동으로 인한 현금유출액	(×××)	
Ⅲ. 재무활동 현금흐름		×××
1. 재무활동으로 인한 현금유입액	×××	
2. 재무활동으로 인한 현금유출액	(×××)	
Ⅳ. 현금의 증가(감소) (Ⅰ + Ⅱ + Ⅲ)		×××
Ⅴ. 기초의 현금		×××
Ⅵ. 기말의 현금		×××

2) 간접법에 의한 현금흐름표의 양식(일반기업회계기준)

현금흐름표

(회사명)	20×8. 1. 1~12. 31	(단위 : 원)
Ⅰ. 영업활동 현금흐름		×××
1. 당기순이익(손실)	×××	
2. 현금의 유출이 없는 비용 등의 가산	×××	

3. 현금의 유입이 없는 수익 등의 차감	(×××)	
4. 영업활동으로 인한 자산·부채의 변동	×××	
Ⅱ. 투자활동 현금흐름		×××
1. 투자활동으로 인한 현금유입액	×××	
2. 투자활동으로 인한 현금유출액	(×××)	
Ⅲ. 재무활동 현금흐름		×××
1. 재무활동으로 인한 현금유입액	×××	
2. 재무활동으로 인한 현금유출액	(×××)	
Ⅳ. 현금의 증가(감소) (Ⅰ+Ⅱ+Ⅲ)		×××
Ⅴ. 기초의 현금		×××
Ⅵ. 기말의 현금		×××

3) 간접법에 의한 현금흐름표의 양식(국제회계기준)

현금흐름표

(회사명) 20×8. 1. 1~12. 31 (단위 : 원)

Ⅰ. 영업활동 현금흐름		×××
1. 법인세비용차감전순이익(손실)	×××	
2. 현금의 유출이 없는 비용 등의 가산	×××	
3. 현금의 유입이 없는 수익 등의 차감	(×××)	
4. 영업활동으로 인한 자산·부채의 변동	×××	
영업에서 창출된 현금흐름	×××	
5. 이자지급액 차감	(×××)	
6. 법인세 납부액 차감	(×××)	
Ⅱ. 투자활동 현금흐름		×××
1. 투자활동으로 인한 현금유입액	×××	
2. 투자활동으로 인한 현금유출액	(×××)	

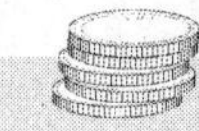

Ⅲ. 재무활동 현금흐름		×××
1. 재무활동으로 인한 현금유입액	×××	
2. 재무활동으로 인한 현금유출액	(×××)	
Ⅳ. 현금의 증가(감소) (Ⅰ+Ⅱ+Ⅲ)		×××
Ⅴ. 기초의 현금		×××
Ⅵ. 기말의 현금		×××

국제회계기준에서는 간접법의 경우 영업활동부분에서 이자 수취액, 이자 지급액 및 법인세지급액을 별도로 공시하는 것이 원칙으로 되어 있다. 따라서 법인세비용차감전순이익에서 출발하여 여기에다 이자수익과 이자비용을 먼저 가감 조정하게 된다. 그리고 미수이자, 미지급이자 및 미지급법인세의 증감액에 대해서는 조정항목에서 제외시킨다. 그밖에 조정항목을 반영해서 영업에서 창출된 현금흐름을 계산하고서 이자 수취액, 이자지급액 및 법인세지급액을 가감하여 영업활동 현금흐름을 표시하게 된다.

이렇게 계산된 영업활동 현금흐름은 일반기업회계기준의 작성 방법인 당기순이익에서 출발하여 가감항목을 반영해서 계산하던 금액과 동일하게 표시된다.

다음 [예제 6-1]은 간접의 경우 일반기업회계기준과 국제회계기준 방식 간의 차이에 대한 비교를 제시해 주고 있다.

예제 6-1 간접법에 따른 영업활동 현금흐름 표시 비교

일반기업회계기준 방식		국제회계기준 방식	
영업활동		영업활동	
당기순이익	40,000	법인세차감전순이익	65,000
		이자수익	(11,000)
		이자비용	12,000
감가상각비	10,000	감가상각비	10,000
유형자산처분이익	(10,000)	유형자산처분이익	(10,000)
매출채권의 증가	(10,000)	매출채권의 증가	(10,000)
미수이자의 감소	3,000		
재고자산의 감소	(10,000)	재고자산의 감소	(10,000)
매입채무의 증가	10,000	매입채무의 증가	10,000
미지급이자의 증가	2,000		
미지급법인세의 감소	(5,000)		
		영업에서 창출된 현금	56,000
		이자수취액	14,000
		이자지급액	(10,000)
		법인세지급액	(30,000)
영업활동 현금흐름	30,000	영업활동 현금흐름	30,000

5. 현금흐름표의 작성방법 : 직접법

손익계산서와 비교재무상태표를 이용하여 영업활동 현금흐름을 산출하는 방법에는 직접법과 간접법이 있다.

직접법은 영업활동 현금흐름을 발생원천별로 구분하여 표시하는 방법으로, 이는 손익계산서에 계상된 매출액・매출원가・판매비와관리비・이자비용・이자수익・배당금수익・법인세비용 등을 현금수입액이나 현금지출액으로 전환시켜 현금흐름표에 반영・보고하는 방법이다. 항목별 현금수입액이나 현금지출액의 산출방법은 다음과 같다.

(1) 현금매출액

현금매출액은 손익계산서상 매출액과 비교재무상태표상 매출채권을 이용하여 다음과 같이 산출한다.

매출채권			
기초잔액	×××	현금회수액(?)	×××
매 출 액	×××	대손발생액	×××
		기말잔액	×××

←

대손충당금			
대손발생액	×××	기초잔액	×××
기말잔액	×××	대손상각비	×××

(2) 상품의 현금매입액

현금매입액은 손익계산서상 매출원가와 비교재무상태표상 상품과 매입채무를 이용하여 다음과 같이 산출한다.

매입채무			
현금지급액	×××	기초잔액	×××
기말잔액	×××	매입액	×××

←

상 품			
기초잔액	×××	매출원가	×××
매입액(?)	×××	기말잔액	×××

(3) 이자와 배당금의 현금수입액

현금수입액은 손익계산서상 이자수익 및 배당금수익과 비교재무상태표상 미수수익과 선수수익을 이용하여 다음과 같이 산출한다.

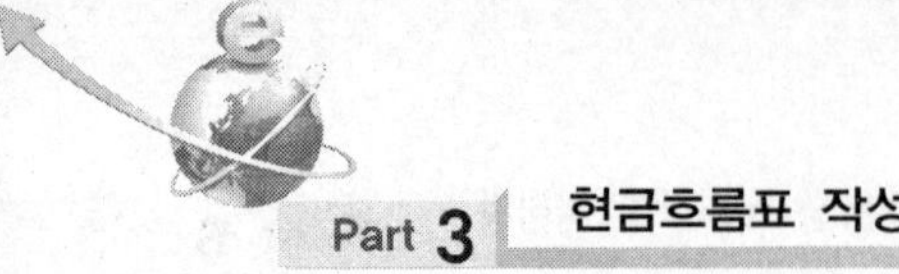

수익계정

기초미수수익	×××	기초선수수익	×××
수익계상액	×××	현금수입액(?)	×××
기말선수수익	×××	기말미수수익	××

(4) 판매비와관리비 · 이자 및 법인세의 현금지급액

현금지급액은 손익계산서상 판매비와관리비 · 이자비용 및 법인세비용과 비교재무상태표상 선급비용과 미지급비용을 이용하여 다음과 같이 산출한다.

비용계정

기초선급비용	×××	기초미지급비용	×××
현금지급액(?)	×××	비용계상액	×××
기말미지급비용	×××	기말선급비용	×××

6. 현금흐름표의 작성방법 : 간접법(일반기업회계기준)

1) 간접법에 의한 영업활동으로 인한 현금흐름 산출과정

일반기업회계기준에 의한 간접법은 손익계산서상 당기순손익에 현금의 유출이 없는 비용 등은 가산하고 현금의 유입이 없는 수익 등은 차감하여 영업활동으로 인한 현금흐름을 산출하는 것으로, 이는 발생주의의 당기순이익을 영업활동으로 인한 현금흐름인 현금주의 순이익으로 전환시키는 방

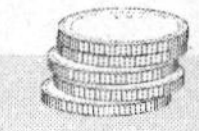

법이다. 현금주의 순이익은 영업활동에서 발생한 현금수입액(이를 현금영업수익이라 한다)에서 영업활동에서 발생한 현금지출액(이를 현금영업비용이라 한다)을 차감한 것인데, 기업회계기준상 현금흐름표의 작성시 영업활동이란 이자수입·배당금수입·이자지급·법인세지급거래를 포함하는 것으로, 손익계산서의 순이익을 산출하기 위한 거래내용과는 차이가 있음을 유의하여야 한다. 발생주의의 당기순이익과 현금주의의 순이익(영업활동으로 인한 현금흐름)을 산출하는 식은 다음과 같다.

> (발생주의) 당기순이익＝수익과 이득－비용과 손실
> (현금주의) 순이익＝현금수익－현금비용

따라서 발생주의 당기순이익을 현금주의 순이익(영업활동으로 인한 현금흐름)으로 전환시키기 위해서는 다음과 같은 과정을 거쳐야 한다.

① 현금지출이 없는 비용과 현금수입이 없는 수익을 당기순이익에 가감
② 당기순이익에서 투자활동과 재무활동에서 발생한 이득은 차감하고 손실은 가산
③ 영업활동으로 인한 자산·부채의 변동액을 당기순이익에 가감

발생주의의 당기순이익과 현금주의의 순이익(영업활동으로 인한 현금흐름)을 산출하는 과정은 다음 <표 6—5>과 같다.

〈표 6—5〉 **간접법에 의한 영업활동 현금흐름 산출과정**

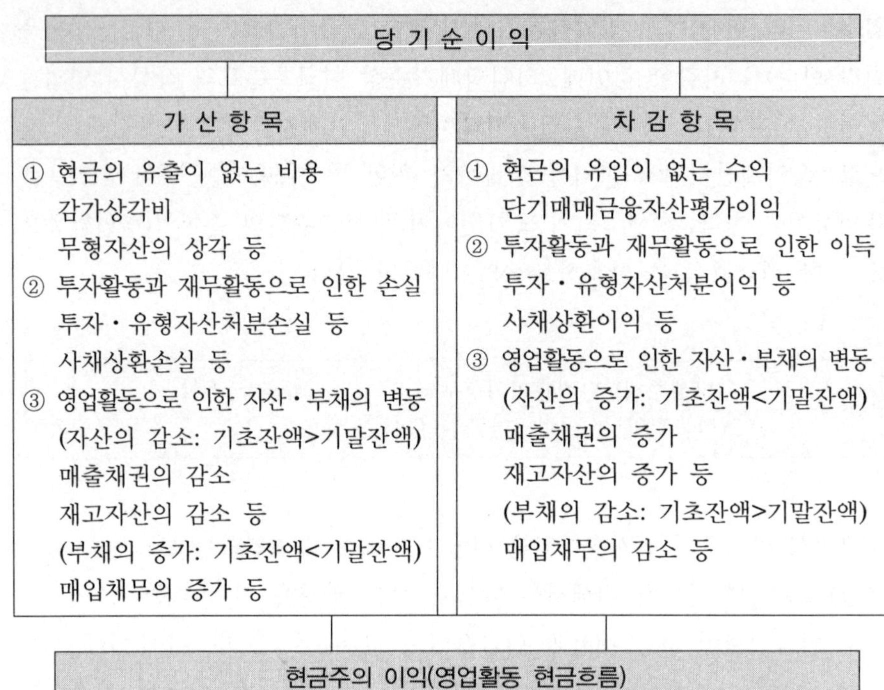

당 기 순 이 익	
가 산 항 목	차 감 항 목
① 현금의 유출이 없는 비용 감가상각비 무형자산의 상각 등 ② 투자활동과 재무활동으로 인한 손실 투자 · 유형자산처분손실 등 사채상환손실 등 ③ 영업활동으로 인한 자산 · 부채의 변동 (자산의 감소: 기초잔액>기말잔액) 매출채권의 감소 재고자산의 감소 등 (부채의 증가: 기초잔액<기말잔액) 매입채무의 증가 등	① 현금의 유입이 없는 수익 단기매매금융자산평가이익 ② 투자활동과 재무활동으로 인한 이득 투자 · 유형자산처분이익 등 사채상환이익 등 ③ 영업활동으로 인한 자산 · 부채의 변동 (자산의 증가: 기초잔액<기말잔액) 매출채권의 증가 재고자산의 증가 등 (부채의 감소: 기초잔액>기말잔액) 매입채무의 감소 등
현금주의 이익(영업활동 현금흐름)	

당기순이익에 가감하는 항목 및 그 이유를 설명하면 다음과 같다.

(가) 현금의 수입이 없는 수익은 당기순이익에서 차감하고 현금의 지출이 없는 비용은 가산하며, 수익으로 계상되지 않은 현금영업수익은 가산하고 비용으로 계상되지 않은 현금영업비용은 차감한다. 가감하여야 할 항목과 금액은 감가상각비 등 현금유출이 없는 비용과 <표 6-5>에서 제시한 재무상태표상 항목중 영업활동으로 분류된 계정과목의 기중 증감액이 된다. 이에 대한 예를 들어 설명하면 다음과 같다.

예를 들어 한 회계기간 동안 매출액 ₩300,000중 ₩200,000은 현금으로 회수하고 나머지 ₩100,000은 외상매출하였으며 이외의 거

래가 없다고 하자. 그러면 회계처리는 다음과 같다.

(차)	현 금	200,000	(대) 매 출	300,000
	외상매출금	100,000		

따라서 현금기준 이익은 ₩200,000(현금 수입액)으로 재무상태표상 차변에 현금 ₩200,000이 증가되나, 발생기준 순이익은 ₩300,000으로 재무상태표상 대변에 자본 ₩300,000이 증가되어, 각 방법에 의한 순이익은 외상매출금 증가액 ₩100,000만큼 차이가 발생한다. 이의 조정을 위해 손익계산서상 순이익 ₩300,000에서 외상매출금 증가액 ₩100,000을 차감하면 현금기준 순이익 ₩200,000이 산출된다.

(나) 손익계산서상 순이익에 투자 및 재무활동에 따른 비용(또는 손실)은 가산하고 수익(또는 이익)은 차감시키는데, 이에 대한 예를 들면 다음과 같다.

예를 들어 취득원가 ₩20,000의 토지를 ₩25,000에 현금 처분하였다고 가정하자. 그러면 회계처리는 다음과 같다.

(차) 현 금	25,000	(대)	토 지	20,000
			유형자산처분이익	5,000

이상의 유형자산 처분거래는 현금흐름표상 투자활동 현금유입액 ₩25,000으로 계상되므로 현금수입액이 모두 기입된다. 그런데 유형자산처분이익 ₩5,000은 손익계산서상 순이익에 포함되어 있으므로 순이익을 영업활동 현금흐름에 전액 포함시키는 경우 유형자산처분이익 ₩5,000은 이중계상(영업활동과 투자활동)되며 또한 이는 영업활동의 결과가 아니므로 영업활동 현금흐름에 포함시킬 수가 없어 순이익에서 유형자산처분이익 ₩5,000을 차감하는 것이다. 이외의 이득과 손실을 순이익에 가감하여 조정하는

논리도 이와 유사하다.

2) 간접법에서 당기순이익에 가감하는 항목 및 그 이유

간접법으로 작성된 현금흐름표를 이해하기 위해서는 발생주의에 의한 당기순이익을 현금주의에 의한 당기순이익으로 전환하는 과정에 대한 원리를 이해할 필요가 있다. 위에서 전환하는 절차를 도표로 요약 정리하여 제시하였지만 예를 가지고 설명하여 보자.

다음에 제시된 손익계산서는 금년도에 사업을 처음 시작한 회사의 발생주의에 따른 손익계산서라고 하자.

손익계산서(발생주의)

매출원가	70,000	매 출 액	140,000
기초재고	0	(미회수외상매출액 ₩30,000 포함)	
당기매입	100,000		
(미지급 외상매입액 ₩20,000 포함)		단기매매증권평가이익	10,000
기말재고	30,000		
급 여	20,000		
감가상각비	10,000		
유형자산처분손실	10,000		
당 기 순 이 익	40,000		
총 계	150,000	총 계	150,000

위 손익계산서를 현금주의로 전환시키면 다음과 같다.

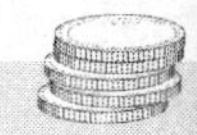

손익계산서(현금주의)

현금매입액	80,000	현금매출액	110,000
급　　여	20,000		
당기순이익	10,000		
총　　계	110,000	총　　계	110,000

현금주의로 작성된 손익계산서상의 당기순이익은 직접법에 의한 영업활동 현금흐름을 의미한다.

이 금액을 간접법에 의해 계산해보면 다음과 같다.

손익계산서상의 당기순이익		₩40,000
가산항목 :		
감가상각비	₩10,000	
유형자산처분손실	10,000	
외상매입금의 증가액	20,000	40,000
차감항목 :		
단기매매금융자산평가이익	10,000	
외상매출금의 증가액	30,000	
재고자산의 증가액	30,000	(70,000)
영업활동 현금흐름		10,000

위의 계산결과를 보면 발생주의 손익계산서에 계상된 항목 중 현금지출이 수반되지 않으면서 비용에 포함됨에 따라 당기순이익을 감소시킨 비용항목은 당기순이익에 다시 가산되고 있으며, 현금수입이 수반되지 않으면서 수익에 포함되어 당기순이익을 증가시킨 수익항목은 당기순이익에서 차감되고 있다.

즉, 감가상각비와 유형자산처분손실은 현금이 지출되지 않으면서 비용에 포함되었기 때문에 이들 항목을 제거하기 위해 당기순이익에 가산되고 있으며, 영업활동과 관련된 부채인 외상매입금의 증가액은 현금지출이 이루어지지 않으면서 그 만큼 매출원가를 증가시키면서 당기순이익을 감소시키기 때문에 당기순이익에 가산시키고 있다.

단기매매금융자산평가이익 및 영업활동과 관련된 자산인 외상매출금의 증가액은 현금수입이 없는 수익이면서 수익에 포함되어 당기순이익을 증가시키고 있기 때문에 당기순이익에서 차감되고 있다. 재고자산의 증가액은 그만큼 매출원가를 감소시키면서 그 결과로 당기순이익을 증가시키고 있으나 현금수입이 수반되고 있지 못하기 때문에 당기순이익에서 차감되고 있다.

따라서 발생주의 당기순이익을 현금주의 당기순이익, 즉 영업활동 현금흐름으로 전환시키는 과정은 다음과 같이 산식을 정리해보면 명확해진다.

(현금수익+비현금수익)－(현금지출비용+비현금지출비용)＝당기순이익
현금수익－현금지출비용＝당기순이익+비현금지출비용－비현금수익
∴영업활동 현금흐름＝당기순이익+비현금지출비용－비현금수익

3) 당기순이익 가산항목

(1) 현금의 유출이 없으면서 비용으로 계상되는 항목

감가상각비, 무형자산상각비, 재고자산감모손실, 퇴직급여, 단기매매금융자산평가손실, 사채할인발행차금의 상각으로 인한 이자비용 계상분 등이 있는데, 이들 항목은 비용으로 계상됨으로써 그 만큼 당기순이익을 감소시키게 된다. 그러나 현금 유출이 수반되지 않았기 때문에 이들 항목의 영향을 취소시키기 위해서 당기순이익에다 다시 가산시킨다.

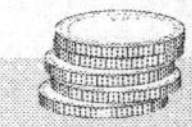

(2) 투자활동과 재무활동으로 인한 손실

여기에는 유형자산처분손실, 유형자산감액손실, 투자자산처분손실, 투자자산감액손실, 단기매매금융자산처분손실, 사채상환손실 등을 들 수 있다. 이들 항목은 투자활동이나 재무활동의 결과로 나타난 항목으로서, 손익계산서상에 비용으로 계상되어 당기순이익을 감소시키지만 현금유출이 수반되지 않기 때문에 이들 항목의 영향을 취소시키기 위해서 당기순이익에다 다시 가산시킨다.

(3) 영업활동과 관련된 자산의 변동액

매출채권, 재고자산, 선급비용, 선급금, 미수수익의 감소 등이 대표적인 것인데, 당기순이익에 가산하는 이유를 설명하면 다음과 같다.

① 매출채권의 감소

매출채권이 기초에 비해 기말의 잔액이 감소했다는 것은 그 만큼 손익계산서에 계상된 매출액보다 매출대금의 회수액이 증가되었다는 의미이다. 그러나 매출대금 회수액을 기준으로 하였을 때, 매출액보다 증가한 회수액 즉, 매출채권의 감소액 만큼은 현금 유입을 수반하면서도 당기순이익에 반영되지 않았기 때문에 영업활동 현금흐름을 계산하기 위해서는 당기순이익에 가산되게 된다.

예를 들어 매출채권의 기초잔액이 ₩500, 당기매출액이 ₩1,500, 기말잔액이 ₩300일 경우, 매출대금 회수액은 ₩1,700이 된다. 따라서 손익계산서에 계상된 매출액 ₩1,500보다 ₩200 많은 ₩1,700의 매출대금이 회수된다. 이에 따라 손익계산서에 계상된 매출액 ₩1,500과 회수액 ₩1,700과의 차액 ₩200 즉, 매출채권의 감소액 ₩200을 당기순이익에다 가산하게 된다.

② 재고자산의 감소

재고자산이 기초에 비해 기말에 감소하면, 그 만큼 매출원가가 증가하게 되고, 이에 따라 당기순이익이 그 만큼 감소되게 된다. 그러나 당기순이익이 감소되었다고 그 만큼 현금이 더 유출된 것은 아니고, 감소된 만큼 현금 유출액을 과대계상하게 된다. 따라서 과다계상된 현금 유출비용을 실제 현금유출액에 맞추기 위해서 매출원가와 매입대금 지급액과의 차액, 즉 재고자산의 감소분을 당기순이익에다 가산시키는 것이다.

예를 들어 재고자산의 기초잔액이 ₩500, 당기매입액(전액 현금지급)이 ₩2,000, 기말잔액이 ₩0일 경우, 매출원가는 ₩2,500이 된다. 따라서 손익계산서에 계상된 매출원가(비용) ₩2,500보다 ₩500이 적은 ₩2,000의 현금 유출이 이루어졌기 때문에, 현금 실제 유출액만 반영되도록 매출원가 ₩2,500과 매입대금 ₩2,000의 차액 ₩500 즉, 재고자산의 감소액 ₩500은 당기순이익에 가산되게 된다.

③ 선급비용의 감소

선급비용이 기초에 비해 기말의 잔액이 감소했다는 것은 그 만큼 손익계산서에 계상된 비용이 비용지급액보다 더 많다는 의미이다. 그러나 비용으로 지출된 금액보다 증가한 비용계상액 만큼은 현금 유출을 수반하지 않으면서 당기순이익을 감소시키기 때문에 영업활동 현금흐름을 계산하기 위해서는 당기순이익에 가산되게 된다.

예를 들어 선급보험료의 기초잔액이 ₩600, 손익계산서상의 보험료가 ₩2,000, 기말잔액이 ₩300일 경우, 보험료 지급액은 ₩1,700이 된다. 따라서 손익계산서에 계상된 보험료는 보험료 지급액 ₩1,700보다 ₩300 많은 ₩2,000이 계상되어 그 만큼 당기순이익을 감소시키게 된다. 이에 따라 손익계산서에 계상된 보험료 ₩2,000과 보험료 지급액 ₩1,700과의 차액 ₩300 즉, 선급보험료의 감소분 ₩300은 당기순이익에 가산하게 된다.

④ 미수수익의 감소

미수수익이 기초에 비해 기말의 잔액이 감소했다는 것은 그 만큼 손익계산서에 계상된 수익보다 회수액이 더 많다는 의미이다. 그러나 현금 유입액을 기준으로 하였을 때, 수익으로부터 유입된 금액보다 감소한 수익계상액 만큼은 현금 유입을 수반하면서 당기순이익을 감소시키기 때문에 영업활동 현금흐름을 계산하기 위해서는 당기순이익에 가산되게 된다.

예를 들어 미수임대료의 기초잔액이 ₩600, 손익계산서상의 임대료가 ₩2,000, 기말잔액이 ₩400일 경우, 임대료 수취액은 ₩2,200이 된다. 따라서 손익계산서에 계상된 임대료는 임대료 수취액 ₩2,200보다 ₩200 적은 ₩2,000이 계상되어 그 만큼 당기순이익을 감소시키게 된다. 이에 따라 손익계산서에 계상된 임대료 ₩2,000과 임대료 수취액 ₩2,200과의 차액 ₩200 즉, 미수임대료의 감소분 ₩200은 당기순이익에 가산하게 된다.

(4) 영업활동과 관련된 부채의 변동액

매입채무, 미지급비용, 선수금, 선수수익의 증가 등이 대표적인 것인데, 당기순이익에 가산하는 이유를 설명하면 다음과 같다.

① 매입채무의 증가

매입채무가 기초에 비해 기말의 잔액이 증가했다는 것은 그 만큼 손익계산서에 계상된 매입액보다 매입대금의 지급액이 감소되었다는 의미이다. 그러나 매입대금 지급액보다 증가한 매입액 만큼은 매출원가(비용)를 증가시키면서, 당기순이익을 감소시키게 된다. 그러나 매출원가를 증가시켰다고 해서 그 만큼 현금 유출이 수반되지 않았기 때문에 영업활동 현금흐름을 계산하기 위해서는 당기순이익에다 가산시키게 된다.

예를 들어 매입채무의 기초잔액이 ₩300, 당기매입액이 ₩2,000, 기말잔액이 ₩600일 경우, 매입대금 지급액은 ₩1,700이 된다. 따라서 손익계산서에 계상된 매입액 ₩2,000보다 ₩300 적은 ₩1,700의 매입대금이 지급된다. 이에 따라 손익계산서에 계상된 매입액 ₩2,000과 지급액 ₩1,700의 차액 ₩300 즉, 매입채무의 증가액 ₩300 만큼 매출원가가 증가되면서 동시에 당기순이익이 감소되었기 때문에 당기순이익에서 가산되게 된다.

② 미지급비용의 증가

미지급비용이 기초에 비해 기말의 잔액이 증가했다는 것은 그 만큼 손익계산서에 계상된 비용보다 비용의 지급액이 감소되었다는 의미이다. 그러나 비용 지급액보다 증가한 비용계상액 만큼은 당기순이익을 감소시키게 되지만, 그 만큼 현금 유출이 수반되지 않았기 때문에 영업활동 현금흐름을 계산하기 위해서는 당기순이익에다 가산시키게 된다.

예를 들어 미지급임차료의 기초잔액이 ₩300, 당기임차료 계상액이 ₩2,000, 기말잔액이 ₩600일 경우, 임차료 지급액은 ₩1,700이 된다. 따라서 손익계산서에 계상된 임차료 ₩2,000보다 ₩300 적은 ₩1,700의 임차료가 지급된 것이다. 이에 따라 손익계산서에 계상된 임차료 ₩2,000과 지급액 ₩1,700의 차액 ₩300 즉, 미지급임차료의 증가액 ₩300 만큼 당기순이익이 감소되었기 때문에 당기순이익에서 가산되게 된다.

③ 선수금의 증가

선수금이 기초에 비해 기말의 잔액이 증가했다는 것은 그 만큼 손익계산서에 계상된 수익보다 수익대금으로의 유입액이 증가되었다는 의미이다. 그러나 수익대금으로의 유입액보다 감소한 수익계상액 만큼은 당기순이익을 감소시켰으나, 현금이 수반되었기 때문에 영업활동 현금흐름을 계산하기 위해서는 당기순이익에다 가산시키게 된다.

예를 들어 선수금의 기초잔액이 ₩300, 당기 매출액 계상액이 ₩2,000, 기말잔액이 ₩600일 경우, 수익과 관련돼서 유입된 금액은 ₩2,300이 된

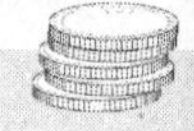

다. 이에 따라 손익계산서에 계상된 매출수익 ₩2,000과 유입액 ₩2,300의 차액 ₩300 즉, 선수금의 증가액 ₩300은 영업활동 현금흐름을 계산하기 위해서 당기순이익에다 가산시키게 된다.

④ 선수수익의 증가

선수수익이 기초에 비해 기말의 잔액이 증가했다는 것은 그 만큼 손익계산서에 계상된 수익보다 수익대금으로의 유입액이 증가되었다는 의미이다. 그러나 수익대금으로의 유입액보다 감소한 수익계상액 만큼은 당기순이익을 감소시켰으나, 현금이 수반되었기 때문에 영업활동 현금흐름을 계산하기 위해서는 당기순이익에다 가산시키게 된다.

예를 들어 선수이자의 기초잔액이 ₩300, 당기 이자수익 계상액이 ₩2,000, 기말잔액이 ₩600일 경우, 이자수익으로의 유입액은 ₩2,300이 된다. 따라서 손익계산서에 계상된 이자수익 ₩2,000보다 ₩300 많은 ₩2,300의 이자수익이 유입된다. 이에 따라 손익계산서에 계상된 이자수익 ₩2,000과 유입액 ₩2,300의 차액 ₩300 즉, 선수이자의 증가액 ₩300은 당기순이익에다 가산시키게 된다.

4) 당기순이익 차감항목

(1) 현금의 유입이 없으면서 수익으로 계상되는 항목

대손충당금환입,자산수증이익, 채무면제이익, 보험차익, 단기매매금융자산평가이익, 사채할증발행차금의 상각으로 인한 이자수익 계상분 등이 있는데, 이들 항목은 수익으로 계상됨으로써 그 만큼 당기순이익을 증가시키게 된다. 그러나 현금 유입이 수반되지 않았기 때문에 이들 항목의 영향을 취소시키기 위해서 당기순이익에서 다시 차감시킨다.

(2) 투자활동과 재무활동으로 인한 이익

여기에는 유형자산처분이익, 투자자산처분이익, 단기매매금융자산처분이익, 사채상환이익 등을 들 수 있다. 이들 항목은 투자활동이나 재무활동의 결과로 나타난 항목으로서, 손익계산서상에 수익으로 계상되어 당기순이익을 증가시키면서 현금유출도 수반된다. 따라서 당기순이익에 조정을 할 필요가 없을 것 같지만, 이들 항목의 영향을 취소시키기 위해서 당기순이익에서 차감시킨다. 그 이유는 다음과 같다. 즉, 이들 항목은 모두 투자활동이나 재무활동과 관련해서 현금 유입을 수반하면서 발생된 것이기 때문에 투자활동이나 재무활동에 계상되어야 한다. 그런데 당기순이익에서 차감시켜 주지 않고 그대로 놓아두면, 당기순이익을 통해서 영업활동에 반영될 뿐만 아니라, 투자 또는 재무활동에도 처분이익만큼 가산된 금액이 보고되어 이중으로 계상되는 불합리한 결과가 발생한다. 따라서 당기순이익 산정에 반영된 처분이익을 다시 당기순이익에서 차감시켜 주어야 이중계산이 방지되면서 정확한 영업활동으로부터의 현금흐름이 계산되는 것이다.

예를 들어 투자자산의 취득원가가 ₩4,000인데 이를 ₩5,000에 매각처분하여 처분이익이 ₩1,000 발생하였다고 하자. 이 경우 투자자산처분이익은 손익계산서에 반영되어 당기순이익을 증가시키게 된다. 그런데 현금흐름표에서는 영업활동 부분에 투자자산처분이익 ₩1,000이 포함된 당기순이익, 그리고 투자활동 부분에 투자자산의 처분대금으로 ₩5,000이 각각 보고되어, 조정을 하지 않을 경우 ₩6,000의 현금 유입이 있는 것으로 된다. 따라서 이 거래는 투자활동 부분에 투자자산의 처분대금으로 ₩5,000이 보고되는 것이 정확한 것이기 때문에 이 부분은 그대로 놓아두고, 영업활동 부분에 당기순이익으로 반영된 부분을 제거하면 이중계상이 되지 않게 된다. 이에 따라 투자자산처분이익 ₩1,000은 당기순이익에서 차감하게 된다.

(3) 영업활동과 관련된 자산의 변동액

매출채권, 재고자산, 선급비용, 선급금, 미수수익의 증가 등이 대표적인 것인데, 당기순이익에서 차감되는 이유를 설명하면 다음과 같다.

① 매출채권의 증가

매출채권이 기초에 비해 기말의 잔액이 증가했다는 것은 그 만큼 손익계산서에 계상된 매출액보다 매출대금의 회수액이 감소되었다는 의미이다. 그러나 매출대금 회수액보다 증가한 매출액 만큼은 당기순이익을 증가시켰으나, 현금이 수반되지 않았기 때문에 영업활동 현금흐름을 계산하기 위해서는 당기순이익에서 차감되게 된다.

예를 들어 매출채권의 기초잔액이 ₩400, 당기매출액이 ₩1,600, 기말잔액이 ₩700일 경우, 매출대금 회수액은 ₩1,300이 된다. 따라서 손익계산서에 계상된 매출액 ₩1,600보다 ₩300 적은 ₩1,300의 매출대금이 회수된다. 이에 따라 손익계산서에 계상된 매출액 ₩1,600과 회수액 ₩1,300의 차액 ₩300 즉, 매출채권의 증가액 ₩300은 당기순이익에서 차감되게 된다.

② 재고자산의 증가

재고자산이 기초에 비해 기말에 증가하면, 그 만큼 매출원가가 감소하게 되고, 이에 따라 당기순이익이 그 만큼 증가되게 된다. 그러나 당기순이익이 증가되었다고 그 만큼 현금이 유입된 것은 아니고, 증가된 만큼 현금 유출액을 과소계상하게 된다. 따라서 매출원가와 매입대금 지급액과의 차액, 즉 재고자산의 증가분을 당기순이익에서 차감시키는 것이다.

예를 들어 재고자산의 기초잔액이 ₩0, 당기매입액(전액 현금지급)이 ₩2,000, 기말잔액이 ₩500일 경우, 매출원가는 ₩1,500이 된다. 따라서 손익계산서에 계상된 매출원가(비용) ₩1,500보다 ₩500 많은 ₩2,000의 현금 유출이 이루어졌기 때문에, 매출원가 ₩1,500과 매입대금 ₩2,000의 차액 ₩500 즉, 재고자산의 증가액 ₩500은 당기순이익에서 차감되게 된다.

③ 선급비용의 증가

선급비용이 기초에 비해 기말의 잔액이 증가했다는 것은 그 만큼 손익계산서에 계상된 비용이 비용지급액보다 더 적다는 의미이다. 그러나 비용으로 지출된 금액보다 감소한 비용계상액 만큼은 당기순이익을 증가시키기 때문에 영업활동 현금흐름을 계산하기 위해서는 당기순이익에서 차감되게 된다.

예를 들어 선급보험료의 기초잔액이 ₩300, 손익계산서상의 보험료가 ₩2,000, 기말잔액이 ₩600일 경우, 보험료 지급액은 ₩2,300이 된다. 따라서 손익계산서에 계상된 보험료는 보험료 지급액 ₩2,300보다 ₩300 적은 ₩2,000이 계상되어 그 만큼 당기순이익을 증가시키게 된다. 이에 따라 손익계산서에 계상된 보험료 ₩2,000과 보험료 지급액 ₩2,300과의 차액 ₩300 즉, 선급보험료의 증가분 ₩300은 당기순이익에서 차감하게 된다.

④ 미수수익의 증가

미수수익이 기초에 비해 기말의 잔액이 증가했다는 것은 그 만큼 손익계산서에 계상된 수익보다 회수액이 더 적다는 의미이다. 그러나 수익으로부터 유입된 금액보다 증가한 수익계상액 만큼은 당기순이익을 증가시키기 때문에 영업활동 현금흐름을 계산하기 위해서는 당기순이익에서 차감되게 된다.

예를 들어 미수임대료의 기초잔액이 ₩400, 손익계산서상의 임대료가 ₩2,200, 기말잔액이 ₩600일 경우, 임대료 수취액은 ₩2,000이 된다. 따라서 손익계산서에 계상된 임대료는 임대료 수취액 ₩2,000보다 ₩200 많은 ₩2,200이 계상되어 그 만큼 당기순이익을 증가시키게 된다. 이에 따라 손익계산서에 계상된 임대료 ₩2,200과 임대료 수취액 ₩2,000과의 차액 ₩200 즉, 미수임대료의 증가분 ₩200은 당기순이익에서 차감하게 된다.

(4) 영업활동과 관련된 부채의 변동액

매입채무, 미지급비용, 선수금, 선수수익의 감소 등이 대표적인 것인데, 당기순이익에 차감하는 이유를 설명하면 다음과 같다.

① 매입채무의 감소

매입채무가 기초에 비해 기말의 잔액이 감소했다는 것은 그 만큼 손익계산서에 계상된 매입액보다 매입대금의 지급액이 증가되었다는 의미이다. 그러나 매입대금 지급액보다 감소한 매입액 만큼은 매출원가(비용)를 감소시키면서, 당기순이익을 증가시키게 된다. 그러나 매출원가의 감소를 통해 당기순이익을 증가시켰다고 해서 그 만큼 현금 유입이 수반되지 않았기 때문에 영업활동 현금흐름을 계산하기 위해서는 당기순이익에서 차감시키게 된다.

예를 들어 매입채무의 기초잔액이 ₩600, 당기매입액이 ₩2,000, 기말잔액이 ₩300일 경우, 매입대금 지급액은 ₩2,300이 된다. 따라서 손익계산서에 계상된 매입액 ₩2,000보다 ₩300 많은 ₩2,300의 매입대금이 지급된다. 이에 따라 매입대금 지급액을 기준으로 했을 때, 손익계산서에 계상된 매입액 ₩2,000과 지급액 ₩2,300과의 차액 ₩300 즉, 매입채무의 감소액 ₩300 만큼 매출원가가 감소되면서 동시에 당기순이익이 증가되었기 때문에 당기순이익에서 차감되게 된다.

② 미지급비용의 감소

미지급비용이 기초에 비해 기말의 잔액이 감소했다는 것은 그 만큼 손익계산서에 계상된 비용보다 비용의 지급액이 증가되었다는 의미이다. 그러나 비용 지급액보다 감소한 비용계상액 만큼은 당기순이익을 증가시키게 되지만, 그 만큼 현금 유출이 수반되었기 때문에 영업활동 현금흐름을 계산하기 위해서는 당기순이익에서 차감시킨다.

예를 들어 미지급임차료의 기초잔액이 ₩600, 당기임차료 계상액이

₩2,000, 기말잔액이 ₩300일 경우, 임차료 지급액은 ₩2,300이 된다. 따라서 손익계산서에 계상된 임차료 ₩2,000보다 ₩300 많은 ₩2,300의 임차료가 지급된 것이다. 이에 따라 임차료 지급액을 기준으로 하였을 때, 손익계산서에 계상된 임차료 ₩2,000과 지급액 ₩2,300의 차액 ₩300 즉, 미지급임차료의 감소액 ₩300 만큼 현금 유출이 수반된 비용이 과소계상되어 당기순이익이 증가된 것이기 때문에 당기순이익에서 차감된다.

③ 선수금의 감소

선수금이 기초에 비해 기말의 잔액이 감소했다는 것은 그 만큼 손익계산서에 계상된 수익보다 수익대금으로의 유입액이 감소되었다는 의미이다. 그러나 수익대금으로의 유입액보다 증가한 수익계상액 만큼은 당기순이익을 증가시켰으나, 현금이 수반되지 않았기 때문에 영업활동 현금흐름을 계산하기 위해서는 당기순이익에서 차감시키게 된다.

예를 들어 선수금의 기초잔액이 ₩600, 당기 매출액 계상액이 ₩2,000, 기말잔액이 ₩300일 경우, 수익과 관련돼서 유입된 금액은 ₩1,700이 된다. 이에 따라 손익계산서에 계상된 매출수익 ₩2,000과 유입액 ₩1,700의 차액 ₩300 즉, 선수금의 감소액 ₩300은 영업활동 현금흐름을 계산하기 위해 당기순이익에서 차감시키게 된다.

④ 선수수익의 감소

선수수익이 기초에 비해 기말의 잔액이 감소했다는 것은 그 만큼 손익계산서에 계상된 수익보다 수익대금으로의 유입액이 감소되었다는 의미이다. 그러나 수익대금으로의 유입액보다 증가한 수익계상액 만큼은 당기순이익을 증가시켰으나, 현금이 수반되지 않았기 때문에 영업활동 현금흐름을 계산하기 위해서는 당기순이익에서 차감된다.

예를 들어 선수이자의 기초잔액이 ₩600, 당기 이자수익 계상액이 ₩2,000, 기말잔액이 ₩300일 경우, 이자수익으로의 유입액은 ₩1,700이 된다. 따

라서 손익계산서에 계상된 이자수익 ₩2,000보다 ₩300 적은 ₩1,700의 이자수익이 유입된다. 이에 따라 유입된 이자수익을 기준으로 하였을 때, 손익계산서에 계상된 이자수익 ₩2,000과 유입액 ₩1,700의 차액 ₩300 즉, 선수이자의 감소액 ₩300 만큼은 현금 유입이 수반되지 않은 수익을 계상해서 당기순이익을 증가시킨 셈이기 때문에 당기순이익에서 차감된다.

5) 영업활동 현금흐름 산출 간편법

손익계산서상 당기순손익을 영업활동 현금흐름으로 보다 간편하고 쉽게 전환하기 위해서 조정표를 이용할 수 있는데, 이에 대한 조정표는 다음 <표 6—6>와 같다.

〈표 6—6〉 **발생주의 당기순이익과 현금주의 순이익간의 조정표**

조 정 표	
현금주의 순이익(?)	
매출채권 증가	매출채권 감소
재고자산 증가	재고자산 감소
선급금 증가	선급금 감소
매입채무 감소	매입채무 증가
선수금 감소	선수금 증가
선급비용 증가	선급비용 감소
미지급비용 감소	미지급비용 증가
미수수익 증가	미수수익 감소
선수수익 감소	선수수익 증가
현금수입이 없는 수익이나 이득[1]	현금지출이 없는 비용이나 손실[2]
	발생주의 당기순이익

1) 단기매매금융자산평가이익, 유형자산・투자자산처분이익, 사채상환이익, 사채할증발행차금상각 등

2) 감가상각비, 무형자산상각비, 단기매매금융자산・재고자산평가손실, 투자자산・유형자산처분손실, 재해손실, 사채상환손실, 사채할인발행차금상각 등

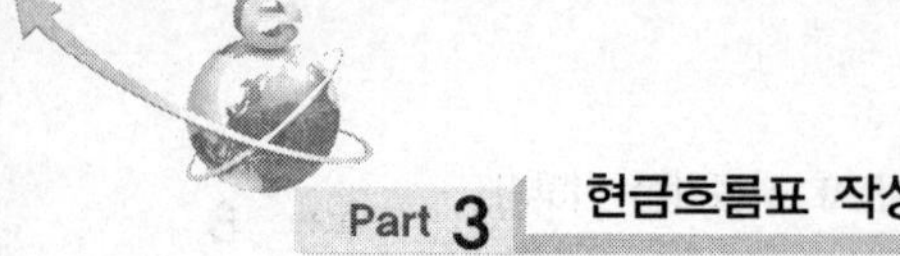

조정표에 대한 작성원리와 이용방법은 다음과 같다. 당기순이익은 자본의 증가액이므로 조정표 대변에, 현금주의순이익은 현금의 증가액이므로 조정표의 차변에 기입한다. 영업수익(이자수익과 배당금수익 포함) 및 영업비용(이자비용과 법인세비용 포함)과 관련하여 발생한 자산(매출채권 · 미수수익 등)의 증가액과 부채(매입채무 · 미지급비용 등)의 감소액은 조정표 차변에, 자산의 감소액과 부채의 증가액은 조정표 대변에 기입한다. 그리고 현금지출이 없는 비용은 당기순이익에 가산하기 위하여 조정표의 대변에, 이득은 당기순이익에서 차감하기 위해 조정표의 차변에, 손실은 당기순이익에 가산하기 위해 조정표의 대변에 기입하면 조정표의 양변합계가 같게 된다.

예제 6-2 영업활동 현금흐름의 산출

손익계산서상 당기순이익은 ₩500,000이고 비교재무상태표를 이용하여 산출한 관련계정의 증감액과 손익계산서상 이득과 손실계정은 다음과 같다고 하자.

① 재무상태표상 관련계정의 증감액

매출채권의 증가액	₩20,000
재고자산의 감소액	10,000
매입채무의 증가액	15,000
미수수익의 증가액	25,000
선수수익의 증가액	10,000
선급비용의 감소액	20,000
미지급비용의 감소액	25,000
미지급법인세 증가액	15,000

② 손익계산서상 이득과 손실

단기매매금융자산처분손실	₩30,000
유형자산처분이익	50,000
사채상환손실	40,000

이상의 자료를 이용하여 조정표에 의한 영업활동 현금흐름을 산출하면 다음과 같다.

조정표

영업활동 현금흐름(?)	520,000	재고자산의 감소액	10,000
매출채권의 증가액	20,000	매입채무의 증가액	15,000
미수수익의 증가액	25,000	선수수익의 증가액	10,000
미지급비용의 감소액	25,000	선급비용의 감소액	20,000
유형자산처분이익	50,000	미지급법인세 증가액	15,000
		단기매매증권처분손실	30,000
		사채상환손실	40,000
		당기순이익	500,000

7. 현금흐름표의 작성방법: 간접법(국제회계기준)

국제회계기준에 의한 간접법은 포괄손익계산서상 법인세비용차감전순이익에 현금의 유출이 없는 비용 등은 가산하고 현금의 유입이 없는 수익 등은 차감하며, 영업활동과 관련된 자산·부채의 증감액을 가감하여 **영업활동 현금흐름**을 산출하고, 여기에다 이자(영업활동으로 분류하는 경우)와 법인세지급액을 차감하는 것으로, 이는 포괄손익계산서상 발생기준의 당기순

이익을 현금기준 순이익 즉, 영업활동 현금흐름으로 전환시키는 방법이다.

발생기준 순이익을 현금기준 순이익으로 전환시키기 위한 과정을 도표로 정리하면 다음과 같다.

법인세비용차감전순이익

가 산 항 목	차 감 항 목
① 현금의 유출이 없는 비용 감가상각비 무형자산상각비 · 손상차손 등 ② 투자활동과 재무활동으로 인한 비용 투자 · 유형자산처분손실 사채상환손실 · 이자비용 등 ③ 영업활동으로 인한 자산·부채의 변동 (자산의 감소 : 기초잔액>기말잔액) 매출채권의 감소 재고자산의 감소 등 (부채의 증가 : 기초잔액<기말잔액) 매입채무의 증가 등	① 현금의 유입이 없는 수익 단기금융자산평가이익 ② 투자활동과 재무활동으로 인한 수익 투자 · 유형자산처분이익 등 사채상환이익 등 ③ 영업활동으로 인한 자산·부채의 변동 (자산의 증가 : 기초잔액<기말잔액) 매출채권의 증가 재고자산의 증가 등 (부채의 감소 : 기초잔액>기말잔액) 매입채무의 감소 등

영업에서 창출된 현금흐름
\+ 이자수취액*
\+ 배당금수취액*
−이자지급액*
−법인세지급액

영업활동 현금흐름
(현금기준 순이익)

* 영업활동으로 분류하는 것으로 가정한 경우임

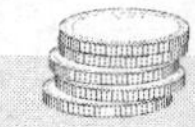

8. 현금흐름표의 작성사례

1) 현금흐름표(간접법) 작성사례 1

현금흐름표의 작성을 이해하기 쉽도록 먼저 서비스업종의 소규모 회사에 대한 단순한 예제를 통해 설명하고자 한다.

▌제1차 사업연도의 현금흐름표 작성

경영컨설팅을 사업목적으로 하는 회사를 20×8년 1월 1일에 설립하였다고 가정하자. 이 회사는 보통주 발행대금 ₩50,000을 출자하여 설립되었으며, 결산일 현재의 재무상태표와 손익계산서 및 추가정보가 다음과 같이 주어져 있다.

비교재무상태표

20×8년 12월 31일

	당 기	전 기	증감액
현 금	34,000	0	34,000
매출채권	30,000	0	30,000
비 품	10,000	0	10,000
자산합계	74,000	0	
미지급비용	4,000	0	4,000
보통주자본금	50,000	0	50,000
이익잉여금	20,000	0	20,000
부채와자본합계	74,000	0	

손익계산서

20×8.1.1 - 20×8년 12. 31

매출액	85,000
판매비와 관리비	40,000
법인세차감전순이익	45,000
법인세비용	10,000
당기순이익	35,000

추가정보

1) 금년에 배당금 15,000을 선언하고 지급하였다.
2) 유형자산은 기말에 구입하였으며, 이에 따라 감가상각비는 계상하지 않았다.

현금흐름표의 작성절차를 설명하면 다음과 같다.

• 1단계 : 현금의 증감액 계산

현금흐름표를 작성하기 위한 1단계는 현금의 증감액을 계산하는 것이다. 현금흐름표는 계산된 현금증감액을 3가지 활동 즉, 영업활동, 투자활동 및 재무활동으로 구분해서 자세하게 보고하는 재무제표인 것이다. 이 회사의 현금은 사업이 시작된 기초시점에는 ₩0이었으며, 기말에는 ₩34,000을 계상하고 있기 때문에 결국 1년 동안 ₩34,000이 증가된 것을 알 수 있다.

	당 기	전 기	증감액
현 금	34,000	0	34,000 증가

• 2단계 : 영업활동 현금흐름계산

간접법에 따른 영업활동 현금흐름을 계산하기 위해서는 당기순이익에 대해 현금에 영향을 끼치지 않은 항목을 조정하게 된다. 영업활동 현금흐

름을 계산하는 유용한 출발점은 당기순이익이 조정되는 이유를 이해하는 것이다. 일반적으로 인정된 회계원칙에서, 대부분의 회사들은 발생주의 회계원칙을 따르게 된다. 발생주의 회계원칙에 의하면 수익은 가득된 시점에, 비용은 발생된 시점에 각각 수익과 비용으로 장부에 계상하도록 되어 있다. 가득된 수익에는 현금으로 회수되지 않은 외상매출액이 포함되게 되며, 발생된 비용에는 아직 현금으로 지급되지 않은 비용이 포함되게 된다. 발생주의 회계에서는 당기순이익이 영업활동 현금흐름을 의미하지 않는다. 따라서 간접법에서는 당기순이익이 현금주의에 따라 조정되지 않으면 안 된다.

간접법은 당기순이익에서 출발해서 이를 영업활동 현금흐름으로 전환시키게 된다. 다시 말해 간접법은 당기순이익에는 영향을 미쳤지만 현금에는 영향을 미치지 않은 항목들을 당기순이익에 대해 조정하는 방법이다. 즉, 손익계산서 상의 비현금비용항목은 당기순이익에 다시 가산을 하고, 비현금수익은 다시 차감시키며, 또한 현금 이외의 영업활동과 관련된 유동자산과 유동부채의 증감액을 가감해서 영업활동 현금흐름을 계산하는 것이다.

사례의 회사는 첫 해의 사업연도에 비현금비용과 비현금수익항목은 계상되고 있지 않다. 따라서 현금 이외의 영업활동과 관련된 유동자산과 유동부채에 대해 현금에 대한 영향을 분석하여 조정하면 된다.

(가) 매출채권의 증가

이 회사의 매출채권을 보면 기초시점에는 ₩0이었으며, 기말에는 ₩30,000을 계상하고 있기 때문에 결국 1년 동안 ₩30,000이 증가된 것을 알 수 있다.

	당 기	전 기	증감액
매출채권	30,000	0	30,000 증가

매출채권의 증가는 손익계산서에 계상된 매출액이 현금주의로 계산한 매출액보다 많다는 것을 의미한다. 즉 당기의 매출액 ₩85,000에서 매출채

권의 증가액 ₩30,000을 차감한 잔액인 ₩55,000이 현금으로 회수된 매출액인 것이다. 따라서 매출채권의 증가액 ₩30,000은 현금의 유입이 수반되지 않으면서 당기순이익에 반영되어 있기 때문에 당기순이익에서 매출채권의 증가액 ₩30,000 만큼을 다시 차감해주어야 현금으로 회수된 매출액 ₩55,000으로 전환되게 된다.

(나) 미지급비용의 증가

이 회사의 미지급비용을 보면 기초시점에는 ₩0이었으며, 기말에는 ₩4,000을 계상하고 있기 때문에 결국 1년 동안 ₩4,000이 증가된 것을 알 수 있다.

	당 기	전 기	증감액
미지급비용	4,000	0	4,000 증가

미지급비용의 증가는 손익계산서에 계상된 비용이 현금으로 지출된 비용보다 많다는 것을 의미한다. 즉 당기의 영업비인 판매비와 관리비 ₩40,000에서 미지급비용의 증가액 ₩4,000을 차감한 잔액인 ₩35,000이 현금으로 지출된 비용인 것이다. 따라서 미지급비용의 증가액 ₩4,000은 현금의 유출이 수반되지 않으면서 당기순이익을 그 만큼 감소시켰기 때문에 당기순이익에다 미지급비용의 증가액 ₩4,000 만큼을 다시 증가시켜주어야 현금으로 지출된 비용 ₩35,000으로 전환되게 된다.

(다)영업활동 현금흐름의 계산

사례회사의 경우 당기순이익에 조정항목 2가지를 반영하면 다음과 같이 영업활동 현금흐름을 계산할 수 있게 된다.

당기순이익	35,000
가감항목	
매출채권의 증가	(30,000)
미지급비용의 증가	4,000
영업활동 현금흐름	9,000

• 3단계 : 투자활동 현금흐름

투자활동 현금흐름을 계산하기 위해서는 재무상태표의 비유동자산의 증감액을 분석해야 한다. 사례회사의 비유동자산은 비품 한 가지가 있으며, 기말 현재 ₩10,000 증가로 나타나고 있다.

	당 기	전 기	증감액
비 품	10,000	0	10,000 증가

비품 ₩10,000의 증가에 대해서 별도의 추가적인 설명이 없으면 그 증가는 현금과 관련된 것으로 보면 된다. 따라서 비품 ₩10,000의 증가는 기중에 비품을 ₩10,000에 현금구입한 것으로 보면 된다. 이를 분개로 나타내면 다음과 같다.

(차) 비 품 10,000 (대) 현 금(또는 투자현금) 10,000
(투자활동 : 현금유출)

따라서 비품의 현금 구입액 ₩10,000은 투자활동 부분의 현금유출로 보고되게 된다.

• 4단계 : 재무활동 현금흐름

재무활동 현금흐름을 계산하기 위해서는 재무상태표의 장단기 차입부채

와 자본계정의 증감액을 분석해야 한다. 사례회사의 차입부채는 없고 보통주 자본금과 이익잉여금이 있다. 보통주자본금은 기말 현재 ₩50,000 증가로 나타나고 있다.

	당 기	전 기	증감액
보통주자본금	50,000	0	50,000 증가

보통주 자본금 ₩50,000의 증가에 대해서 별도의 추가적인 설명이 없으면 그 증가는 현금과 관련된 것으로 보면 된다. 따라서 보통주 자본금 ₩50,000의 증가는 기중에 보통주 발행대금 ₩50,000이 현금 납입된 것으로 보면 된다. 이를 분개로 나타내면 다음과 같다.

(차) 현 금(또는 재무현금) 50,000 (대) 보통주자본금 50,000
(재무활동 : 현금유입)

따라서 보통주 자본금 ₩50,000 증가는 재무활동 부분의 현금유입에 보고되게 된다.

이익잉여금은 기말 현재 ₩20,000 증가로 나타나고 있다.

	당 기	전 기	증감액
이익잉여금	20,000	0	20,000 증가

이익잉여금계정의 ₩20,000 증가에 대해서는 당기순이익과 배당금에 대한 추가적인 정보를 통해서 그 원인을 파악할 수 있다. 즉 당기순이익 ₩35,000이 이익잉여금을 증가시켰으며, 배당금 선언 및 지급액 ₩15,000이 이익잉여금을 감소시킨 결과 이익잉여금의 잔액이 ₩20,000 증가하게 된 것이다.

당기순이익 ₩35,000은 영업활동 현금흐름계산에 이미 반영이 되었으며, 배당금 지급액 ₩15,000 만이 재무활동의 현금유출로 보고되게 된다.

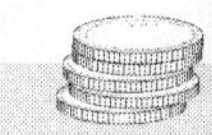

(차) 미지급배당금 15,000 (대) 현 금(또는 재무현금) 15,000
(재무활동 : 현금유출)

• 5단계 : 현금흐름표(간접법: 일반기업회계기준) 작성

지금까지 분석한 내용을 반영해서 현금흐름표를 작성하면 다음과 같다.

현금흐름표

20×8.1.1 ~ 20×8.12.31

영업활동 현금흐름		9,000
당기순이익	35,000	
가감항목		
매출채권의 증가	(30,000)	
미지급비용의 증가	4,000	
투자활동 현금흐름		(10,000)
유형자산의 구입	(10,000)	
재무활동 현금흐름		35,000
보통주발행	50,000	
배당금 지급	(15,000)	
현금의 증가		34,000
기초의 현금		0
기말의 현금		34,000

이 회사의 20×8년도 현금흐름표에서는 영업활동에서 ₩9,000을 창출하였으며, 투자활동에서는 ₩10,000이 유출(또는 사용)되었고, 재무활동에서는 ₩35,000이 유입되었음을 보여주고 있다. 한편 현금흐름표상의 현금 증가액 ₩34,000은 비교재무상태표상의 현금증가액과 일치되고 있음을 확인할 수 있다.

현금흐름표(간접법)를 국제회계기준에 따라 작성하는 경우 영업활동 현금흐름 부분은 다음과 같이 표시된다.

현금흐름표
20×8.1.1 ~ 20×8.12.31

영업활동 현금흐름		9,000
법인세차감전순이익	45,000	
가감항목		
매출채권의 증가	(30,000)	
미지급비용의 증가	4,000	
영업에서 창출된 현금흐름	19,000	
법인세 납부액	(10,000)	

▌제2차 사업연도의 현금흐름표 작성

제2차 사업연도인 20×9년의 비교재무상태표와 손익계산서 및 관련 추가정보는 다음과 같다.

비교재무상태표
20×9년 12월 31일

	당 기	전 기	증감액
현 금	56,000	34,000	22,000
매출채권	20,000	30,000	(10,000)
선급비용	4,000	0	4,000
토 지	130,000	0	130,000
건 물	160,000	0	160,000
건물감가누계액	(11,000)	0	11,000
비 품	27,000	10,000	17,000
비품감가상각누계액	(3,000)	0	3,000
자산합계	383,000	74,000	
미지급비용	59,000	4,000	55,000
장기차입금	130,000	0	130,000
보통주자본금	50,000	50,000	50,000
이익잉여금	144,000	20,000	124,000
부채와자본합계	383,000	74,000	

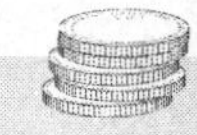

<u>손익계산서</u>

20×9.1.1 ~ 20×9년 12. 31

매출액	507,000
판매비와 관리비	276,000
(감가상각비 ₩15,000 포함)	
영업이익	231,000
유형자산처분손실	3,000
법인세차감전순이익	228,000
법인세비용	89,000
당기순이익	139,000

추가정보

1) 금년에 배당금 ₩15,000을 선언하고 지급하였다.
2) ₩130,000을 장기차입해서 토지를 구입하였다.
3) 사무실건물과 비품을 각각 ₩160,000과 ₩25,000에 구입하였다.
4) 취득원가가 ₩8,000이고 감가상각누계액이 ₩1,000인 비품을 ₩4,000에 매각하였다.

• 1단계 : 현금증감액의 계산

이 회사의 현금은 2차 연도사업이 시작된 기초시점에는 ₩34,000이었으며, 기말에는 ₩56,000을 계상하고 있기 때문에 결국 1년 동안 ₩22,000이 증가된 것을 알 수 있다.

	당 기	전 기	증감액
현 금	56,000	34,000	22,000 증가

• 2단계 : 영업활동 현금흐름계산

1차 사업연도처럼 간접법에 따른 영업활동 현금흐름을 계산하기 위해서는 당기순이익에 대해 현금에 영향을 끼치지 않은 항목을 조정하게 된다.

이 회사는 2차 사업연도에 들어오면서 첫 해의 사업연도와는 달리 비현금비용항목이 계상되고 있다. 따라서 이 부분에 대한 조정이 필요하게 된다. 한편 현금 이외의 영업활동과 관련된 유동자산과 유동부채에 대해 현금에 대한 영향을 분석하여 조정하는 것은 1차 사업연도와 같다.

(가) 매출채권의 감소

이 회사의 매출채권을 보면 기초시점에는 ₩30,000이었으며, 기말에는 ₩20,000을 계상하고 있기 때문에 결국 1년 동안 ₩10,000이 감소된 것을 알 수 있다.

	당 기	전 기	증감액
매출채권	20,000	30,000	10,000 증가

매출채권의 감소는 손익계산서에 계상된 매출액이 현금주의로 계산한 매출액보다 적다는 것을 의미한다. 따라서 매출채권의 감소액 ₩10,000은 현금의 유입이 수반되면서 당기순이익에 반영되지 않았기 때문에 당기순이익에서 매출채권의 감소액 ₩10,000 만큼을 가산해주어야 현금주의 순이익으로 전환되게 된다.

(나) 선급비용의 증가

이 회사의 선급비용을 보면 기초시점에는 ₩0이었으며, 기말에는 ₩4,000을 계상하고 있기 때문에 결국 1년 동안 ₩4,000이 증가된 것을 알 수 있다.

	당 기	전 기	증감액
선급비용	4,000	0	4,000 증가

선급비용의 증가는 손익계산서에 계상된 비용보다 현금으로 지출된 금액이 더 많기 때문에 발생한다. 따라서 선급비용의 증가액 ₩4,000은 현금의 유출이 수반되었지만, 비용으로는 계상되지 않은 부분임을 의미한다. 이에 따라 당기순이익이 그 만큼 증가된 것으로 계산되기 때문에 당기순이익에서 선급비용의 증가액 ₩4,000 만큼을 다시 차감시켜주어야 현금으로

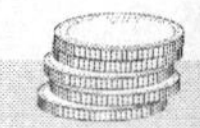

지출된 비용이 반영되는 결과로 전환되게 된다.

(다) 미지급비용의 증가

이 회사의 미지급비용을 보면 기초시점에는 ₩4,000이었으며, 기말에는 ₩59,000을 계상하고 있기 때문에 결국 1년 동안 ₩55,000이 증가된 것을 알 수 있다.

	당 기	전 기	증감액
미지급비용	59,000	4,000	55,000 증가

미지급비용의 증가는 손익계산서에 계상된 비용이 현금으로 지출된 비용보다 많다는 것을 의미한다. 따라서 미지급비용의 증가액 ₩55,000은 현금의 유출이 수반되지 않으면서 당기순이익을 그 만큼 감소시켰기 때문에 당기순이익에다 미지급비용의 증가액 ₩55,000 만큼을 다시 가산시켜주어야 현금으로 지출된 비용이 반영되는 결과로 전환되게 된다.

(라) 감가상각비

이 회사는 2차 사업연도에 감가상각비를 ₩15,000 계상하고 있다. 감가상각비는 비현금지출비용이면서 비용으로 계상되어 당기순이익을 그 만큼 감소시키고 있다. 그러나 현금주의 에 따르며 현금지출이 수반되지 않은 비용은 당기비용으로 처리하지 않기 때문에 감가상각비는 비용이 되지 않으며, 이에 따라 현금주의 순이익은 감가상각비만큼 증가된 것으로 나타나게 된다. 이렇게 되도록 하기 위해서는 발생주의에 따른 손익계산서상의 당기순이익에 감가상각비를 가산하면 된다.

(마) 유형자산처분손실

손익계산서상에 계상된 유형자산처분손실 ₩3,000은 당기순이익을 그만큼 감소시키게 된다. 그러나 현금을 감소시키지는 않는다. 따라서 감가상

각비와 마찬가지로 당기순이익에 가산하여야 현금주의 순이익으로 전환되는 결과를 얻을 수 있다.

(바) 영업활동 현금흐름의 계산

사례회사의 경우 일반기업회계기준에 따라 당기순이익에 조정항목을 반영하면 다음과 같이 영업활동 현금흐름을 계산할 수 있게 된다.

당기순이익		139,000
가감항목		
감가상각비	15,000	
유형자산처분손실	3,000	
매출채권의 감소	10,000	
선급비용의 증가	(4,000)	
미지급비용의 증가	55,000	79,000
영업활동 현금흐름		218,000

• 3단계 : 투자활동 현금흐름

투자활동 현금흐름을 계산하기 위해서는 재무상태표의 비유동자산의 증감액을 분석해야 한다. 사례회사의 비유동자산은 토지, 건물 및 비품이 있다.

(가) 토지의 증가

토지는 기초의 ₩0에서 기말 현재 ₩130,000으로 ₩130,000증가로 나타나고 있다.

	당 기	전 기	증감액
토 지	130,000	0	130,000 증가

토지 ₩130,000의 증가는 차입을 통해 조달한 현금으로 구입한 것이다. 이를 분개로 나타내면 다음과 같다.

(차) 토 지 130,000 (대) 현 금(또는 투자현금) 130,000
(투자활동 : 현금유출)

따라서 토지의 현금 구입액 ₩130,000은 투자활동 부분의 현금유출로 보고되게 된다.

(나) 건물의 증가

건물은 기초의 ₩0에서 기말 현재 ₩160,000으로 ₩160,000증가로 나타나고 있다.

	당 기	전 기	증감액
건 물	160,000	0	160,000 증가

건물 ₩160,000의 증가는 현금으로 구입한 것이다. 이를 분개로 나타내면 다음과 같다.

(차) 건 물 160,000 (대) 현 금(또는 투자현금) 160,000
(투자활동 : 현금유출)

따라서 건물의 현금 구입액 ₩160,000은 투자활동 부분의 현금유출로 보고되게 된다.

(다) 비품의 증가

비품은 기초의 ₩10,000에서 기말 현재 ₩27,000으로 ₩17,000증가로 나타나고 있다.

	당 기	전 기	증감액
비 품	27,000	10,000	17,000 증가

비품 ₩17,000의 증가는 기중에 ₩25,000에 신규로 현금구입한 것과 원가가 ₩8,000이고 장부금액이 ₩7,000인 비품을 ₩4,000에 매각처분한 결과인 것이다. 먼저 신규구입한 비품의 분개는 다음과 같다.

(차) 비 품	25,000	(대) 현 금(또는 투자현금)	25,000
		(투자활동 : 현금유출)	

따라서 비품의 현금 구입액 ₩25,000은 투자활동 부분의 현금유출로 보고되게 된다.

한편 매각처분한 비품의 분개는 다음과 같다.

(차) 현 금(또는 투자현금)	4,000	(대) 비 품	8,000
감가상각누계액	1,000		
유형자산처분손실	3,000		

따라서 비품의 매각대금 ₩4,000은 투자활동 부분의 현금유입으로 보고되게 된다. 유형자산처분손실은 이미 영업활동부분에서 처리되었음을 유념하기 바란다.

(라) 투자활동 현금흐름 계산

지금까지 분석한 투자활동의 내용을 반영하면 다음과 같이 투자활동 현금흐름이 계산되게 된다.

투자활동	
토지의 구입	(130,000)
건물의 구입	(160,000)
비품의 구입	(25,000)
비품의 처분	4,000
투자활동 현금흐름	(311,000)

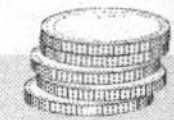

• 4단계 : 재무활동 현금흐름

재무활동 현금흐름을 계산하기 위해서는 재무상태표의 장단기 차입부채와 자본계정의 증감액을 분석해야 한다.

(가) 장기차입금의 증가

이 회사의 장기차입금은 기초 ₩0에서 기말 현재 ₩130,000의 증가로 나타나고 있다.

	당 기	전 기	증감액
장기차입금	130,000	0	130,000 증가

장기차입금 ₩130,000의 증가는 현금차입의 결과이다. 따라서 장기차입금을 분개로 나타내면 다음과 같다.

(차) 현 금(또는 재무현금) 130,000 (대) 장기차입금 130,000
(재무활동 : 현금유입)

따라서 장기차입금 ₩130,000 증가는 재무활동 부분의 현금유입에 보고되게 된다.

(나) 이익잉여금의 증가

이 회사의 이익잉여금은 기초 ₩20,000에서 기말 현재 ₩144,000으로 ₩124,000의 증가를 나타내고 있다.

	당 기	전 기	증감액
이익잉여금	144,000	20,000	124,000 증가

이익잉여금계정의 ₩124,000 증가에 대해서는 당기순이익과 배당금에

대한 추가적인 정보를 통해서 그 원인을 파악할 수 있다. 즉 당기순이익 ₩139,000이 이익잉여금을 증가시켰으며, 배당금 선언 및 지급액 ₩15,000이 이익잉여금을 감소시킨 결과 이익잉여금의 잔액이 ₩124,000 증가하게 된 것이다.

당기순이익 ₩139,000은 영업활동 현금흐름계산에 이미 반영이 되었으며, 배당금 지급액 ₩15,000 만이 재무활동의 현금유출로 보고되게 된다.

(차) 미지급배당금	15,000	(대) 현 금(또는 재무현금) (재무활동 : 현금유출)	15,000

(다) 재무활동 현금흐름 계산

지금까지 분석한 재무활동의 내용을 반영하면 다음과 같이 재무활동 현금흐름이 계산되게 된다.

재무활동	
장기차입금의 차입	130,000
배당금 지급	(15,000)
재무활동 현금흐름	115,000

• 5단계 : 현금흐름표(간접법) 작성

위의 분석 내용을 모두 반영해서 제2차 사업연도의 현금흐름표를 작성하면 다음과 같다.

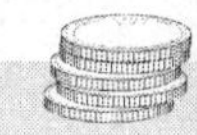

<u>현금흐름표(일반기업회계기준)</u>

20×9.1.1 ~ 20×9.12.31

영업활동 현금흐름		218,000
당기순이익	139,000	
가감항목		
감가상각비	15,000	
유형자산처분손실	3,000	
매출채권의 감소	10,000	
선급비용의 증가	(4,000)	
미지급비용의 증가	55,000	
투자활동 현금흐름		
토지의 구입	(130,000)	(311,000)
건물의 구입	(160,000)	
비품의 구입	(25,000)	
비품의 처분	4,000	
재무활동 현금흐름		115,000
장기차입금의 차입	130,000	
배당금 지급	(15,000)	
현금의 증가		22,000
기초의 현금		34,000
기말의 현금		56,000

<u>현금흐름표(국제회계기준)</u>

20×9.1.1 ~ 20×9.12.31

영업활동 현금흐름		218,000
법인세차감전순이익	228,000	
가감항목		
감가상각비	15,000	
유형자산처분손실	3,000	
매출채권의 감소	10,000	
선급비용의 증가	(4,000)	
미지급비용의 증가	55,000	
영업에서 창출된 현금흐름	307,000	
법인세납부액	(89,000)	

2) 현금흐름표(직접법과 간접법) 작성사례 2

앞의 예제보다 좀 더 복잡한 예제를 이용하여 현금흐름표의 작성방법을 설명하면 다음과 같다. 이 예제에서는 분개방식을 이용해서 현금흐름표 작성하는 방법을 설명하고 있는데, 이 방식을 익히면 현금흐름표를 쉽고 빠르게 작성할 수 있게 될 것이다.

(1) 비교재무상태표

비교재무상태표

(주)미래

계정과목	기초잔액	기말잔액	계정과목	기초잔액	기말잔액
현　　금	2,000	4,000	매입채무	10,000	15,000
당좌예금	8,000	10,000	단기차입금	30,000	50,000
매출채권	10,000	15,000	감가상각누계액	5,000	6,000
상　　품	10,000	20,000	미지급이자	0	500
유형자산	120,000	130,000	자 본 금	100,000	100,000
			이익잉여금	5,000	7,500
	150,000	179,000		150,000	179,000

(2) 손익계산서

손익계산서

(주)미래

매출원가	10,000	매 출 액	15,000
관 리 비	2,000	유형자산처분이익	2,000
감가상각비	1,000		
이자비용	1,500		
당기순이익	2,500		
	17,000		17,000

(3) 추가정보

① 원가 ₩10,000의 유형자산(토지)을 ₩12,000에 현금처분하다.

② 유형자산(차량)을 ₩20,000에 현금 구입하다.

③ 현금 ₩50,000을 단기차입하다.

④ 이자지급은 영업활동으로 분류한다.

이상의 자료를 이용하여 현금흐름표를 작성하면 다음과 같다.

(가) 직접법

① 영업활동 현금흐름 산출

매출채권

차변	금액	대변	금액
기초잔액	10,000	현금회수액	10,000
매출액	15,000	기말잔액	15,000

상품

차변	금액	대변	금액
기초잔액	10,000	매출원가	10,000
매입액	20,000	기말잔액	20,000

관리비

차변	금액	대변	금액
기초선급액	0	비용계상액	2,000
현금지급액	2,000	기말선급액	0

매입채무

차변	금액	대변	금액
현금지급액	15,000	기초잔액	10,000
기말잔액	15,000	매입액	20,000

이자비용

차변	금액	대변	금액
현금지급액	1,000	기초미지급	0
기말미지급	500	비용계상액	1,500

② 투자활동과 재무활동 현금흐름액 산출

비교재무상태표에서 투자활동과 재무활동으로 인하여 발생한 자산·부채·자본계정은 유형자산·단기차입금·감가상각누계액·자본금·이익잉여금이다.

추가정보에 의한 증감원인을 확인하기 위하여 증감액을 2단 T계정 상단에 증감위치별로 기입하면 다음과 같다.

유 형 자 산

	10,000		
②	20,000	①	10,000

단기차입금

			20,000
④	30,000	③	50,000

감가상각누계액

			1,000
		⑤	1,000

자 본 금

			0

이익잉여금

			2,500
		⑥	2,500

2단 T계정에 증감액을 기입한 후 추가정보를 분개하면서 활동별 현금흐름을 다음과 같이 표시하고 2단 T계정에 표시된 관련계정의 하단에 금액만을 전기한다.

①	(차) 현 금(투자)	12,000	(대) 유형자산	10,000
			유형자산처분이익	2,000
②	(차) 유형자산	20,000	(대) 현 금(투자)	20,000
③	(차) 현 금(재무)	50,000	(대) 단기차입금	50,000

추가정보의 분석 후 2단 T계정의 증감액 중 설명이 안 된 계정(차입금 · 감가상각누계액 · 자본금 · 이익잉여금)은 일반 거래로 간주하여 다음과 같이 분개하여 해당계정에 전기한다.

④ (차) 단기차입금 30,000 (대) 현 금(재무) 30,000
⑤ (차) 감가상각비 1,000 (대) 감가상각누계액 1,000
⑥ (차) 손 익 2,500 (대) 이익잉여금 2,500

이익잉여금의 증가원인은 당기순이익이고 당기순이익은 집합손익계정에서 대체된다.

이상에서 설명한 내용을 이용하여 현금흐름표를 작성하면 다음과 같다.

현금흐름표

(주)미래 20×8. 10. 1~10. 31 (단위 : 원)

Ⅰ. 영업활동 현금흐름			(8,000)
1. 매출 등 수익활동으로부터의 유입액		10,000	
2. 공급자 및 종업원에 대한 유출액		(15,000)	
3. 관리비 유출액		(2,000)	
4. 이자비용 유출액		(1,000)	
Ⅱ. 투자활동 현금흐름			(8,000)
1. 투자활동으로 인한 현금유입액		12,000	
유형자산의 처분	12,000		
2. 투자활동으로 인한 현금유출액		(20,000)	
유형자산의 취득	20,000		
Ⅲ. 재무활동 현금흐름			20,000
1. 재무활동으로 인한 현금유입액		50,000	
단기차입금의 차입	50,000		
2. 재무활동으로 인한 현금유출액		(30,000)	
단기차입금의 상환	30,000		
Ⅳ. 현금의 증가			4,000
Ⅴ. 기초의 현금			10,000
Ⅵ. 기말의 현금			14,000

(나) 간접법

간접법에 의한 현금흐름표의 작성과정은 영업활동 현금흐름의 산출과정을 제외하곤 직접법과 같다. 영업활동 현금흐름의 산출과정은 다음과 같다. 먼저 포괄손익계산서에서 법인세비용차감전순이익에 가감하여야 할 항목을 정리한다. 본 예제에서는 감가상각비와 이자비용 및 유형자산처분이익이 이에 해당한다. 그리고 비교재무상태표상 영업활동과 관련된 자산과 부채의 증감액을 산출한다. 본 예제에서는 매출채권·상품·매입채무가 이에 해당한다. 마지막으로 이자지급액을 산출하는데, 이는 직접법에서 계산한 것과 동일하다.

이후 직접법과 마찬가지로 투자활동과 재무활동 현금흐름을 산출하고 이들을 현금흐름표에 정리한다. 이때 현금흐름표상 영업활동 현금흐름은 먼저 법인세비용차감전순이익을 계상한 후 법인세비용차감전순이익에 가산할 항목과 차감할 항목을 기입한다.

간접법에 의한 현금흐름표를 작성하면 다음과 같다.

<u>현금흐름표</u>

(주)미래	20×8. 10. 1~10. 31		(단위 : 원)
Ⅰ.영업활동 현금흐름			(8,000)
1. 법인세비용차감전순이익		2,500	
2. 현금의 유출없는 비용 등의 가산		2,500	
감가상각비	1,000		
이자비용	1,500		
3. 현금유입이 없는 수익 등의 차감		(2,000)	
유형자산처분이익	2,000		
4. 영업활동 관련 자산·부채의 변동		(10,000)	
매출채권의 증가	(5,000)		
상품의 증가	(10,000)		
매입채무의 증가	5,000		
영업에서 창출된 현금흐름		(7,000)	

5. 이자지급액		(1,000)	
Ⅱ. 투자활동 현금흐름			(8,000)
1. 투자활동으로 인한 현금유입액		12,000	
유형자산의 처분	12,000		
2. 투자활동으로 인한 현금유출액		(20,000)	
유형자산의 취득	20,000		
Ⅲ. 재무활동 현금흐름			20,000
1. 재무활동으로 인한 현금유입액		50,000	
단기차입금의 차입	50,000		
2. 재무활동으로 인한 현금유출액		(30,000)	
단기차입금의 상환	30,000		
Ⅳ. 현금의 증가			4,000
Ⅴ. 기초의 현금			10,000
Ⅵ. 기말의 현금			14,000

3) 현금흐름표(직접법과 간접법) 작성사례 3

1) 단기투자자산이 단기매매금융자산인 경우: 영업활동

(1) 비교재무상태표

비교재무상태표

(주)미래

계정과목	기초잔액	기말잔액	계정과목	기초잔액	기말잔액
현 금	2,000	4,000	매입채무	10,000	15,000
단기투자자산	8,000	10,000	단기차입금	30,000	50,000
매출채권	10,000	15,000	감가상각누계액	5,000	6,000
상 품	10,000	20,000	미지급이자	0	500
유형자산	120,000	130,000	자 본 금	100,000	100,000
			이익잉여금	5,000	7,500
	150,000	179,000		150,000	179,000

(2) 손익계산서

손익계산서

(주)미래

매출원가	10,000	매 출 액	15,000
관 리 비	2,000	유형자산처분이익	2,000
감가상각비	1,000	단기투자자산평가이익	1,000
이자비용	1,500		
법인세비용	1,000		
당기순이익	2,500		
	18,000		18,000

(3) 추가정보

① 단기투자자산(단기매매금융자산)을 ₩1,000에 현금 구입하다.

② 원가 ₩10,000의 유형자산(토지)을 ₩12,000에 현금처분하다.

③ 유형자산(차량)을 ₩20,000에 현금 구입하다.

④ 현금 ₩50,000을 단기차입하다.

⑤ 이자지급액은 영업활동으로 분류한다.

이상의 자료를 이용하여 현금흐름표를 작성하면 다음과 같다.

(가) 직접법

① 영업활동 현금흐름 산출

매 출 채 권

기초잔액	10,000	현금회수액	10,000
매 출 액	15,000	기 말 잔 액	15,000

상 품

기초잔액	10,000	매출원가	10,000
매 입 액	20,000	기말잔액	20,000

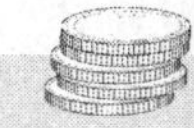

단기투자자산

차변		대변	
기초잔액	8,000		
평가이익	1,000		
현금지급액	1,000	기말잔액	10,000

매 입 채 무

차변		대변	
현금지급액	15,000	기 초 잔 액	10,000
기 말 잔 액	15,000	매 입 액	20,000

관 리 비

차변		대변	
기초선급액	0	비용계상액	2,000
현금지급액	2,000	기말선급액	0

이 자 비 용

차변		대변	
현금지급액	1,000	기초미지급	0
기말미지급	500	비용계상액	1,500

법 인 세 비 용

차변		대변	
현금지급액	1,000	기초미지급	0
기말미지급	0	비용계상액	1,000

② 투자활동과 재무활동 현금흐름액 산출

비교재무상태표에서 투자활동과 재무활동으로 인하여 발생한 자산・부채・자본계정은 유형자산・단기차입금・감가상각누계액・자본금・이익잉여금이다.

추가정보에 의한 증감원인을 확인하기 위하여 증감액을 2단 T계정 상단에 증감위치별로 기입하면 다음과 같다.

유 형 자 산

차변		대변	
	10,000		
②	20,000	①	10,000

단기차입금

			20,000
④	30,000	③	50,000

감가상각누계액

			1,000
		⑤	1,000

자 본 금

	0

이익잉여금

			2,500
		⑥	2,500

2단 T계정에 증감액을 기입한 후 추가정보를 분개하면서 활동별 현금흐름을 다음과 같이 표시하고 2단 T계정에 표시된 관련계정의 하단에 금액만을 전기한다.

① (차)	현 금(투자)	12,000	(대) 유형자산	10,000
			유형자산처분이익	2,000
② (차)	유형자산	20,000	(대) 현 금(투자)	20,000
③ (차)	현 금(재무)	50,000	(대) 단기차입금	50,000

추가정보의 분석 후 2단 T계정의 증감액 중 설명이 안 된 계정(차입금·감가상각누계액·자본금·이익잉여금)은 일반 거래로 간주하여 다음과 같이 분개하여 해당계정에 전기한다.

④ (차)	단기차입금	30,000	(대) 현 금(재무)	30,000
⑤ (차)	감가상각비	1,000	(대) 감가상각누계액	1,000
⑥ (차)	손 익	2,500	(대) 이익잉여금	2,500

이익잉여금의 증가원인은 당기순이익이고 당기순이익은 집합손익계정에서 대체된다.

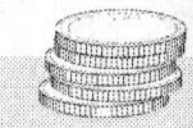

이상에서 설명한 내용을 이용하여 현금흐름표를 작성하면 다음과 같다.

현금흐름표

(주)미래	20×8. 10. 1~10. 31		(단위 : 원)
Ⅰ. 영업활동 현금흐름			(10,000)
1. 매출 등 수익활동으로부터의 유입액		10,000	
2. 공급자 및 종업원에 대한 유출액		(15,000)	
3. 관리비 유출액		(2,000)	
4. 단기투자자산구입액		(1,000)	
영업에서 창출된 현금흐름		(8,000)	
5. 이자지급액		(1,000)	
6. 법인세지급액		(1,000)	
Ⅱ. 투자활동 현금흐름			(8,000)
1. 투자활동으로 인한 현금유입액		12,000	
유형자산의 처분	12,000		
2. 투자활동으로 인한 현금유출액		(20,000)	
유형자산의 취득	20,000		
Ⅲ. 재무활동 현금흐름			20,000
1. 재무활동으로 인한 현금유입액		50,000	
단기차입금의 차입	50,000		
2. 재무활동으로 인한 현금유출액		(30,000)	
단기차입금의 상환	30,000		
Ⅳ. 현금의 증가			2,000
Ⅴ. 기초의 현금			2,000
Ⅵ. 기말의 현금			4,000

(나) 간접법

영업활동 현금흐름 산출항목 분개 및 분석

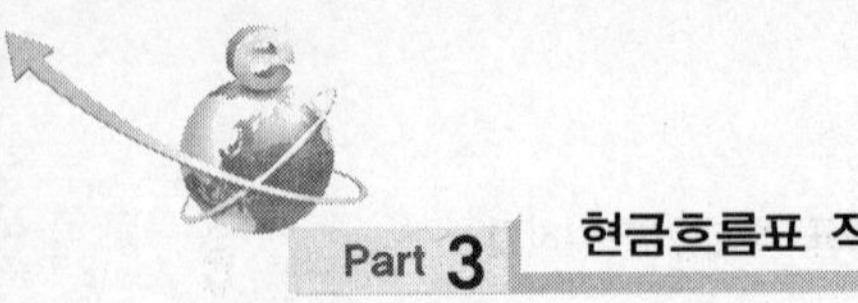

① (차) 감가상각비 1,000 (대) 감가상각누계액 1,000
(비현금지출비용: 당기순이익에 가산)

② (차) 이자비용 1,500 (대) 미지급이자 1,500
(비현금지출비용 : 당기순이익에 가산)

③ (차) 미지급이자 1,000 (대) 현 금 1,000
(이자지급액 : 당기순이익에서 차감)

④ (차) 법인세비용 1,000 (대) 미지급법인세 1,000
(비현금지출비용 : 당기순이익에 가산. 법인세비용차감전순이익에서 조정 시작되면 조정항목에서 제외함)

⑤ (차) 미지급법인세 1,000 (대) 현 금 1,000
(법인세지급액 : 당기순이익에서 차감)

⑥ (차) 단기투자자산 1,000 (대) 단기투자자산평가이익 1,000
(비현금수익: 당기순이익에서 차감)

⑦ (차) 단기투자자산 1,000 (대) 현 금 1,000
(단기투자자산 취득액 : 당기순이익에서 차감)

⑧ (차) 매 출 채 권 5,000 (대) 영업현금 5,000
(매출채권의 증가액 : 당기순이익에서 차감)

⑨ (차) 상 품 10,000 (대) 영업현금 10,000
(재고자산의 증가액 : 당기순이익에서 차감)

⑩ (차) 영업현금 5,000 (대) 매 입 채 무 5,000
(매입채무의 증가액 : 당기순이익에 가산)

투자활동과 재무활동에 관련된 항목

⑪ (차) 현 금(투자) 12,000 (대) 유형자산 10,000

		유형자산처분이익	2,000
		(유형자산처분이익: 투자활동과 영업활동에 중복계상 방지위해 당기순이익에서 차감)	
⑫ (차) 유형자산	20,000	(대) 현 금(투자)	20,000
⑬ (차) 현 금(재무)	50,000	(대) 단기차입금	50,000
⑭ (차) 단기차입금	30,000	(대) 현 금(재무)	30,000

위의 분석 내용을 토대로 간접법에 의한 현금흐름표를 작성하면 다음과 같다.

<u>현금흐름표</u>

(주)미래 20×8. 10. 1~10. 31 (단위 : 원)

Ⅰ. 영업활동 현금흐름			(10,000)
1. 법인세비용차감전순이익		3,500	
2. 현금유출이 없는 비용 등의 가산		2,500	
감가상각비	1,000		
이자비용	1,500		
3. 현금유입이 없는 수익 등의 차감		(3,000)	
단기투자자산평가이익	1,000		
유형자산처분이익	2,000		
4. 영업활동 관련 자산・부채의 변동		(11,000)	
매출채권의 증가	(5,000)		
상품의 증가	(10,000)		
매입채무의 증가	5,000		
단기투자자산 구입액	(1,000)		
영업에서 창출된 현금흐름		(8,000)	
이자지급액		(1,000)	
법인세지급액		(1,000)	
Ⅱ. 투자활동 현금흐름			(8,000)

1. 투자활동으로 인한 현금유입액		12,000	
유형자산의 처분	12,000		
2. 투자활동으로 인한 현금유출액		(20,000)	
유형자산의 취득	20,000		
Ⅲ. 재무활동 현금흐름			20,000
1. 재무활동으로 인한 현금유입액		50,000	
단기차입금의 차입	50,000		
2. 재무활동으로 인한 현금유출액		(30,000)	
단기차입금의 상환	30,000		
Ⅳ. 현금의 증가			2,000
Ⅴ. 기초의 현금			2,000
Ⅵ. 기말의 현금			4,000

2) 단기투자자산이 매도가능금융자산인 경우: 투자활동

(1) 비교재무상태표

비교재무상태표

(주)미래

계정과목	기초잔액	기말잔액	계정과목	기초잔액	기말잔액
현 금	2,000	4,000	매입채무	10,000	15,000
단기투자자산	8,000	10,000	단기차입금	30,000	50,000
매출채권	10,000	15,000	감가상각누계액	5,000	6,000
상 품	10,000	20,000	미지급이자	0	500
유형자산	120,000	130,000	자 본 금	100,000	100,000
			기타포괄손익	0	1,000
			이익잉여금	5,000	6,500
	150,000	179,000		150,000	179,000

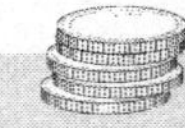

(2) 포괄손익계산서

포괄손익계산서

(주)미래

매출원가	10,000	매 출 액	15,000
관 리 비	2,000	유형자산처분이익	2,000
감가상각비	1,000		
이자비용	1,500		
법인세비용	1,000		
당기순이익	1,500		
	17,000		17,000
총포괄이익	2,500	당기순이익	1,500
		단기투자자산평가이익	1,000
	2,500		2,500

(3) 추가정보

① 단기투자자산(매도가능금융자산)을 ₩1,000에 현금 구입하다.
② 원가 ₩10,000의 유형자산(토지)을 ₩12,000에 현금처분하다.
③ 유형자산(차량)을 ₩20,000에 현금 구입하다.
④ 현금 ₩50,000을 단기차입하다.

• **직접법**

현금흐름표

(주)미래 20×8. 10. 1~10. 31 (단위 : 원)

Ⅰ. 영업활동 현금흐름		(9,000)
1. 매출 등 수익활동으로부터의 유입액	10,000	
2. 공급자 및 종업원에 대한 유출액	(15,000)	
3. 관리비 유출액	(2,000)	

영업활동창출 현금흐름		(7,000)	
4. 이자지급액		(1,000)	
5. 법인세지급액		(1,000)	
Ⅱ. 투자활동 현금흐름			(9,000)
1. 투자활동으로 인한 현금유입액		12,000	
유형자산의 처분	12,000		
2. 투자활동으로 인한 현금유출액		(21,000)	
단기투자자산의 취득	1,000		
유형자산의 취득	20,000		
Ⅲ. 재무활동 현금흐름			20,000
1. 재무활동으로 인한 현금유입액		50,000	
단기차입금의 차입	50,000		
2. 재무활동으로 인한 현금유출액		(30,000)	
단기차입금의 상환	30,000		
Ⅳ. 현금의 증가			2,000
Ⅴ. 기초의 현금			2,000
Ⅵ. 기말의 현금			4,000

- **간접법**

<u>현금흐름표</u>

(주)미래 20×8. 10. 1~10. 31 (단위 : 원)

Ⅰ. 영업활동 현금흐름			(9,000)
1. 법인세비용차감전순이익		2,500	
2. 현금의 유출없는 비용 등의 가산		2,500	
감가상각비	1,000		
이자비용	1,500		
3. 현금유입이 없는 수익 등의 차감		(2,000)	
유형자산처분이익	2,000		
4. 영업활동 관련 자산·부채의 변동		(10,000)	
매출채권의 증가	(5,000)		

상품의 증가	(10,000)		
매입채무의 증가	5,000		
영업에서 창출된 현금흐름		(7,000)	
이자지급액		(1,000)	
법인세지급액		(1,000)	
Ⅱ. 투자활동 현금흐름			(9,000)
1. 투자활동으로 인한 현금유입액		12,000	
유형자산의 처분	12,000		
2. 투자활동으로 인한 현금유출액		(21,000)	
유형자산의 취득	20,000		
단기투자자산 취득	1,000		
Ⅲ. 재무활동 현금흐름			20,000
1. 재무활동으로 인한 현금유입액		50,000	
단기차입금의 차입	50,000		
2. 재무활동으로 인한 현금유출액		(30,000)	
단기차입금의 상환	30,000		
Ⅳ. 현금의 증가			2,000
Ⅴ. 기초의 현금			2,000
Ⅵ. 기말의 현금			4,000

4) 현금흐름표(직접법과 간접법) 작성사례 4

㈜목원의 비교 재무상태표와 손익계산서는 다음과 같다.

재무상태표

계정과목	당 기	전 기	계정과목	당 기	전 기
현금과예금	₩ 13,800	₩ 2,500	매 입 채 무	₩11,000	₩7,000
매 출 채 권	40,000	38,000	미지급이자	1,500	2,000
(대손충당금)	(780)	(700)	미지급법인세	4,000	8,000
재 고 자 산	10,000	13,000	미지급배당금	6,000	5,400

토 지	45,000	45,000	단기차입금	6,000	7,000
건 물	100,000	95,000	장기차입금	-	15,000
(감가상각누계액)	(15,000)	(20,000)	자 본 금	115,000	95,000
무 형 자 산	320	350	자본잉여금	17,000	12,000
			이익잉여금	32,840	21,750
합 계	₩193,340	₩173,150	합 계	₩193,340	₩173,150

손익계산서

매 출 액		₩35,100
매 출 원 가		10,000
판매비와관리비		
급 여	1,000	
대손상각비	180	
감가상각비	1,000	
무형자산상각비	30	2,210
영 업 외 비 용		
이 자 비 용	800	
유형자산처분손실	2,000	2,830
법 인 세 비 용		3,000
당 기 순 이 익		₩17,090

〈추가자료〉

1. 당기중 시가가 ₩45,000인 건물을 현금 ₩20,000과 시가 ₩25,000(액면가액 : ₩20, 000)의 보통주식을 발행하여 취득하였다.
2. 당기중 단기차입금 ₩5,000을 상환하였다.
3. 당기중 장기차입금 ₩15,000을 상환하였다.
4. 당기의 이익잉여금처분계산서상 배당선언액은 ₩6,000이다.

이상의 자료를 가지고 현금흐름표를 직접법과 간접법에 따라 작성해보면 다음과 같다.

〈직접법〉

1. 영업활동 현금흐름

① 매출 등 수익활동으로부터의 유입액

매출채권

기 초	38,000	현 금(?)	33,000
매 출	35,100	대손충당금	100
		기 말	40,000
	73,100		73,100

대손충당금

매출채권(?)	100	기 초	700
기 말	780	대손상각비	180
	880		880

*매출 등 수익활동으로부터의 유입액 : ₩33,000

② 공급자 및 종업원에 대한 유출액

재고재산

기 초	13,000	매출원가	10,000
매입채무(?)	7,000	기 말	10,000
	20,000		20,000

매입채무

현 금(?)	3,000	기 초	7,000
기 말	11,000	재고자산	7,000
	14,000		14,000

급 여 또는 미지급급여

급 여

현 금(?)	1,000	기초미지급급여	0
기말미지급급여	0	손 익	1,000
	1,000		1,000

미지급급여

현 금(?)	1,000	기 초	0
기 말	0	급 여	1,000
	1,000		1,000

*공급자 및 종업원에 대한 유출액 : ₩4,000

③ 이자비용 유출액

이자비용 또는 미지급이자

이자비용

현 금(?)	1,300	기초미지급이자	2,000
기말미지급이자	1,500	손 익	800
	2,800		2,800

미지급이자

현 금(?)	1,300	기 초	2,000
기 말	1,500	이자비용	800
	2,800		2,800

*이자비용 유출액 : ₩1,300

④ **법인세비용 유출액**

법인세비용		또는	미지급법인세	
현 금(?) 7,000	기초미지급법인세8,000		현 금 7,000	기 초 8,000
기말미지급법인세 4,000	손 익 3,000		기 말 4,000	법인세비용3,000
11,000	11,000		11,000	11,000

*법인세 비용 유출액 : ₩7,000

2. 투자활동 현금흐름

① **건물취득에 대한 분개(추가자료1)**

(차) 건 물	45,000	(대) 현 금	20,000
		자 본 금	20,000
		자본잉여금	5,000

*투자활동으로 인한 현금유출액 : ₩20,000

*주식발행취득 ₩25,000(주석표시)

② **건물처분에 대한 분개**

건물 및 감가상각누계액계정에서 처분된 건물의 원가 및 감가상각누계액을 알아낸 다음 손익계산서상 유형자산처분손실과 함께 처분된 건물의 현금유입을 계산한다.

건 물		감가상각누계액	
기 초 95,000	감소분(?) 40,000	감소분(?) 6,000	기 초 20,000
증 가 분 45,000	기 말 100,000	기 말 15,000	감가상각비 1,000
140,000	140,000	21,000	21,000

(차) 현 금	32,000	(대) 건 물	40,000
감가상각누계액	6,000		
유형자산처분손실	2,000		

*투자활동으로 인한 현금유입액 : ₩ 32,000

3. 재무활동 현금흐름

① 단기차입금의 상환(추가자료 2)

(차) 단기차입금 5,000 (대) 현 금 5,000

② 단기차입금의 차입

(차) 현 금 4,000 (대) 단기차입금 4,000

단기차입금

현 금	5,000	기 초	7,000
기 말	6,000	현 금(?)	4,000
	11,000		11,000

③ 장기차입금의 상환(추가자료3)

(차) 장기차입금 15,000 (대) 현 금 15,000

④ 배당금지급액

전기분 :

(차) 미지급배당금 5,400 (대) 현 금 5,400

당기분 :

(차) 이익잉여금 6,000 (대) 미지급배당금 6,000

*재무활동으로 인한 현금유입액 : ₩ 4,000

*재무활동으로 인한 현금유출액 : ₩25,400

단기차입금의 상환	₩5,000
장기차입금의 상환	15,000
배당금의 지급(전기분)	5,400
	₩25,400

현금흐름표(직접법)

Ⅰ. 영업활동 현금흐름		₩20,700
1. 매출등 수익활동으로부터의 유입액	₩33,000	
2. 공급자 및 종업원에 대한 유출액	(4,000)	
3. 이자수익 유입액	-	
4. 배당금수익 유입액	-	
5. 이자비용 유출액	(1,300)	
6. 법인세비용 유출액	(7,000)	
Ⅱ. 투자활동 현금흐름		12,000
1. 투자활동으로 인한 현금유입액	32,000	
가. 건물의 처분	32,000	
2. 투자활동으로 인한 현금유출액	(20,000)	
가. 건물의 취득	20,000	
Ⅲ. 재무활동 현금흐름		(21,400)
1. 재무활동으로 인한 현금유입액	4,000	
가. 단기차입금의 차입	4,000	
2. 재무활동으로 인한 현금유출액	(25,400)	
가. 단기차입금의 상환	5,000	
나. 장기차입금의 상환	15,000	
다. 배당금의 지급	5,400	
Ⅳ. 현금의 증가		11,300
Ⅴ. 기초의 현금		2,500
Ⅵ. 기말의 현금		13,800

(주석) 현금의 유입과 유출이 없는 거래
주식발행으로 인한 건물취득 ₩25,000

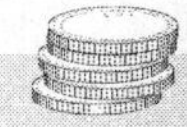

〈간접법〉

1. 영업활동 현금흐름

조 정 표

영업활동 현금흐름	20,700	재고자산의 감소액	3,000
매출채권의 순증가액	1,920	매입채무의 증가액	4,000
미지급이자의 감소액	500	감 가 상 각 비	1,000
미지급법인세의 감소액	4,000	무 형 자 산 상 각 비	30
		유형자산처분손실	2,000
		당 기 순 이 익	17,090
	27,120		27,120

2. 투자활동과 재무활동 현금흐름은 직접법과 동일함

*차이가 나는 계정에 대해 분개하면서 3활동으로 분류해가는 방법

① (차) 매 출 채 권 2,000 (대) 현금-영업 2,000

(매출채권의 증가액 : 당기순이익에서 차감)

② (차) 현금-영업 3,000 (대) 재 고 자 산 3,000

(재고자산의 감소액 : 당기순이익에 가산)

③ (차) 건 물 45,000 (대) 현금-투자 20,000

자 본 금 20,000

자본잉여금 5,000

(건물취득대금 : 투자활동으로 인한 현금유출액)

(건물취득을 위한 주식발행 : 주석으로 표시)

④ (차) 현 금-투 자 32,000 (대) 건 물 40,000

감가상각누계액 6,000

유형자산처분손실 2,000

(건물처분대금 : 투자활동으로 인한 현금유입액)

(유형자산처분손실 : 당기순이익에 가산)

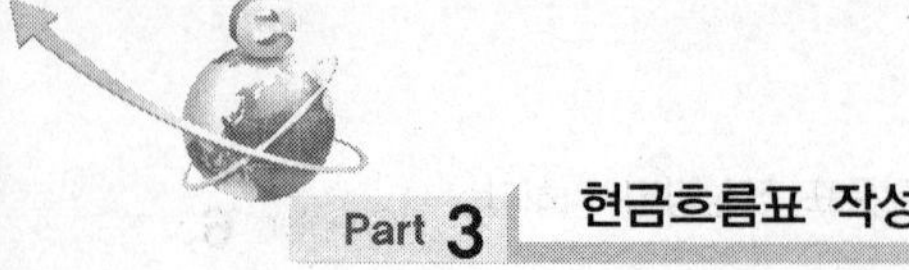

③의 분개를 통해서도 건물의 차이가 일치되지 않으므로 기중에 건물을 처분한 거래가 있었을 것으로 추정된다. 건물계정에 ③의 분개를 기입하면 대변에 부족한 금액이 계산되게 되는데 이 금액이 바로 처분한 건물의 취득원가인 것이다.

한편 감가상각누계액계정에 당기분 감가상각비를 기입하면 차변에 부족한 금액이 계산되게 되는데 이 금액이 처분한 건물의 감가상각누계액인 것이다.

건 물

차변		대변	
기 초	95,000	감소분(?)	40,000
증 가 분	45,000	기 말	100,000
	140,000		140,000

감가상각누계액

차변		대변	
감소분(?)	6,000	기 초	20,000
기 말	15,000	감가상각비	1,000
	21,000		21,000

⑤ (차) 무형자산상각비 30 (대) 무형자산 30
(비현금지출비용 : 당기순이익에 가산)

⑥ (차) 현금-영업 4,000 (대) 매입채무 4,000
(매입채무의 증가액 : 당기순이익에 가산)

⑦ (차) 미지급이자 500 (대) 현금-영업 500
(미지급이자의 감소액 : 당기순이익에서 차감)

⑧ (차) 미지급법인세 4,000 (대) 현금-영업 4,000
(미지급법인세의 감소액 : 당기순이익에서 차감)

⑨ (차) 미지급배당금 5,400 (대) 현금-재무 5,400
(배당금지급액 : 재무활동으로 인한 현금유출액)
(차) 이익잉여금 6,000 (대) 미지급배당금 6,000
(당기배당선언액)

⑩ (차) 단기차입금 5,000 (대) 현금-재무 5,000
(단기차입금의 상환 : 재무활동으로 인한 현금유출액)
(차) 현금-재무 4,000 (대) 단기차입금 4,000

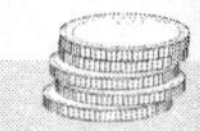

(단기차입금의 차입 : 재무활동으로 인한 현금유입액)

⑪ (차) 장기차입금 15,000 (대)현금-재무 15,000

(장기차입금의 상환 : 재무활동으로 인한 현금유입액)

⑫ 자본금 ₩20,000과 자본잉여금 ₩5,000의 증가는 ③의 분개로 인한 것임

⑬ (차) 현금-영업 17,090 (대) 이익잉여금 17,090

(당기순이익의 대체)

현금흐름표(간접법 : 일반기업회계기준)

Ⅰ. 영업활동 현금흐름		₩20,700
1. 당기순이익	17,090	
2. 현금지출이 없는 비용 등의 가산	3,030	
가. 감가상각비	1,000	
나. 무형자산상각비	30	
다. 유형자산처분손실	2,000	
3. 현금의 수입이 없는 수익 등의 차감	-	
4. 영업활동으로 인한 자산·부채의 변동	580	
가. 재고자산의 감소	3,000	
나. 매출채권의 증가	(1,920)	
다. 매입채무의 증가	4,000	
라. 미지급이자의 감소	(500)	
마. 미지급법인세의 감소	(4,000)	
Ⅱ. 투자활동 현금흐름		
1. 투자활동으로 인한 현금유입액	32,000	12,000
가. 건물의 처분	32,000	
2. 투자활동으로 인한 현금유출액	(20,000)	
가. 건물의 취득	20,000	
Ⅲ. 재무활동 현금흐름		(21,400)
1. 재무활동으로 인한 현금유입액	4,000	
가. 단기차입금의 차입	4,000	

2. 재무활동으로 인한 현금유출액	(25,400)	
가. 단기차입금의 상환	5,000	
나. 장기차입금의 상환	15,000	
다. 배당금의 지급	5,400	
Ⅳ. 현금의 증가		11,300
Ⅴ. 기초의 현금		2,500
Ⅵ. 기말의 현금		13,800

현금흐름표(간접법:국제회계기준)

(주)목원 20×8. 10. 1~10. 31 (단위 : 원)

Ⅰ.영업활동 현금흐름			20,700
1. 법인세비용차감전순이익		20,090	
2. 현금의 유출없는 비용 등의 가산		3,830	
감가상각비	1,000		
무형자산상각비	30		
유형자산처분손실	2,000		
이자비용	800		
3. 현금유입이 없는 수익 등의 차감		-	
4. 영업활동 관련 자산·부채의 변동		5,080	
매출채권의 증가	(1,920)		
재고자산의 감소	3,000		
매입채무의 증가	4,000		
영업에서 창출된 현금흐름		29,000	
5. 이자지급액		(1,300)	
6. 법인세납부액		(7,000)	

Chapter 07 기업 내부에서 현금흐름표 활용하기

1. 추정현금흐름표의 필요성

지금까지는 외부이용자의 입장에서 기업이 제공하는 현금흐름표를 이해하고 분석하는 쪽에 초점이 맞춰져 있었다. 그러나 이 장에서는 기업의 내부에서 현금흐름표를 어떻게 활용하고 있는지를 설명하고자 한다. 기업에서는 지난 1년 동안의 현금흐름이 반영된 현금흐름표에 대한 분석도 중요하지만, 그것보다는 앞으로 현금흐름에 대한 분석이 더 중요하다. 따라서 미래의 현금흐름이 반영된 추정현금흐름표의 작성이 반드시 필요하다.

기업을 설립하거나 새로운 사업을 계획하고 있을 경우 반드시 새로 시작하고자 하는 사업에 대한 이익의 추정을 통해 수익성을 분석하고 채산성이 있는 것으로 판단되었을 때, 창업을 하거나 사업착수를 하게 된다. 그러나 아무리 수익성이 좋은 사업분야라 하더라도, 정상궤도에 오를 때까지 현금의 뒷받침이 없으면 중도에 실패로 끝날 가능성이 높아진다. 따라서 사업착수 후 3~5년 동안의 현금 유입과 유출에 대한 추정을 통해 어느 정도의 현금소요액이 언제까지 필요하게 될 지를 파악하게 된다. 그리고 이 현금소요액에 대한 조달방법과 실현가능성 등을 고려하고서 큰 문제가 없을 것이란 확신이 섰을 때, 본격적으로 사업에 착수하는 것이 올바른 방법이다.

창업시 또는 신규사업 계획시 작성되는 사업계획서에는 추정재무제표로써 5년 분의 추정현금흐름표가 보통 포함되게 된다. 첫 2~3년 동안은 월 단위로 작성하며, 나머지 기간은 분기 및 연간 단위로 작성하는 것이 일반적이다. 월간 단위로 작성할 경우 판매비나 관리비와 같은 예산항목을 효율적으로 통제할 수 있는 장점이 있다. 또한 5년분의 추정재무제표를 작성하는 것은 기업의 미래 수익성을 판단하고 투자에 다른 지분결정을 하는데 필요하기 때문이다.

한편 기업은 새로운 사업연도를 맞이할 때마다, 다음 연도에 대한 추정재무제표를 작성하게 된다. 추정재무제표의 작성은 다음 연도에 대한 예산편성 과정을 통해서 이루어지게 된다. 따라서 때때로 예산을 추정재무제표(pro-forma statement)라고도 한다. 종합예산은 다음과 같이 분류할 수 있다.

A. 영업예산(operating budget)

1) 판매예산(sales budget)
2) 제조예산(production budget) (제조업의 경우)
   (a) 재료구입과 사용
   (b) 직접노무비
   (c) 제조간접비
   (d) 재고수준의 변동
3) 매출원가예산(cost-of-goods-sold budget) (제조업과 판매업)
4) 판매비예산(selling-expense budget)
5) 관리비예산(administrative-expense budget)
6) 추정손익계산서(budgeted income statement)

B. 재무예산(financial budget)

1) 자본예산(capital budgets)
2) 현금예산(cash budget: cash receipts and disbursements)

3) 추정재무상태표(budgeted balance sheet)
4) 추정현금흐름표(budgeted statement of cash flows)

따라서 추정현금흐름표는 예산편성과정을 통해서 작성된 현금예산을 토대로 해서 작성되게 된다. 이 방식은 앞에서 배운 직접법에 따른 방법이라고 할 수 있다. 그러나 간접법에 의해 추정현금흐름표를 작성하고자 한다면, 추정손익계산서와 추정재무상태표를 이용하면 될 것이다. 여기에서는 영업예산과 자본예산을 통해 편성된 현금예산으로부터 추정현금흐름표가 작성되는 과정을 설명하고자 한다.

2. 추정현금흐름표 작성해보기

예산편성과정의 첫 출발점은 판매예산을 작성하는 것이다. 판매예산은 예상판매량을 추정한 후 여기에다 예상판매단가를 곱하여 결정된다. 예상판매량은 ① 가장 가능성이 높은 상황 ② 가장 낙관적인 상황 및 ③ 가장 비관적인 상황 등을 전제로 해서 추정하는 것이 바람직하다. 한편 현금예산을 편성하는데 이용하기 위해 판매예산 작성시 현금회수결과도 함께 계산하게 된다. 판매예산의 작성 및 현금회수내역은 다음과 같다.

판매예산

	4월	5월	6월	7월	합계
예상매출수량	800	700	900	800	3,200
단위당판매가격	×₩80	×₩80	×₩80	×₩80	×₩80
총매출액	₩64,000	₩56,000	₩72,000	₩64,000	₩256,000

현금회수액 명세서

	4월	5월	6월	7월	합계
월초매출채권	₩9,500				₩9,500
4월 매출액(₩64,000)	44,800	₩19,200			64,000
5월 매출액(₩56,000)		39,200	₩16,800		56,000
6월 매출액(₩72,000)			50,400	₩21,600	72,000
7월 매출액(₩64,000)				44,800	44,800
현금회수총액	₩54,300	₩58,400	₩67,200	₩66,400	₩246,300

1) 매출채권 월초잔액은 4월중에 전액 회수된다고 본다.
2) 월별 매출액의 70%는 판매된 달에 회수된다.

판매예산이 결정된 다음에 생산예산이 작성된다. 예상판매수량과 재고요구량에 일치시키기 위해 제조되어야 할 생산예상수량이 생산예산을 통해 제시된다. 생산예상수량은 예상판매수량과 월말보유재고수량의 합계에서 월초에 보유한 월초재고수량을 차감하여 계산한다.

생산예상수량＝예상판매수량＋월말재고수량－월초재고수량

생산예산은 다음과 같은 방식으로 작성된다.

생산예산

	4월	5월	6월	7월	합계
예상판매량(판매예산)	800	700	900	800	3,200
가산: 월말 재고수량	70	90	80	100	100
총예상소요량	870	790	980	900	3,300
차감: 월초 재고수량	80[1]	70	90	80	80
생산예상수량	790	720	890	820	3,220

1) 3월말 재고수량임

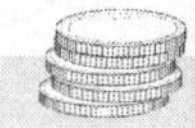

생산수량이 결정되면 생산예상수량의 생산을 위해 얼마만큼의 원재료가 필요한지, 구입해야 할 원재료 수량은 어느 정도인지 등을 확인하기 위해 직접재료비예산이 작성되게 된다. 원재료 구입예상수량은 원재료 예상사용수량과 재고수준에 의해 결정되게 된다.

구입예상수량 = 예상사용수량 + 기말 원재료 예상재고수량
−기초 원재료 재고수량

직접재료비예산 및 재료비 지급액 명세서의 작성은 다음과 같다.

직접재료비예산

	4월	5월	6월	7월	합계
생산예상수량(생산예산)	790	720	890	820	3,220
단위당 직접재료수량	×3	×3	×3	×3	×3
생산에 필요한 재료수량	2,370	2,160	2,670	2,460	9,660
가산: 월말재고수량[1]	216	267	246	250[2]	250
원재료 총요구수량	2,586	2,427	2,916	2,710	9,910
차감: 월초재고수량[3]	237	216	267	246	237
원재료 총구입수량	2,347	2,211	2,649	2,464	9,673
단위당 구입가격	×₩2	×₩2	×₩2	×₩2	×₩2
구입원가	₩4,698	₩4,422	₩5,298	₩4,928	₩19,346

1) 다음 달 생산에 요구되는 수량의 10%
2) 예상금액임
3) 3월달의 직접재료요구량

재료비 현금지급액 명세서

	4월	5월	6월	7월	합계
기초매입채무	₩2,200				₩2,200
4월 구입액(₩4,698)[1]	2,349	₩2,349			4,698
5월 구입액(₩4,422)		2,211	₩2,211		4,422
6월 구입액(₩5,298)			2,646	₩2,646	5,298
7월 구입액(₩4,928)				2,464	2,464
현금총지급액	₩4,549	₩4,560	₩4,860	₩5,113	₩19,082

1) 월 구입액의 50%는 당월에, 나머지 50%는 다음 달에 지급한다.

생산예산에서 결정된 생산예정수량은 직접노무비예산의 편성에 기초자료가 된다. 총직접노동시간은 매월의 생산예정수량에다 1단위 생산에 요구되는 직접작업시간을 곱해서 결정된다. 마지막으로 직접노무비를 계산하기 위해서는 총직접작업시간에다 시간당 직접노무비를 곱하면 된다.

직접노무비예산은 다음과 같이 작성된다.

직접노무비예산

	4월	5월	6월	7월	합계
생산예정수량(생산예산)	790	720	890	820	3,220
단위당 직접작업시간	×5	×5	×5	×5	×5
총직접작업시간	3,950	3,600	4,450	4,100	16,100
시간당 직접노무비	×₩5	×₩5	×₩5	×₩5	×₩5
총직접노무비	₩19,750	₩18,000	₩22,250	₩20,500	₩80,500

제조간접비예산은 직접재료비와 직접노무비를 제외한 모든 제조원가의 예상내역을 나타내게 된다. 제조간접비예산은 변종제조간접비와 고정제조간접비로 구분해서 나타낸다. 현금예산과 관련해 제조간접비의 현금지출액

을 계산하는데 있어서 주의해야 할 점은 감가상각비가 현금유출항목이 아니기 때문에 총제조간접비예산에서 제외된다는 점이다.

제조간접비예산의 작성은 다음과 같이 이루어진다.

제조간접비예산

	4월	5월	6월	7월	합계
총예정작업시간	3,950	3,600	4,450	4,100	16,100
변동제조간접비율	×₩2	×₩2	×₩2	×₩2	×₩2
변동제조간접비예산	₩7,900	₩7,200	₩8,900	₩8,200	₩32,200
고정제조간접비예산	6,000	6,000	6,000	6,000	6,000
총제조간접비예산	₩13,900	₩13,200	₩14,900	₩14,200	₩56,200
차감: 감가상각비	3,250	3,250	3,250	3,250	3,250
제조간접비 지출액	₩10,650	₩9,950	₩11,650	₩10,950	₩43,200

제조간접비예산 작성시 다음과 같이 가정한다.

1) 총제조간접비예산 = 월₩6,000의 고정제조간접비+(직접작업시간 × ₩2)
2) 감가상각비는 매월 ₩3,250이다.
3) 현금지출이 수반되는 제조간접비는 당월에 지급된다.

판매비와 관리비예산도 제조간접비예산처럼 변동비와 고정비부분으로 구분해서 작성된다. 판매비와 관리비예산은 다음과 같이 작성된다.

판매비와 관리비예산

	4월	5월	6월	7월	합계
예상판매량	800	700	900	800	3,200
단위당 변동비	×₩4	×₩4	×₩4	×₩4	×₩4
변동판・관비예산	₩3,200	₩2,800	₩3,600	₩3,200	₩12,800
고정판・관비					
광고선전비	₩1,100	₩1,100	₩1,100	₩1,100	₩4,400
보험료	2,800				2,800

사무직급여	8,500	8,500	8,500	8,500	34,000
감가상각비	1,000	1,000	1,000	1,000	4,000
세금과공과			1,000		1,000
총판 · 관비예산	16,600	13,400	15,200	13,800	59,000
총판 · 비 지출액	₩15,650	₩12,400	₩14,200	₩12,800	₩55,000

1) 현금지출이 수반되는 제조간접비는 당월에 지급된다. 감가상각비는 현금지출항목이 아니기 때문에 지출액 계산시 제외된다.

지금까지 각종 예산을 편성하면서 현금지출액도 동시에 계산하였다. 이를 종합하면 현금예산이 된다. 현금예산을 작성하면 다음과 같다.

현금예산

	4월	5월	6월	7월	합계
월초현금잔액	₩10,000	₩9,701	₩5,191	₩13,331	₩10,000
가산: 현금 수입액					
판매대금 회수액	54,300	58,400	67,200	66,400	246,300
총이용가능현금	64,300	68,101	72,391	79,731	256,300
차감: 현금지출액					
직접재료비	4,549	4,560	4,860	5,113	19,082
직접노무비	19,750	18,000	22,250	20,500	80,500
제조간접비	10,650	9,950	11,650	10,950	43,200
판매비와 관리비	15,650	12,400	14,200	12,800	55,050
기계장치 구입액		24,000			24,000
법인세비용	4,000				4,000
현금초과(부족)액	9,701	(809)	19,431	30,418	30,468
차입금		6,000			6,000
차입금 상환액			(6,000)		(6,000)
이자지급액			(100)		(100)
월말 현금잔액	₩9,701	₩5,191	₩13,331	₩30,368	₩30,368

매 월말 현금최소보유액은 ₩5,000이며, 4월에 법인세비용 ₩4,000을 납부한다. 또한 5월에 기계장치를 ₩24,000에 구입한다. 부족현금은 은행에서 월초에 10% 연 이자율로 차입해서 상환은 월말에 이자와 함께 한다.

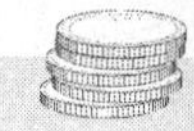

현금예산으로부터 추정현금흐름표가 작성되는데, 기업회계기준의 직접법 양식에 따라 작성하면 다음과 같다.

추정현금흐름표

(주)푸른산	20××년 4월 1일 ~ 7월 31일	(단위: 천원)
Ⅰ. 영업활동 현금흐름		44,368
매출 등 수익활동으로부터의 유입액	246,300	
매입 및 종업원에 대한 유출액	(197,832)	
이자비용 유출액	(100)	
법인세등 유출액	(4,000)	
Ⅱ. 투자활동 현금흐름		(24,000)
기계장치의 취득	(24,000)	
Ⅲ. 재무활동 현금흐름		0
단기차입금의 차입	6,000	
단기차입금의 상환	(6,000)	
Ⅳ. 현금의 감소		20,368
Ⅴ. 기초의 현금		10,000
Ⅵ. 기말의 현금		30,368

보론

창업기업의 자금소요액 예측에 필요한 추정현금흐름표[1)]

창업에 필요한 자금규모에 대한 예측은 대단히 중요하다. 창업하는 데 얼마만큼의 자금이 필요한 지는 추정현금흐름표를 작성해보면 알 수 있다. 다음에 제시되는 창업가상기업의 월별 추정현금흐름표를 살펴보자. 현금흐름의 추정은 보통 3가지 상황을 전제로 이루어지며, 이에 따라 3가지 추정현금흐름표가 작성되게 된다. 3가지 상황은 ① 낙관적 상황(the most optimistic scenario), ② 실현가능한 상황(the most likely scenario) 및 ③ 비관적 상황(the most pessimistic scenario)을 말한다. 여기에서 제시되고 있는 월별 추정현금흐름표는 가장 실현가능성이 높은 상황을 전제로 해서 작성된 것이다.

추정현금흐름표를 볼 것 같으면, 이 회사는 창업 2차 연도의 1월에 현금의 월말 잔액이 －₩857,443,000으로 최고금액을 기록한 다음, 그 이후부터는 감소되는 모습을 보인다. 따라서 이 회사는 가장 발생가능성이 높은 보통상황을 전제로 할 경우 창업자금으로 ₩857,443,000이 필요할 것으로 예측할 수 있다.

그러나 최종적으로 창업에 필요한 자금은 낙관적인 상황과 비관적인 상황을 고려해서 결정해야 한다. 예를 들어 낙관적인 상황에서는 최고의 현금 월말 잔액이 －₩1,052,289,000(창업 2차 연도의 4월)으로 기록된 반면에, 비관적인 상황에서는 최고의 현금 월말 잔액이 －₩859,756,000(창업 2차 연도의 4월)으로 기록되었다고 하자. 낙관적인 상황에서 더 많은 자금이 필요

1) James McNeill Stance, How much money does your new venture need?, Harvard Business Review, May-June 1986, pp122-139에 소개된 내용을 수정해서 요약 정리한 것임.

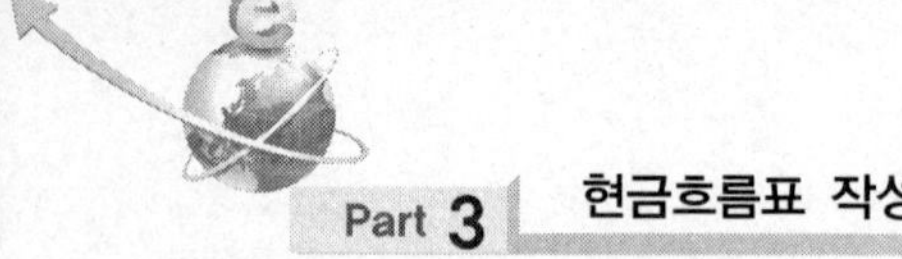

한 것으로 나타난 이유는 낙관적인 상황에서가 더 많은 매출이 발생되며, 이에 따라 매출채권이 증가되어 그 만큼 현금회수가 늦어지는 것과 또한 미래의 매출을 위해 재고자산에 대한 투자가 더 필요하다는 것을 들 수 있다.

월별 추정현금흐름표

(단위: 천원)

	1	2	3	4	5	6
영업현금유입						
순매출액	0	0	0	60,000	180,000	180,000
−매출채권 증가	0	0	0	55,295	136,770	61,110
(1)영업현금유입액	0	0	0	4,710	43,230	118,890
영업현금유출						
매출원가(감가상각비제외)	0	0	0	32,013	94,165	93,227
판관비(감가상각비제외)	40,840	36,460	57,560	35,760	38,760	38,760
법인세비용	0	0	0	0	0	0
−미지급법인세 증가	0	0	0	0	0	0
±재고자산 증감	208,430	10,430	164,430	(5,273)	(67,875)	65,063
±선급비용 증감	2,200	(200)	(200)	(200)	(200)	(200)
±매입채무 증감	43,040	(5,940)	173,000	(176,340)	660	129,480
(2)영업현금유출액	208,430	52,630	48,790	238,190	64,190	67,370
(3)영업현금흐름	(208,430)	(52,630)	(48,790)	(233,480)	(20,960)	51,520
우선적 지출액						
이자비용	2,333	2,286	2,237	2,187	2,137	2,086
부채상환액	2,870	2,917	2,966	3,015	3,066	3,117
(4)우선적 지출액 합계	5,203	5,203	5,203	5,202	5,203	5,203
재량적 지출액						
자본적 지출	200,000	0	0	0	0	0
(5)재량적 지출액 합계	200,000	0	0	0	0	0
재무현금흐름						
차입금	140,000	0	0	0	0	0
(6)재무현금흐름 합계	140,000	0	0	0	0	0
(7)현금의 증감	(273,633)	(57,833)	(53,993)	(238,682)	(26,163)	46,317
(8)현금의 월말 잔액	(273,633)	(331,466)	(385,459)	(624,141)	(650,304)	(603,987)

월별 추정현금흐름표

(단위: 천원)

7	8	9	10	11	12	1	2	3
180,000	120,000	30,000	60,000	90,000	120,000	180,000	300,000	420,000
17,460	(55,290)	(109,125)	(20,370)	27,645	45,105	74,460	143,085	173,640
162,540	175,290	139,125	80,370	62,355	74,895	105,540	156,915	246,360
93,077	62,498	15,929	31,245	46,845	62,074	92,284	153,179	213,731
39,180	37,380	34,680	35,580	36,480	37,380	70,610	75,410	80,210
0	0	0	0	0	0	9,302	27,426	49,309
0	0	0	0	0	0	9,302	27,426	49,309
(74,717)	(52,068)	734,731	(12,885)	(28,485)	310,076	(50,134)	(111,029)	188,349
(200)	(200)	(200)	(200)	(200)	(200)	2,750	(250)	(250)
(130,320)	1,380	129,240	(130,620)	1,380	327,240	(292,440)	1,960	349,280
187,660	46,230	55,600	184,360	53,260	82,090	407,950	115,350	132,760
(25,120)	129,060	83,525	(103,990)	9,095	(7,195)	(302,410)	41,565	113,600
2,034	1,981	1,928	1,873	1,818	1,761	1,704	1,645	1,586
3,169	3,222	3,275	3,330	3,385	3,442	3,499	3,557	3,616
5,203	5,203	5,203	5,203	5,202	5,203	5,203	5,203	5,203
0	0	0	0	0	0	0	0	0
0	0	0	0	0	0	0	0	0
0	0	0	0	0	0	0	0	0
0	0	0	0	0	0	0	0	0
(30,323)	123,857	78,322	(109,193)	3,892	(12,398)	(307,613)	36,363	108,397
(643,310)	(510,453)	(432,131)	(541,324)	(537,432)	(549,830)	(857,443)	(821,080)	(712,683)

비관적인 상황과 보통상황간의 차이는 ₩13,693,000이며, 낙관적인 상황과 보통상황간의 차이는 ₩194,846,000이다. 따라서 결론적으로 3가지 상황을 고려해 볼 때, 이 회사는 창업자금으로 보통상황에서 파악된 창업

자금 ₩857,443,000에다 추가발생가능금액으로 ₩200,000,000을 가산해서 총창업자금을 대략 ₩1,050,000,000 정도로 예측하는 것이 무난할 것이다.

여기서 제시된 현금흐름표는 현금관리측면을 고려해서 만들어진 직접법에 입각한 양식임을 알 수 있을 것이다. 즉 매출로부터의 현금회수액을 계산기 위해서 매출액에다 매출채권의 증가액을 차감하고 있고, 매출원가 등 비용에서 지출된 금액을 계산하기 위해서 관련 유동자산과 유동부채의 증감액을 반영하고 있으며, 이러한 내용을 모두 그대로 현금흐름표에 나타내고 있다.

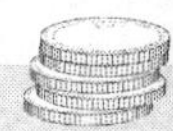

찾아보기

저자약력

■ 윤 주 석

· 성균관대학교 경영학과 졸업
· 경영학박사(동국대 대학원)
· 공무원 임용시험 출제위원
· 한국상업교육학회 부회장
· 목원대학교 사회과학연구소 소장
· 목원대학교 인터넷창업보육센터 센터장
· 목원대학교 사회과학대학장
· 미국 미시시피대학교 방문교수
현) 목원대학교 서비스경영학부 교수

저 서

· 재무제표의 이해와 활용(도서출판 두남)
· 재무제표분석의 기초(도서출판 두남)
· 현대회계원론(명경사)
· 현대회계원리(세학사)
· 관리회계원리(도서출판 두남)
· 창업과 사업계획서(도서출판 두남)
· 재무회계원리(지필미디어)

주요논문

· 기업도산예측을 통한 현금흐름정보의 유용성에 관한 실증적연구(중소기업연구)
· 자금흐름비율에 의한 재무상태변동표의 유용성에 관한 실증적 연구(학술진흥재단)
· 목원대학교 교육원가계산에 관한 연구 등

● 현금흐름표 분석과 작성

초 판 1쇄 발행 —— 2014년 8월 15일
초 판 2쇄 발행 —— 2015년 8월 1일
지은이 —— 윤 주 석
펴낸이 —— 전 두 표
펴낸곳 —— 도서출판 두남
서울시 강동구 성내로6길 34-16 두남빌딩
신 고 : 제25100-1988-9호
TEL : 02) 478-2065, 2066, 2067, 2311
FAX : 02) 478-2068
E-mail : dunam1@unitel.co.kr
http://www.dunam.co.kr

● 정가 25,000원

ISBN 978-89-6414-535-7 93320